本书为国家社会科学基金项目阶段性研究成果

经济增长视阈下的产业结构优化升级问题研究（项目批准号：15CJL027）；产业区域转移中的生态文明：准则、机制与模式研究（项目批准号：13AJL012）

创新驱动长三角地区产业结构升级研究

张银银 ◎ 著

中国社会科学出版社

图书在版编目（CIP）数据

创新驱动长三角地区产业结构升级研究／张银银著 . —北京：
中国社会科学出版社，2016. 5

ISBN 978 - 7 - 5161 - 8221 - 5

Ⅰ. ①创…　Ⅱ. ①张…　Ⅲ. ①长江三角洲 – 产业结构升级 –
研究　Ⅳ. ①F127. 5

中国版本图书馆 CIP 数据核字（2016）第 109080 号

出 版 人	赵剑英
责任编辑	宫京蕾
责任校对	秦　婵
责任印制	何　艳

出　　版	中国社会科学出版社
社　　址	北京鼓楼西大街甲 158 号
邮　　编	100720
网　　址	http：//www. csspw. cn
发 行 部	010 – 84083685
门 市 部	010 – 84029450
经　　销	新华书店及其他书店

印刷装订	北京市兴怀印刷厂
版　　次	2016 年 5 月第 1 版
印　　次	2016 年 5 月第 1 次印刷

开　　本	710 × 1000　1/16
印　　张	17.5
插　　页	2
字　　数	252 千字
定　　价	68.00 元

序

　　长三角地区产业结构亟待转型升级，以外向型经济、"块状经济"、劳动密集型产业为主要特征和发展优势，在国际经济环境变化、国际能源及矿产等生产要素价格波动、国内劳动力成本攀升等约束下面临发展的困境和挑战。2008 年金融危机以后，以美国为首的发达国家提出"再工业化"，旨在通过发展先进制造技术振兴其制造业，全球工业发展模式正在发生巨大变革，转型升级成为长三角地区产业持续发展和应对复杂国际形势的必由之路和艰巨任务。那么转型升级的动力何在？现有的资源容量、增长方式难以支撑可持续发展，必须寻求新的驱动力，从发达国家产业结构升级的动力历程来看，必须由要素驱动、投资驱动和市场驱动转向创新驱动。党的十八大报告中提出"创新驱动发展战略"，十八届五中全会中指出"坚持创新发展，必须把创新摆在国家发展全局的核心位置"，通过理论创新、制度创新、科技创新、文化创新等各种创新方式，优化资本、技术、劳动力、管理等要素配置，创造新供给，是长三角地区产业结构升级的必由之路。2015 年 11 月习近平总书记提出从供给侧结构性改革实现新跨越，发展战略性新兴产业和现代服务业，增加公共产品和服务供给，长三角地区又是发展的前沿阵地和改革先行区。本书围绕长三角地区发展的现实问题，基于国际国内产业发展趋势、我国经济发展的政策导向和产业结构升级的内在规律，研究创新驱动长三角地区战略性新兴产业、制造业和服务业发展的实现机理、路径和政策体系，具有重要的现实意义。

　　创新驱动长三角地区产业结构升级是十分复杂的体系，理论和实践尚处于探索过程之中。本书在研究过程中，重在定性探讨创新驱动长三角地区产业结构升级的内在机理及路径，在创新驱动长三角地区具体行业发展时，充分考虑我国推进供给侧结构性改革的重点、长三角地区产业结构特征和创新的产业差异性，总结实现创新驱动长三角地区产业结构升级的政策导向，对我国其他地区创新驱动发展具有较强的借鉴意义。

全书以问题和任务双导向，采取"总—分"的写作思路，从"创新驱动""产业结构升级"的概念内涵、本质要求入手，抽象出创新驱动的"核心要素"和产业结构升级的一般规律和路径，然后从理论层面分析创新驱动产业结构升级的一般机理，再结合长三角地区产业结构特征，探讨创新驱动长三角产业结构升级的路径和政策体系。专著主题明确、层次分明、资料翔实、分析透彻，其中不乏创新性的见解：第一，认为创新驱动是利用创新解决发展动力问题，是一个系统工程，创新作为驱动要素直接影响产业结构升级，创新作用于影响产业结构升级的其他因素间接驱动产业结构升级，在集群和开放环境下创新又有新形式和新内涵。第二，明确提出创新驱动产业结构升级的四条主路径：基于技术轨道、基于市场轨道、全产业链创新、集群创新驱动产业结构升级。第三，根据长三角地区产业特征，创新驱动行业发展的路径存在差异。战略性新兴产业：主要基于技术轨道、市场轨道和集群创新方式推进产业发展。传统制造业：制造业的升级路径主要包括两类，一是从传统制造业向战略性新兴产业转型，二是实现制造业的智能化、服务化。创新驱动制造业的转型升级需要综合运用基于技术轨道、市场轨道、全产业链和集群创新等多种方式驱动产业升级。服务业：因服务业行业内部存在很大的差异，既有低技术的理发行业，也有知识密集的科技服务业，创新驱动其发展应就具体行业而论。第四，基于创新的产业差异性，提出实施差异化的产业政策和创新重点。

张银银同志在专题研究过程中形成了一系列前期研究成果，在《经济体制改革》《经济纵横》《经济问题探索》等期刊上发表了系列论文，并在此研究成果基础上，成功获得国家社科青年项目"经济增长视阈下的产业结构优化升级问题研究。"作者孜孜不倦地从事产业创新与区域经济发展领域的研究，不畏艰难、勇于进取的精神十分可贵，我一直关注她的研究，愿意为此作序并推荐给各位同行，请多多赐教以帮助新人不断成长！

四川大学　邓玲

2016 年 3 月 6 日

目　　录

绪　论

第一节　选题背景和研究意义

一　选题背景

创新在国家发展战略中居于越来越重要的位置，创新的外延得到拓展，内涵越发深入，创新与产业结构升级如何紧密结合有待进一步研究。《国家中长期科学和技术发展规划纲要（2006—2020）》（以下简称《科技规划纲要》）明确提出"自主创新、重点跨越、支撑发展、引领未来"的指导方针，要坚持把实现创新驱动发展作为根本任务，以创新促转型，以转型促发展；坚持把促进科技成果转化为现实生产力作为主攻方向，把科技进步和创新与产业结构升级紧密结合，推动我国经济社会发展走上创新驱动、内生增长的轨道。党的十七大报告中提出科学发展是第一要务，着力提高自主创新能力，建设创新型国家。党的十八大报告中提出实施创新驱动发展战略，把科技创新摆在国家发展全局的核心位置，以全球视野谋划和推动创新，走出一条中国特色自主创新道路。与十七大相比，十八大把创新驱动提高到国家发展过程中前所未有的重要位置，与《科技规划纲要》相比，此次创新驱动发展战略强调了新技术、新产品、新工艺研发应用、协同创新、技术集成、商业模式创新、管理创新、全社会创新。党的十八届五中全会中指出："坚持创新发展，必须把创新摆在国家发展全局的核心位置，不断推进理论创新、制度创新、科技创新、文化创新等各方面创新，让创新贯穿党和国家一切工作，让创新在全社会蔚然成风。"在新常态下，创新作为驱动我国发展的核心动力，内涵和外延得到扩展和延伸，创新与产业结构升级紧密结合又有新内涵，需要重新审视、深入研究。

经过几十年的快速发展，我国产业竞争力有了大幅提升，但产业结构性矛盾依然突出。从三次产业结构来看，2015 年第三产业增加值占国内生产总值的比重为 50.5%，服务业成为经济增长的核心动力之一，但是，创新力度和服务水平还有待提升。从制造业产品结构来看，根据中国社科院发布的《中国产业竞争力报告 2012》，在高、中、低三类技术含量产品国际竞争力当中，我国高技术含量产品的国际竞争优势明显，高技术产品在国际市场上占有很高的市场份额，但我国既是高技术产品的出口大国，同时也是高技术产品的进口大国，从贸易竞争力指数来衡量，高技术产品的竞争力也大大低于低技术产品。中国在高、中、低三类技术含量的产品中，中等技术产品含量的竞争力是最低的，无论从市场占有份额还是贸易竞争力指数来讲，都是如此。产业结构战略性调整的核心问题之一，还是创新能力薄弱，新技术和新工艺创新不足，共性应用技术研发缺位等原因，亟须提高创新能力，促进产业结构升级。

企业是产业结构升级的主体，也是自主创新的主体。在经济全球化背景下，我国许多产业在全球竞争中呈现出不小的技术劣势（路风、慕玲，2003），许多企业意识到依靠拼资源、拼劳动力成本、拼设备的方式发展前景暗淡。一些企业把资本转而投向"高端产业"或者"高新技术产业"，认为"高端"产业就是"高盈利"的代名词，但是，我们的一些企业自认为进入了"高端"的"新兴产业"，迎接它们的却是严重的亏损、产能过剩和遭到美国等的反倾销反补贴惩罚。① 企业的发展之路到底何去何从？我国产业结构升级之路何去何从？提出这个问题时，很多人会想到——创新，一提到创新，许多

---

① 金碚：《"十二五"开局之年的中国工业》，《中国工业经济》2012 年第 7 期，第 15 页。

人就认为是技术创新，技术创新是企业的核心竞争力之一，可是，为什么一些企业拥有先进的技术，产品在市场上却遭到冷落？为什么一些企业，例如"麦当劳"、"宝洁"，这些企业或者代表某一行业能够长盛不衰，仅仅技术创新是否能够完全解释？此时是否应该重新审视创新的内涵和外延？其他类型的创新，如市场创新、商业模式创新、管理创新等发挥什么样的作用？在产业发展的不同阶段，创新的类型是否存在差异？产业的技术属性差异是否决定行业创新的类型或重点不同？此时，创新驱动产业结构升级的机理是什么？在全球化背景下应该如何创新？我国产业应该如何借助全球创新网络不断升级？升级的路径有哪些？凡此类等等都需要深入研究。

　　长江三角洲地区是我国对外开放的重要窗口，是我国最大的核心区域之一，区内共有1个直辖市——上海，3个副省级城市——南京、杭州、宁波，以及12个地级城市，共计16个城市为核心区。长三角土地面积约占全国的1%，人口约占全国的6.3%，2013年长三角地区GDP总量已逼近10万亿元，占全国的17.2%。长三角地区是我国国际化水平最高、最具创新潜力的区域，当前，长三角的转型升级进入攻坚阶段，长三角地区的产业结构升级也引领着我国产业结构升级的方向，影响着我国产业结构升级的进程。"2010年国家批准实施的《长江三角洲地区区域规划》明确了长三角的发展目标：到2015年，率先实现全面建设小康社会的目标；到2020年，力争率先基本实现现代化。"① 这两个"率先"目标要求长三角地区必须解决经济发展中的诸多结构性问题，而实现长三角地区产业结构战略性调整升级是结构性问题的重中之重。需着力解决自主创新技术与高新技术产业比重相对较低、第三产业发展相对滞后、出口产品附加值低、资源消耗和环境污染等一系列问题。由于长三角地区发展要素、区位条件、产业发展阶段等方面的差异，以及国际经济环境的变化，决定了长三角地区产业结构升级的总体要求、实现路径和重点难点有其自身特色。在新的国际国内形势下，长三角地区如何在全球视野下创新，并通过

---

　　① 国家发展和改革委员会：《长江三角洲地区区域规划》，2010年5月发布。

创新推动产业结构升级呢？其实现路径又是怎么样的？不同的产业是否因产业特性差异，创新驱动升级的方式不同？如何营造有利于产业创新的环境？制定怎样的产业政策支撑区域创新和产业结构升级？这些就成为创新驱动视角下长三角地区产业结构升级研究的主要课题。

二　研究意义

（1）为实施创新驱动发展战略提供科学实践的依据

党的十八大报告中提出实施创新驱动发展战略，是全面建成小康社会和建设中国特色社会主义的重要战略任务，是转变经济发展方式的核心动力。以创新驱动发展，就要解决如何创新，实现何种的发展方向。在《科技规划纲要》和十七大报告中主要强调的是技术创新和自主创新，在十八大报告中，科技创新、自主创新、技术创新、知识创新、原始创新、集成创新、引进消化吸收再创新、协同创新、新技术新产品新工艺研发、商业模式创新、管理创新、全社会创新等不同形式、不同类型的创新同时被强调，这些纷繁复杂的创新形式和创新类型的差异何在，该如何取舍，如何运用，是摆在研究者面前的重要课题。"坚持发展是硬道理就要求坚持科学发展为主题，以加快转变经济发展方式为主线"[1]，发展的立足点是提高质量和效益，发展的动力是创新。那么如何运用不同的创新形式提高质量和效应，并加快转变发展方式？创新与发展如何密切结合？创新驱动发展战略给学者提出了一系列的课题。

本专著选取现阶段我国发展亟待解决的问题——产业结构升级为研究对象，选定我国国际化程度最高、发展潜力最大的区域——长三角地区为研究的特定区域，为我国实施创新驱动发展战略提供科学实践的依据。基于对十八大认真研读，笔者认为，创新是一个内容丰富、多维度、具有时空性的概念，创新是随着经济发展阶段、产业发展阶段和外部环境变化的一个动态的过程。创新驱动产业结构升级，

---

[1]　胡锦涛：《坚定不移沿着中国特色社会主义道路前进，为全面建成小康社会而奋斗——中国共产党第十八次全国代表大会报告》，2012 年 11 月 8 日。

是以技术创新为主线，驱动共性技术和通用技术领域的研发，推动战略性新兴产业发展，通用性技术不断向中低技术制造业各环节和服务业扩散与渗透，各产业结合自身属性和发展本质，进行多种形式的创新，最终促进产业结构的升级，研究与探索为实施创新驱动发展战略提供科学实践的依据。

（2）为长三角地区产业结构升级提供新思路和有效路径，并为我国其他地区实现产业结构升级提供路径选择

长三角地区是我国经济最发达的地区之一，科技竞争能力位居全国前列，产业集聚地域特色鲜明，产业体系完备且基础雄厚，还是我国对外开放与国家经济技术交流的前沿阵地。长三角地区不仅担负着地区产业结构优化升级的重任，还对全国经济结构战略性调整以及转型提升具有重要的意义。现阶段长三角产业结构升级的最大障碍之一就是自主创新能力依然薄弱，本土企业普遍缺乏技术创新的动力和实力，企业作为技术创新主体地位尚未真正确立。产品普遍缺乏拥有自主知识产权的核心技术，产业还处于全球产业价值链分工的低端，核心关键技术主要依靠进口。产业结构尚未达到高度化，现代服务业还显不足。本书以创新驱动视角研究长三角地区产业结构升级，将在认真分析和研究长三角地区产业结构现状的基础上，找出创新驱动力不足的症结，为长三角产业结构升级提供新思路和有效路径，同时为我国其他地区实现产业结构升级提供路径选择。

（3）为丰富和完善创新经济学、产业经济学、区域经济学等学科做出积极探索

自熊彼特提出创新概念已有100年的历史，但是，创新经济学的相关研究在我国起步较晚，至20世纪70年代才得到我国学者的认同。国外的创新研究已形成了以创新的形成、创新系统、创新的差异和创新与绩效为主的研究体系，而我国的创新研究主要集中在以技术创新、自主创新、创新网络为主的研究领域，面对我国传统要素禀赋的比较优势逐渐减弱，自主创新对结构转型升级支撑不足，创新我国的创新理论，解决我国当前经济结构战略性调整中的驱动力问题，迫在眉睫。

优化产业结构、促进产业结构升级是经济结构战略性调整的重点，推进产业结构升级的动力已有许多学者研究，但是，创新作为国际上发达国家产业结构演进的重要驱动力的研究还需要我国学者深入思考。同时，在不同的区域产业结构又存在很大差异，产业结构演进的路径又各不相同，也就决定了不同地区产业结构升级的驱动力和路径不同。这些问题不仅涉及产业经济学的理论，同时涉及区域经济学的相关理论。选取长三角地区产业结构升级作为研究对象具有重要意义，将重新审视创新及创新驱动的内涵，采用系统思维方式构建创新驱动产业结构升级的研究框架，深入探讨两个复杂系统的作用机理，并结合长三角地区产业结构特征，为创新驱动长三角地区产业结构升级指明方向。本专著不仅试图解决现实区域中亟待解决的问题，同时，在交叉学科中寻求理论创新，将有助于丰富和完善相关领域的理论体系。

第二节　研究综述

表 1　有关创新驱动长三角地区产业结构升级相关主题研究的文献数

主题	创新驱动	创新与产业结构	长三角地区产业结构升级	创新驱动长三角地区产业结构升级
1. 中国学术期刊网络出版总库文献数	3617 篇	476 篇	88 篇	0
其中：核心期刊	606 篇	155 篇	31 篇	0
主要发表时间段	2008—2016 年	2000—2015 年	2007—2015 年	
2. 中国博士学位论文全文数据库	10 篇 （2012—2015）	266 篇 （以创新与产业结构升级为相关篇名的论文为零）	15 篇 （专门研究长三角地区产业结构升级相关论文为 1 篇）	0
3. 出版物	40 本	8 本	3 本	0

资料来源：截至 2016 年 2 月 28 日，对中国学术期刊网络出版总库、中国博士学位论文全文数据库、卓越亚马逊网上书店、当当网上书店、超星图书数据库等进行检索加总所得。

一　有关创新驱动的相关研究

波特（1990）在他的《国家竞争优势》一书中将国家竞争力分为要素驱动、投资驱动、创新驱动和财富驱动四个阶段，他最早提出"创新驱动"概念。在经济增长理论中已有创新驱动的相关理念，例如索罗的增长模型，以罗默为代表的新增长理论，卢卡斯的人力资本完整性增长模型中逐渐强调技术进步、知识生产扩散对增长的作用。

我国学者对创新驱动的相关研究比较晚，从文献检索结果来看，主要在 2008 年以后陆续有学者关注并研究，在十八大之后形成研究热潮。学者们主要从以下几个方面展开研究：

一是将创新驱动与转变经济发展方式紧密联系。具有代表性的学者：张来武（2011）提出通过科技创新驱动经济发展方式转变；李民吉（2012）认为转变经济发展方式的关键是从要素驱动转向创新驱动，创新驱动需要深化制度变革。万钢（2013）提出创新驱动与转型发展的战略选择，"认为创新赶超需要战略决策和超前部署，需要特别关注战略性新兴产业的关键核心技术变化，以关键技术的群体突破带动相关产业变革，要在开放、竞争中不断创新，注重商业模式创新，支持科技型中小微企业发展"[①]。

二是探讨创新驱动的内在路径、过程、模式，以及与协同创新、科技创新、绿色发展等众多概念的关系。最具权威性的专家是洪银兴（2009，2010，2011，2012，2013），辨析了创新驱动、协同创新、科技创新、创新型经济、创新驱动经济发展战略和产业创新等重要概念，将创新驱动作为经济增长方式的重大转变。夏天（2010）将创新驱动过程分为前端驱动、过程驱动和后端驱动，并对城市进入创新驱动阶段的路径进行了分析。汪建等（2012）梳理总结出创新驱动研究的两条主线：（1）创新主体（企业）与创新要素间的交互关系，（2）创新驱动的差异性产业特征，将技术创新和非技术创新（如组织创新）视为创新驱动的双轮。甘文华（2013）从方法论视角，提

---

① 万钢：《创新驱动与转型发展》，《中国流通经济》2013 年第 6 期。

出"创新驱动已经从原来封闭的、单个的、技术的、人造环境的创新，向全球配置创新资源、区域合作创新、非技术性创新、生态自组织系统等新的创新模式演进"①。李东兴（2013）剖析了创新驱动发展战略的内在逻辑，认为创新驱动是将创新作为推动经济增长的主动力，通过创新重新组合生产要素，提高生产率。刘薇（2012）探讨了创新驱动与绿色发展的关系，"认为科技创新为绿色发展的产业化提供技术支撑，绿色发展引导科技创新发展方向，制度创新激励、约束和引导绿色科技创新"②。吴锋刚等（2013）提出创新要素驱动、集聚创新驱动、市场需求驱动三种中国特色的创新驱动模式。万继蓉（2013）认为"在欧美国家再工业化背景下，我国制造业必须在技术、新兴产业、传统产业、价值链、制度等方面进行创新，实现创新驱动发展"③。

三是江苏、上海、浙江等地区的创新驱动发展战略路径分析。例如，张卫东等（2008）提出需加快江苏向创新型阶段跃迁。陈勇星等（2013）研究了江苏省实施创新驱动战略的路径选择。储东涛（2013）提出"通过强化企业技术创新产业化的主体地位和原始创新，整合社会资源'协同创新'激发人才红利，注重政府'制度创新'释放改革红利，江苏深度实施创新驱动发展战略"。刘金华、尹庆民（2014）提出创新驱动战略的江苏实践及对政府创新管理的建议。④ 宗明（2013）提出上海的现代文化产业体系需要创新驱动、融合发展。上海社会科学院经济研究所（2014）认为上海"四个中心"城市建设目标能否实现，关键在于创新驱动发展，两者统一于上海城

① 甘文华：《创新驱动的四重维度——基于方法论视角的分析》，《党政干部学刊》2013 年第 1 期。

② 刘薇：《创新驱动与绿色发展的理论思考》，《北京市经济管理干部学院学报》2012 年第 9 期。

③ 万继蓉：《欧美国家再工业化背景下我国制造业的创新驱动发展研究》，《经济纵横》2013 年第 8 期。

④ 储东涛：《论江苏应深度实施"创新驱动发展战略"》，《现代经济探讨》2013 年第 4 期。

市功能再定位和创新转型动力再塑造的过程之中。[①] 徐剑锋（2013）提出实施创新驱动战略，实现浙江经济复兴，需大力倡导发展新理念、调整发展战略、规划与政策，建立协同创新体系，实现"经营者＋人才"的完美结合。[②]

从研究梳理可知，本研究的重要关键词之一"创新驱动"，其关键核心是解决增长及发展动力问题，但是，迄今为止并未形成成熟的分析框架和体系。在本专题研究中必须充分理解创新驱动的本质内涵，辨析创新驱动与科技创新、产业创新、绿色发展等众多概念的关系，才能深入研究主题。

二　创新与产业结构升级研究述评

通过文献检索发现，有关创新与产业结构升级的研究主要分为以下几类：一是将创新作为产业结构升级的动力之一进行研究；二是创新与产业演化/演进的关系问题，这个领域国外学者研究较多且深入；三是技术创新与产业结构变化的研究，此类研究历史悠久且较深入；四是我国提出的自主创新与产业结构升级的关系研究。

（一）产业结构升级的动力和模式

苏东水（2000）总结产业结构变动的影响因素主要包括供给因素：自然条件、劳动力状况、资源禀赋、技术进步、资本状况及结构、商品供应情况（原材料、中间投入品、零部件、进口品等）、环境因素（政治、文化、法制等）；需求因素：消费需求（个人消费结构、收入水平变化、中间需求和最终需求的比例、消费和投资的比例）、投资需求；国际贸易和国际投资。李军（2009）认为产业结构升级的动力机制分为内在动力机制和外在动力机制两部分，内在动力机制包括供给（劳动力、物质资本、自然资源）、市场需求、知识与技术、创新，外在动力机制包括经济体制和产业政策。其他学者也进

---

① 上海社会科学院经济研究所课题组：《创新驱动发展与上海"四个中心"建设关系研究》，《上海经济研究》2014 年第 10 期。

② 徐剑锋：《实施创新驱动战略，推进浙江工业革命》，《浙江学刊》2013 年第 2 期。

行了相似的总结，刘广生（2011）总结"产业结构升级的动力来源，大体上可概括为 5 个方面：需求角度（如经济增长与居民消费）、供给角度（如技术创新与品牌建设）、贸易角度（如国际贸易与 FDI）、制度角度（如政府产业政策）和空间角度（如城镇化）。和价值链视角密切相关的产业结构升级动力则包括 FDI 与产业结构升级、科学技术自主创新与产业结构升级、品牌构建与产业结构升级、产业融合与产业结构升级、居民收入及需求与产业结构升级，以及制度与产业结构升级"①。从这些学者的对产业结构升级的动力源泉的分析来看，创新成为近些年学者们研究产业结构升级的重要驱动因素之一。

产业结构升级具有多种模式，国务院发展研究中心课题组（2010）从国际经验总结与借鉴的角度，归纳出产业结构升级的四种模式，即美国"创新型"产业结构升级模式、日本"追赶型"产业结构升级模式、韩国"压缩型"产业结构升级模式和拉美"交替型"产业结构升级模式，四种模式各具特点与风险。郭志仪、郑钢（2007）从境外直接投资对发展中国家产业结构升级影响的角度，将产业结构升级模式分成三类：传统渐进式产业结构升级模式、追赶式产业结构升级模式、创新跨越式产业结构升级模式。在以境外直接投资为主要形式的国际资本流动的发展背景下，传统渐进式及一般追赶式均面临着严峻挑战。在这一新形势下，从"一般追赶型"产业升级模式向"创新跨越式"发展战略转变，是发展中国家迫切需要解决的课题。

（二）创新与产业演化

在创新与产业演化过程的研究中，学者们重点关注的是技术创新与产业演化的关系，研究对象为工业创新。20 世纪 70 年代中期，阿伯纳西（N. Abernathy）和厄特巴克（James M. Utterback）提出工业创新的动态模型，也称为 A—U 模型。在模型中，展示了工业行业和企业沿着三段式技术轨迹发展——流动、转换和特性（专业化）阶段，认为产品创新和工艺创新存在时序上的不断继起性。该模型主要

① 刘广生：《基于价值链的区域产业结构升级研究》，博士学位论文，北京交通大学，2011 年。

适用于产业发展的初期，创新主要集中在研发新产品，当产业进一步
发展、产品技术趋于成熟与稳定时，市场创新、组织创新和管理创新
在空间上并存，在时序上续起。之后，阿德纳（Adner）和莱文索
（Levinthal）（2001）、马洛巴（Malerba）（2007）等学者从技术创新
需求探讨技术创新与产业演化之间的关系。杰菲（Jaffe）（1993）、
布鲁索尼（Brusoni）（2001）、考恩（Cowan）（2004）等学者从知识
溢出、知识网络、知识传播扩散等视角分析技术创新与产业演进问
题。纳尔逊（Nelson）（2002）、默曼（Murmann）（2003）、帕拉斯
科沃普罗（Paraskevoupoulo）（2010）等学者研究了产业变迁中技术、
需求、知识、制度的协同演化问题。国内对创新与产业演化研究得比
较少，隋广军（2007）在产业生成阶段技术创新，催生新的产业；
在产业发展阶段，加快主流技术的形成，推进产业不断纵深发展；在
产业衰退阶段，技术创新使产业获得新生。近期国内学者对此方向的
研究逐渐减少。

（三）技术创新与产业结构的变化

技术创新与产业结构的变化相对是研究历史比较悠久的论题，学
者们很早就认同技术创新对产业结构升级的积极作用，研究也从定性
向定量深入。罗肇鸿等（1988）在总结日本的技术进步与产业结构
的变迁过程后，认为技术进步促进产业结构量和质的提升，对各产业
的影响依赖于该产业部门在国民经济中的地位，以及各产业部门技术
进步本身的性质。辜胜阻、刘传江（1998）指出"技术创新是引起
产业结构变动的重要因素。它不仅决定着单个产业的发展趋势和不同
产业的有序更替，而且还决定着产业结构变迁的方向。这种影响通过三
种机制来实现：首先，技术创新的性质决定着单个产业部门的发展趋
势；其次，技术创新群的极化规律决定着产业更替的有序演变；最后，
技术创新及其扩散效应决定着产业结构变迁的方向"①。刘志彪
（2000）认为"持续的技术创新不仅开创了新的产业门类，而且推动

① 刘广生：《基于价值链的区域产业结构升级研究》，博士学位论文，北京交通大学，
2011年。

了成熟产业的改造和再生"①。孙军（2008）通过构建封闭条件下的内含需求因素的产业结构演变模式，并进行实证研究，结果表明，对于后发国家而言，产业结构升级的重要影响因素是内部高层次的需求空间和技术创新鼓励。② 常晓鸣（2010）认为技术创新不能直接进入最终产品的生产函数，技术创新的产出体现为中间品质量的改进，并通过不同的传导路径间接作用于产业生产绩效，最终实现产业升级。龚轶等（2013）在洛伦特兹（Lorentz）和萨沃纳（Savona）的基础上构建了一个具有微观基础及内生创新机制的产业进化模型，对中国的产业结构进化进行了情景模拟。研究发现，技术创新导致的劳动生产力的提高以及企业物质资本成本的节约共同作用推动了中国产业结构进化。其中，物质资本节约型创新对产业进化起着关键的作用。③

（四）自主创新与产业升级、产业结构升级

创新是产业结构升级的重要动力，探讨自主创新与产业结构升级的路径和机理对我国产业结构升级具有指导意义。学者们的研究中更多地将自主创新的重点视为技术创新，例如江洪（2008）认为"自主创新促进技术进步，技术进步将促进部门的生产效率提高，不同部门的生产效率提高导致要素价格的变化和要素在各部门间转移，另一方面，技术进步也会改变劳动、资本的相对边际生产率，从而影响产业结构的变化"④。陈栋（2011）认为改善我国工业国际分工地位的路径是通过自主创新推进传统产业的技术改造与升级、推进高新技术产业化，最终实现中国工业结构升级。自主创新是通过刺激需求结构，改变劳动力就业结构、区域结构和改变贸易结构从而对工业结构升级起到间接促进作用。印长副、邝国良（2012）实证分析了珠三

① 刘志彪：《发达国家技术创新与产业结构高度化的趋势》，《南京大学学报》（哲学·人文科学·社会科学）2000 年第 1 期。

② 孙军：《需求因素、技术创新与产业结构演变》，《南开经济研究》2008 年第 5 期。

③ 龚轶、顾高翔等：《技术创新推动下的中国产业结构进化》，《科学学研究》2013 年第 8 期。

④ 江洪：《自主创新与我国产业结构的优化升级》，博士学位论文，华中科技大学，2008 年，第 108—109 页。

角自主创新与产业结构优化升级的关系。杨公齐（2013）实证研究结果表明，金融、创新和产业升级之间存在内生联动关系，我国需要进一步深化金融体制改革，实现金融市场的风险分担和技术创新功能。① 迄今为止，国内学者对此领域的研究还主要是定性分析，研究方法和研究视角并未有重大突破。随着十八大以来提出"创新驱动发展战略"之后，对创新驱动发展有了更全面、更深入的解读，有关自主创新的研究有稍微弱化趋势。

三　长三角产业结构升级相关研究

许多学者在研究长三角地区产业升级问题时，将"产业结构升级"与"产业升级"这两个概念等同。学者们认为，随着"人口红利"期逐渐消失，劳动力成本上升，长三角地区必须放弃逐渐失去比较优势的低技术产业，转而发展高技术含量和高附加值的产业，产业升级已是必然（郭岚，2009）。长三角地区主要存在产业趋同（沈玉芳，2010）、产业核心技术缺乏（邱少灵，2011）等问题，自主创新能力不强、地方利益冲突是导致产业结构问题的主要原因（汪伟合，2011）。长三角地区产业升级的途径主要有：从区域内的块状经济向网状经济转型（沈玉芳，2010）；承接技术转移和培育创新能力（周耀烈，2006）；发展总部经济调整城市产业结构（魏丽娟，2011）；通过提升产业集群竞争力，推动长三角地区产业从劳动密集型向资本密集型升级（梁琦，2005）；嵌入全球价值链的核心环节或者向产业链高端攀升的升级模式（刘志彪，2006；赵红岩，2010）；通过产业融合、发展战略性新兴产业、服务业和承接外包等方式推动长三角产业升级（王妍等，2011；张琰，2012）；金融服务业集聚对长三角地区产业结构升级具有正向推动作用（施卫东、高雅，2013）；通过优质要素的集聚从而提高长三角城市群要素空间集聚的外部经济性，进而可以推动产业结构升级（吴福象、沈浩平，2013）。

长三角具体行业升级研究。近些年，在研究具体行业的升级过程

---

① 杨公齐：《金融支持、自主创新与产业结构升级》，《学术论坛》2013 年第 8 期。

中，开始关注创新与产业升级。加强长三角区域产业知识创新的合作与交流，特别是默会知识的生产与扩散对长三角未来产业的发展和结构优化具有重要的意义（伍华佳，2008）。自主创新对长三角服务业的发展影响程度大于国际技术溢出的影响（王耀中，2011）。通过对长三角微观调研数据的实证分析，国际代工制造有利于提高企业的渐进性创新与突破性创新的能力，从而实现产业转型与升级（杨以文等，2012）。赵红岩、田夏（2013）"通过对 1995—2011 年面板数据实证分析结果表明，长三角地区高技术产业升级的决定因素是内生创新能力，主导因素是跨国资本的技术溢出，因此长三角高技术产业应加强自主创新，并在本土企业与跨国公司，以及链内各环节企业间建立知识吸收、获取与转移的平台，从而推动产业升级"①。

四　研究述评

从以上综述可以得到以下启示：一是创新对产业结构的演进具有积极作用，但是，学者们主要将创新理解为技术创新、自主创新，技术创新和自主创新在我国转型发展中起到了重要作用，但有些忽视其他类型的创新，如组织创新、商业模式创新、服务创新等对产业结构改变所起的作用。事实上，产业发展阶段不同，产业结构的层次不同，驱动产业结构升级的创新类型也存在差异，同时，由于不同区域的产业结构也存在差异，只通过一种创新方式推动产业结构这个复杂且在不同区域又异质的系统，难免会出现创新驱动力不足的现象。创新作为一种驱动力是复杂、动态的系统，同时，产业结构也是复杂、动态且存在空间异质的系统，一些学者或者只研究某一产业的某一类型的创新，或者只从创新的某一方面（几乎是技术创新）推动产业结构升级进行研究，研究缺乏系统性，这也为本研究提供了广阔的空间。

二是针对具体区域长三角地区的产业结构升级的研究有待深入。

---

① 赵红岩、田夏：《本土创新能力、跨国资本技术溢出与长三角高技术产业升级》，《上海经济研究》2013 年第 7 期。

由于产业结构在空间上具有异质性，笔者选取我国最具创新能力及潜力的区域——长三角地区作为研究对象。在研究长三角地区产业结构升级时，许多学者把"产业结构升级"与"产业升级"的概念等同，只注重产业部门间的比例关系，对于产业内部效率的提高研究不足；学者已从不同视角探索了长三角地区产业结构升级的路径，但是，由于对产业结构升级的动力研究不足，路径的研究还需进一步深入；长三角地区产业内部存在较大差异，升级的路径也具有差异性，已有研究对长三角不同产业内进行深入调研、分析较少。这些研究的不足为本研究留下了拓展空间。

第三节　研究思路及方法

一　研究思路

本专著基于问题导向和任务导向，采取"总—分"的写作思路。从"创新驱动""产业结构升级"的概念内涵、本质要求入手，抽象出创新驱动的"核心要素"和产业结构升级的一般规律和路径，从理论层面分析创新驱动产业结构升级的一般机理，为后续章节写作奠定基础。

从第三章开始落脚到长三角地区的研究，实证分析近十年来长三角地区产业结构升级的动因，结合实证结果、当前长三角发展面临的困境和国际国内产业发展趋势，指出未来长三角地区产业结构升级的方向是高端化、服务化和集约化。基于长三角产业结构升级的未来方向，第四章提出四条创新驱动产业结构升级的路径，分别是：基于技术轨道的创新驱动、基于市场轨道的创新驱动、全产业链创新驱动和集群创新驱动，并根据长三角产业结构的特征进行具体分析。

第五、六、七、八章分别从创新驱动长三角具体产业升级来进行探讨。第五章探讨战略性新兴产业，第六章探讨制造业，第七章探讨现代服务业，第八章探讨文化产业（由于文化产业的重要性和特殊性，单章论述），第九章探讨政策体系作为结尾。

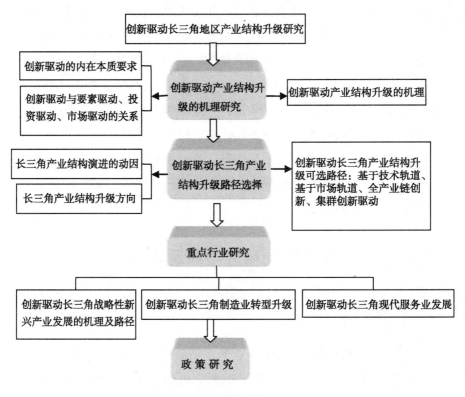

图 1　本书的研究框架

二　研究方法

1. 文献研究与实地调研相结合。一方面基于对国内外大量研究论文、专著、博士学位论文、研究报告、政策文件等文献的学习、借鉴和思考；另一方面，将通过问卷调查、深度访谈和座谈等方式对长三角地区产业发展现状、产业结构升级的特征等进行实地调查研究，以获取第一手资料和相关信息。

2. 规范分析与实证研究相结合。对创新与产业结构升级关系进行理论分析，以规范分析为主；同时采用实证研究方法，以长三角地区为研究对象，探索创新驱动产业结构升级的实现路径和重点产业发展。

3. 定性分析与定量研究相结合。运用归纳与演绎、分析与综合、抽象与概括等定性分析方法，由表及里、由此及彼，正确把握创新驱动产业结构升级的内在规律；同时采用定量分析法，更加精确地认识两者之间的相互关系。

4. 归纳与演绎相结合。比较分析在产业不同发展阶段、不同技术属性产业的创新特点，采用科学的归纳方法总结创新驱动产业结构升级的一般规律；结合长三角地区产业发展实际情况，采用演绎法得出创新驱动长三角地区产业结构升级的实现路径。

第一章

基本概念、理论基础及经验借鉴

第一节 概念界定与辨析

一 创新驱动概念界定

波特（1990）最早提出"创新驱动"概念，他在《国家竞争优势》一书中，将国家竞争力发展分为四个阶段：要素驱动、投资驱动、创新驱动和财富驱动阶段，并全面阐释其特征及演进过程。此处使用的创新驱动概念是把创新作为推动经济增长的主动力。其实在增长理论研究中，已有创新驱动的相关思想。索罗在20世纪50年代提出的增长模型中就包含了资本投资和技术进步两个重要因素，此处技术进步来源于生产中的经验积累和技术改进。罗默的新增长理论从内生性技术进步角度解释了技术进步的源泉及对经济增长的影响，并把知识的积累作为促进现代经济增长的决定性要素。卢卡斯的"人力资本完整性增长模型"，强调的不仅是人力资本的作用，同时注重知识的传播、扩散。对促进经济增长的动力探究从生产中的技术改进不断扩展到知识的积累与扩散。我国长期以来主要依靠要素、投资驱动经济增长，不可避免地遇到资源和环境不可持续供给的局限。国内学者洪银兴（2011）认为"转向创新驱动就是利用知识、技术、企业组织制度和商业模式等创新要素对现有的资本、劳动力、物质资源等有形要素进行新组合，以创新的知识和技术改造物质资本、提高劳动者素质和科学管理。各种要素经过新知识和新发明的介入和组合提高了创新能力,就形成内生性增长。创新驱动的实质是科技创新"[①]。本书将采用洪银兴对创新驱动概念的理解。

二 产业结构升级概念界定及辨析

产业结构升级与产业升级具有不同的研究侧重点。一些产业经济学家认为,"产业结构升级内涵包括三个层次:产业结构合理化、产业结构高度化、产业结构高效化。产业结构合理化主要是依据产业关联客观比例关系来调整不协调的产业结构,促进国民经济各产业间的协调发展。产业结构高度化是指遵循产业结构演变规律,通过创新加速产业结构从低层次结构向高层次结构演进。产业结构高效化是指产业结构效率不断提高,由低生产率、低技术含量产业向高生产率、高技术含量产业演进,最终促使资源由低效产业向高效产业转移"[②]。产业是由一系列在生产技术特征和产出结构上存在较高相似性的企业所组成,"产业升级一般是指产业绩效的提升,也有层次问题,杰勒菲(Gereffi)(1990)将产业升级分为四个层次:产品层次、经济活动层次、部门内层次和部门间层次上的升级"[③]。汉弗莱(Humphrey)和斯科米兹(Schmitz)(2002)提出流程升级、产品升级、功能升级和部门间升级四个以企业为中心、由低级到高级的层次。由此可见,产业结构升级侧重产业间的关联、层次演进和效率提高,以及结构的合理化,产业升级侧重某一产业的效率提升,更偏向微观研究。

然而,从广义概念上来看,产业结构升级与产业结构优化间较难辨析,苏东水(2000)将产业结构优化界定为推动产业结构高度化、合理化的过程。许多学者在运用这两个概念的过程中,几乎将两者等同。笔者认为,产业结构升级更侧重动态的高级化过程,产业结构优化则侧重产业结构的合理化。

---

① 洪银兴:《关于创新驱动和创新型经济的几个重要概念》,《群众》2011年第8期。
② 方辉、吕静、段国蕊:《中国承接服务业国际转移产业结构升级效应的实证研究》,《世界经济研究》2012年第6期,第59页。
③ 赵林飞:《全球产业网络下的企业社会责任和产业升级》,博士学位论文,东华大学,2010年,第6页。

三　相关领域概念辨析

（一）创新驱动产业结构升级与产业创新的关系

创新驱动具体产业的转型发展，不完全等同于"产业创新"，两者是包含与被包含的关系。正如洪银兴所说，"创新驱动的实质是科技创新，科技创新的终端是产业创新"[①]。"科技创新的路线图包括：上游环节即科学发现和知识创新环节；中游环节即创新的知识孵化为新技术；下游环节即采用新技术的环节"[②]。上游为知识创新领域，中下游涉及产业创新。产业创新的边界是具体的产业部门，产业创新注重采用最新科技成果，产业创新依托知识创新和新技术创新，需要知识创新与企业技术创新的紧密结合，意味着科技革命可以催生新的产业，如新材料、生物、新能源等新兴产业，产业创新的形式包括集成创新、技术创新、组织创新、流程创新等。产业创新不仅催生新产业，也包括传统产业的创新和升级。

（二）创新驱动具体区域产业结构升级与区域创新系统的关系

从两个相关概念强调的重点来看两者存在很大差异，创新驱动具体区域产业结构升级是在具有区域特色的产业结构环境下，发展方式的转变；由于创新活动是非均衡或随机地分布于世界各地，知识生产过程具有独特的地理空间特征，区域创新系统强调创新活动在空间上的集中化趋势。

但是，两者之间也存在密切联系，在具体区域范围内，创新驱动产业结构升级在空间上的最终演化形态中，区域创新系统是最典型的形式，例如区域性的网络化创新系统，在产业发展过程中，企业间联系越来越紧密，市场竞争的压力和政府政策支持，促使企业创新发展，进而推进产业结构升级，企业和组织一般是嵌入特定区域内，创新活动又具有空间集聚和依赖性，进而促进区域创新系统的形成和

---

① 洪银兴：《关于创新驱动和创新型经济的几个重要概念》，《群众》2011 年第 8 期。
② 洪银兴：《科技创新路线图与创新型经济各个阶段的主体》，《南京大学学报》（哲学·人文科学·社会科学）2010 年第 2 期。

成熟。

（三）创新驱动与绿色发展、循环发展、低碳发展的关系

需求影响创新驱动的方向，在资源环境约束下，市场对环保、低碳的需求，以及政府通过各种途径的引导，创新驱动的方向才可能与绿色发展、循环发展和低碳发展的目标相一致。创新驱动的最终目标是不断提高生产效率，满足经济社会需求。在不同经济发展阶段，市场需求存在很大差异，在创新驱动下催生不同的产业，不断变革生产方式，例如，为了突破产出系统机械化的制约，蒸汽机发明并得到应用，为了突破水力制约和铁作为材料的强度、耐久性、精度的制约，电力和钢材料发明并广泛应用，为了实现灵活的系统制造，计算机、微电子等的发明并广泛应用，2000年以后，世界范围内的能源紧张和环境污染，催生了半导体照明、光伏、风电以及环保等产业的迅速发展。可以看出，创新驱动的经济发展的结果并不意味着绿色发展、循环发展、低碳发展，只有在市场和政府的共同作用下，两者的目标达到一致时，创新驱动的结果才会是绿色发展、低碳发展。

四 长三角地区概况

依据2010年6月国家批准实施的《长江三角洲地区区域规划》，长三角地区范围包括上海市、江苏省和浙江省，区域面积21.07万平方千米，上海市和江苏省的南京、苏州、无锡、常州、镇江、扬州、泰州、南通，浙江省的杭州、宁波、湖州、嘉兴、绍兴、舟山、台州16个城市为核心区。

根据本论题的研究目的，总结出长三角地区具有以下鲜明特点：

（1）长三角地区产业结构的空间差异性

上海是"三二一"结构类型，第一产业的比重总体趋势不断下降，由1978年的4%下降到2014年的0.5%，第二产业比重由1978年的77.4%下降到2014年的34.7%，第三产业比重从1978年的18.8%上升到2014年的64.8%。江苏现在是"三二一"结构类型，从1978年以来，第一产业比重总体趋势是逐步下降的，第二产业在

2005 年达到 56.6% 之后有所下降，第三产业比重在 1985 年之后不断提高，2015 年三次产业比重为 5.7∶45.7∶48.6。浙江也逐渐调整为"三二一"结构类型，2015 年三次产业结构为 4.4∶47.7∶47.9。具体分析详见第三章。

（2）长三角地区创新资源分布的非均衡性

刘凤朝认为"创新资源是直接或间接促进技术进步的人力、财力和物力等资源。创新人力资源主要包括直接或间接参与研发活动的研发人员、企业工人、企业家和相关管理人员；创新财力资源为创新活动的投资水平，例如投入的科研经费；创新物力资源通常是投入大创新相关活动的科研仪器设备等固定资产"①。但是，考虑到实物资源较难统计，创新活动相关的机器厂房也是通过购买获得，将其归入财力资源。创新资源除此之外还包括知识的创造，包括发明、专利及其利用效率、论文等，本书选取研发人员数量、研发经费内部支出、研发投入强度、申请专利授权数、技术市场成交合同金额等指标，比较上海、江苏和浙江三地区创新资源的分布情况。

从研发人员总量上看，长三角地区创新人力资源丰裕，但各地区间也有较大差异。如表 1-1 所示，笔者选取全国总量排名靠前的地区进行比较，研发人员最多的地区是广东，其次是江苏、浙江和山东，北京、上海和天津紧跟其后，长三角地区研发人员数约占全国的26%。在长三角内部江苏研发人员数最多，其次是浙江和上海。从研发人员的构成来看，北京全时人员占研发人员的比例为 72.59%，上海、浙江和江苏分别为 68.11%、61.69% 和 64.56% 以上；北京的研发人员中博士和硕士所占比重最高，达到 41%，上海、江苏和浙江分别为 26.53%、14.41% 和 10.85%。

---

① 刘凤朝等：《全球创新资源的分布特征与空间差异——基于 OECD 数据的分析》，《研究与发展管理》2011 年第 2 期。

| 表 1 - 1 | | | 2013 年研究与试验发展（R&D）人员 | | 单位：人 |

地区	R&D 人员数（人）	其中：全时人员（人）	全时人员占 R&D 人员数的比重（%）	博士生占 R&D 人员数的比重（%）	硕士生占 R&D 人员数的比重（%）
全国	5018218	3154356	62.86	5.73	13.18
北京	334194	242595	72.59	17.97	22.90
天津	143667	81814	56.95	5.98	13.56
河北	136615	77284	56.57	2.93	13.34
上海	226829	154494	68.11	9.80	16.73
江苏	626882	404738	64.56	4.05	10.36
浙江	416010	256639	61.69	3.24	7.61
山东	409441	274390	67.02	3.54	10.61
广东	652405	441806	67.72	2.82	10.29

资料来源：《中国科技统计年鉴 2014》。

从创新财力资源来看，如表 1 - 2 所示，2013 年江苏和北京 R&D 经费内部支出总额最高，分别达到 1487 亿元和 1185 亿元，如图 1 - 1 所示，北京近年来研发投入强度最高，年均在 5% 以上，其次是上海，从 2006 年的 2.5% 增加到 2011 年的 3.11%，北京和上海都远高于全国近几年平均水平 1.62%。江苏的研发投入强度略高于广东和浙江，从 2006 年的 1.6% 增长到 2011 年的 2.17%，浙江与广东近年的研发投入强度相当。从研发经费内部支出的构成来看，北京、上海和天津更注重基础研究，也就意味着这些地区是知识创造的集聚地，创新驱动的前端驱动需要强化基础研究，江苏、浙江、广东等地更注重知识的转化和应用，所以试验发展和应用研究所占比重很高。从长三角内部来看，上海相对是知识创新的中心，基础研究和应用研究的比重达到 20.28，江苏和浙江更偏重知识的扩散和应用，试验发展所占比重在 91% 以上。

表 1 – 2　　　　　**2013 年研究与试验发展（R&D）经费内部支出**

地区	R&D 经费内部支出（万元）	基础研究所占比重（%）	应用研究所占比重（%）	试验发展所占比重（%）
全国	118465980	4.68	10.71	84.60
北京	11850469	11.58	21.77	66.64
天津	4280921	4.21	12.50	83.29
河北	2818551	2.81	10.96	86.23
上海	7767847	7.06	13.22	79.72
江苏	14874466	2.94	5.37	91.69
浙江	8172675	2.32	4.87	92.81
山东	11758027	2.25	5.84	91.91
广东	14434527	2.34	7.12	90.54

资料来源：《中国科技统计年鉴 2014》。

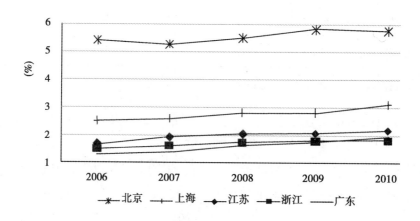

图 1 – 1　2006—2011 年研究与试验发展（R&D）经费投入强度（%）

资料来源：《中国科技统计年鉴 2012》。

　　从创新知识的创造来看，2013 年江苏、浙江和广东专利申请授权数最高，分别达到约 24 万、20 万和 17 万件。在专利构成占比方面，北京发明专利最高，占 33.02%，其次是上海和辽宁，说明这些地区在原始创新方面具有较强实力；山东的实用新型占比最高，达到76.57%，说明该地区在技术改造和集成创新方面实力较强；江苏和浙江外观设计占比达到 52% 和 42%，说明该地区设计创新能力比较强。从长三角内部来看，上海是原始创新中心，上海和浙江的集成创新能力较强，江苏应对市场的设计创新能力较强。

表 1 - 3　　　　2013 年国内三种专利申请授权数主要地区分布

地区	合计（件）	其中：发明比重（%）	其中：实用新型比重（%）	其中：外观设计比重（%）
全国	1228413	11.68	55.86	32.45
北京	62671	33.02	57.92	9.06
天津	24856	12.64	75.47	11.89
河北	18186	11.04	71.69	17.27
辽宁	21656	17.69	71.95	10.36
上海	48680	21.87	61.34	16.80
江苏	239645	7.01	41.00	52.00
浙江	202350	5.50	52.50	41.99
山东	76976	11.58	76.57	11.85
广东	170430	11.78	45.47	42.74

资料来源：《中国科技统计年鉴 2014》。

从专利的有效数来看，江苏、广东和浙江的专利有效数最高，分别达到 62 万、59 万和 55 万件，说明这些地区知识和创新转化能力较强；上海、北京逊色许多，分别为 22 万、19 万件。其中，发明比重代表着区域原始创新能力，北京、上海、天津的发明比重分别占专利有效总数的 38.97%、24.87%、17.95%，江苏和浙江两地只有 10.07% 和 7.83%。

表 1 - 4　　　　2013 年国内三种专利有效数主要地区分布

地区	合计（件）	其中：发明比重（%）	其中：实用新型比重（%）	其中：外观设计比重（%）
全国	3635929	16.13	52.73	31.14
北京	219243	38.97	50.04	10.99
天津	68540	17.95	68.20	13.85
河北	54781	13.52	68.26	18.23
上海	194496	24.87	56.34	18.79
江苏	616779	10.07	41.41	48.52

续表

地区	合计（件）	其中：发明比重（%）	其中：实用新型比重（%）	其中：外观设计比重（%）
浙江	552681	7.83	49.12	43.05
广东	586592	16.28	44.01	39.72

资料来源：《中国科技统计年鉴 2014》。

从创新的空间结构演进来看，我国区域表现出具有相似创新产出的区域空间的成片分布的特征[①]。王春杨等（2013）的研究表明长三角地区、环渤海地区以及珠三角地区创新空间依赖[②]的特征显著，中部地区中四川、重庆、湖北、湖南等地是次级创新区。

从技术市场成交金额来看，如图 1-2 所示，北京增速最快，从2005 年的 489 亿元增长到 2011 年的 1890 亿元，可见其技术市场活跃，知识转化平台已有效构筑；上海从 2005 年的 231 亿元增长到2011 年的 480 亿元；江苏和广东稳中有升，浙江增速过缓。由此可见，长三角地区上海的技术市场化能力较强，江苏提升较快，浙江表现平平。

综上所述，长三角地区创新资源总体较丰富，上海暂时是长三角地区研发投入强度高、原始创新和技术转化能力强的区域；江苏创新资源总量较大，拥有相对较多的研发人员、研发投入、专利申请授权数，但创新体系还不够完善，知识和技术的转化能力有待提高；浙江在不断追赶，创新资源在不断积累，但知识转化平台还不完善。

（3）在开放环境下，长三角地区利用区外创新资源的能力较强

如表 1-5 所示，2013 年上海国外技术引进合同最多，达到 2897项，其次是江苏、北京、山东和广东，分别为 1190、1067、1048 和1047 项；广东、上海、江苏、浙江和北京的合同金额较高，分别占

---

① 王春杨、张超：《地理集聚与空间依赖——中国区域创新的时空演进模式》，《科学学研究》2013 年第 5 期。

② 区域创新的空间依赖一般是指创新要素的流动、知识扩散和溢出等现象与地理空间的关联。

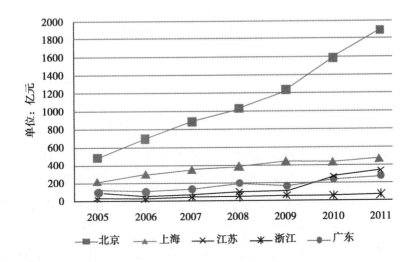

图 1 - 2 技术市场成交合同金额

资料来源：《中国科技统计年鉴 2012》。

全国的 16.49%、14.50%、11.89%、9.54% 和 9.07%，其次是天津、吉林等地，由此粗略看出，长三角与国际技术联系较紧密，在研发全球化背景下，主动运用区外创新成果、促进知识和技术扩散能力较强。

表 1 - 5　　　　　　2013 年国内主要地区的国外技术引进合同

地区	合同数 （项）	合同金额 （万美元）	其中：技术费 （万美元）
全国	12448	4336413	4109437
北京	1067	393126	350963
天津	507	259493	256282
辽宁	595	84823	84816
上海	2897	628671	611086
江苏	1190	515395	513338
浙江	992	413896	411580
山东	1048	98332	90222
广东	1047	715098	682704

资料来源：《中国科技统计年鉴 2014》。

第二节　相关理论基础

创新驱动长三角地区产业结构升级是一个涉及多领域交叉的论题。实现产业结构升级是研究的目标，因此产业结构演进及产业结构升级的动力研究是本书的基础理论。创新驱动解决的是发展动力问题，经济增长理论是研究的理论出发点和基石。创新驱动作为产业结构升级的核心动力，创新经济学的相关理论如创新的产业差异、创新过程、创新扩散等相关理论是揭示和打开"创新"这一"黑箱"的关键。长三角地区作为我国特定区域，产业结构又有其鲜明的特征，具体区域状况又需要深入分析，一些相关理论如产业链、产业集聚等理论都需要灵活运用。

一　创新经济学相关理论

（一）创新过程

自从熊彼特提出创新概念之后，对创新过程的认知和理解主要集中在企业内部，熊彼特早期的研究特别强调创新过程中个体的作用，之后学者们从个体作用扩展到组织的作用。基斯·帕维特（Keith Pavitt，2004）提出"创新过程分为三个范围较宽并互有重叠的子工程：知识的产生；知识转化为'制品'——包括产品、系统、工艺和服务；最后，制品与市场需要和需求不断地相匹配"[1]。帕维特提出的创新过程三个范围为深入理解"创新驱动"概念内涵奠定了基础。

帕维特认为"全新和有益的知识领域不断发展，尤其是技术进步不断涌现，为商业开发提供了巨大的机遇"[2]。工业实验室是20世纪以来非常重要的创新源泉，工业实验室的知识来源是物理、化学等方面的基础性进步。由于知识生产、知识利用得越来越专业化，企业的

---

① ［挪］詹·法格博格等：《牛津创新手册》，柳卸林等译，知识产权出版社2012年第2版，第89页。

② 同上书，第92页。

创新行为越来越职业化，而大学的研究更加专业化，企业若能够从大学的研究领域内的项目成果中获益，对企业的发展相当重要。企业与大学间互动是多方面的，一是科学家进行基础研究，企业认为有商业价值，从而将其转化为商品并市场化。二是大学所培养的研究人员直接进入企业，为企业的创新提供新理念、新技术、新方法等。三是咨询、资助、非正式接触、联合研发等多种形式。这些方式的最终目的是加强大学与产业间的联系，在知识生产与运用间形成更多交叉和融合。

帕维特认为，"知识的发展使我们能够创造更加复杂的制品，这些制品包含了越来越多的子系统和零部件，吸纳了更加广泛的专业知识领域"[①]。企业在设计复杂产品时，发现掌握所有领域的知识进展是困难的，模块化分工将零部件和子系统外包出去尤为重要。日益复杂的产品开发和生产也需要多领域专业化知识整合。这就要求企业不仅知道如何将核心资源用于优势环节上，同时需要知道如何将多领域专业化知识整合利用。

创新过程的第三个子工程是制品、组织实践与市场需求的匹配。钱德勒（1977）通过对19世纪末美国大型多部门企业的技术、生产领域和组织结构的调查后，认为技术进步的同时，要求企业调整组织结构，以适应新的市场需求和技术机会。帕维特认为技术的发展经常先于组织和市场的发展，技术特性的多样性、持续变化和不确定性也催生组织构建和市场实践的多样性。因此，企业在应对根本性变革时，如何确立组织实践，将根本性新技术与企业原有技术融合是一项重要的挑战。

（二）创新的产业差异

基于现有文献的不同分析维度，认为不同产业在创新及扩散中存在差异。创新不仅在高 R&D 强度产业部门（如制药业）存在，也存在于低 R&D 强度部门（如纺织业）。根据熊彼特的观点，一些产业是

---

① ［挪］詹·法格博格等：《牛津创新手册》，柳卸林等译，知识产权出版社 2012 年第 2 版，第 99 页。

"熊彼特Ⅰ型产业"（具有"创造性毁灭"特征），一些产业是"熊彼特Ⅱ型产业"（具有"创造性积累"特征）。"部门间的关键差异来自创新来源和专有性机制中差异。帕维特（1984）提出了四类产业创新的模式。在'供应商主导的产业'（如纺织业和服务业）中，新技术嵌入新的要素和设备中，新技术的扩散和学习主要通过'干中学'和'干中用'实现。在'规模密集型产业'（如汽车业和钢铁业）中，过程创新占据主导，创新来源包括内部来源（R&D 和'干中学'）和外部来源（设备生产商），专有性主要通过专利和'技术诀窍'加以获取。在专业化供应商（如设备生产商）产业中，创新主要针对绩效改进、可靠性和'定制化'，创新来源包括内部来源（隐性知识和熟练工人的经验）和外部来源（"顾客—生产者"交互作用）；专有性主要来自知识的本地化和在相互作用中产生的特性。以科学知识为基础的产业（如制药业和电子业）中的产品和流程创新频率较高，这些创新主要通过大学公共研究实验室的内部研发和科学发现而实现；科学是创新的来源，专有性则来自专利、学习曲线以及'技术秘密'等"①。罗本等（Robon et al. 1998）也进行了类似的分析，他对英国 1945—1983 年间的 4378 项创新进行分析，认为有三类部门，一类是大量产生创新的核心部门，如电子、机械等；一类是如汽车和冶金的"第二级部门"；一类是技术吸收的"使用者部门"，如服务业。斯盖罗（1982）、莱温（1987）、PACE（1996）、科恩等（2002）针对不同国家，运用不同方法都做了相应的研究，研究结果表明创新在产业间存在差异。学者们的研究为笔者创新驱动具体产业升级提供了思路和理论基础。

（三）创新空间集聚

创新活动并非均衡或随机分布于世界各地，越是知识密集型的经济，产业集聚趋势越明显。创新主要源于企业、高校研发机构等主体的知识流动，创新活动是在"互动中学"的过程（伦德瓦尔、约翰

---

① ［挪］詹·法格博格等：《牛津创新手册》，柳卸林等译，知识产权出版社 2012 年第 2 版，第 375—376 页。

逊，1994)，创新过程具有"黏滞"和情境依赖的特性，空间上的临近对创新至关重要。越来越多的学者认为，隐性知识构成了基于创新的价值创造和最重要基础（帕维特，2002)，隐性知识是某个地理空间创新活动的关键决定因素。隐性知识不易清晰化和编码化（波莱伊，1956、1966)，隐性知识难以进行远距离的交换[①]。这种难以远距离交换的隐性知识最佳的传播方式是面对面地互动。空间上临近促进隐性知识的传播和共享，强化了创新集群的重要性。

二　区域经济增长理论

创新驱动是将创新作为推进区域经济增长的主动力，因此，区域经济增长理论是研究的重要理论基石和出发点之一。在经济增长理论发展创新的脉络中，关键是探寻增长的核心要素是什么，也就是核心动力问题。现代经济增长理论源于哈罗德—多马模型，将劳动和资本作为经济增长的重要要素；以索洛（1956）和斯旺（1956）为代表的经济学家提出的新古典经济增长理论认为，经济体系的增长源于储蓄率、人口增长和技术进步等外生变量；新增长理论又称内生增长理论，将新古典理论下的外生的技术进步内生化，认为经济增长依靠资本积累驱动，资本包括物质资本、知识资本和人力资本，具有代表性的学者是罗默对阿罗的干中学模型的修正和改进，于 1986 年提出知识溢出模型，卢卡斯提出的"人力资本完整性增长模型"。这些理论创新发展的结论说明知识、技术等要素在区域经济增长中起到重要作用，为研究奠定了基础。

区域经济增长主要包括均衡增长和非均衡增长两种模式，在众多研究成果中增长极理论起到重要作用。1950 年法国经济学家佩鲁首次提出增长极理论，被认为是西方区域经济学的基石。佩鲁发现在经济空间成长过程中总是围绕极核展开，这些极化中心或称为增长极带动整个经济的多维发展，推进型产业是增长极的核心（布代维尔，20

---

① ［挪］詹·法格博格等：《牛津创新手册》，柳卸林等译，知识产权出版社 2012 年第 2 版，第 288 页。

世纪 60 年代），这些产业的发展和创新通过前后向关联效应带动区域经济发展。推进型产业在经济和技术方面具有先进性，在区域经济发展中起到主导和决定性作用，投入这些产业的创新发展将产生较强的乘数效应、极化和扩散效应。"增长极理论提出了经济增长不平衡的思想，强调了产业或区域内的产业关联，突出了推进型产业的创新能力，为区域经济发展提供了可能的发展思路"[1]。换言之，促进区域经济发展的重点是培育增长极，培育增长极的关键是加大对推进型产业的投入，推进型产业发展的关键是提高产业的创新能力，也就是说，推进型产业的创新能力培育是区域经济发展的核心和基础。

三　产业结构演进理论

产业结构演进的一般规律分析。产业结构演进理论揭示了一个国家或地区产业门类的动态变化规律，一般是由低级向高级演进过程，配第、克拉克、库兹涅茨、钱纳里、赤松要等学者对此理论已进行了较深入的研究，为研究奠定了理论基础。威廉·配第（1676）出版了《政治算术》首先开启了产业结构演进研究。配第在分析荷兰的案例中发现，产业收益存在从农业、工业向商业依次递增的趋势，在收益差异驱动下，地区的产业从农业向工业、商业转变。克拉克（1899）出版了《财富分配》，通过对 20 多个国家的产业部门劳动投入和总产出的统计分析，验证了配第的产业结构演进观点，配第和克拉克的研究观点统称为"配第—克拉克定理"，即随着收入水平的提高，劳动力会从第一产业向第二、三产业转移，导致劳动力在三次产业间转移的内在原因是各产业间的收入相对差异。库兹涅茨（1985）提出，随着时间推移，第一产业在国民收入中的比重以及该产业中劳动力的比重呈现相对下降趋势，第二产业、第三产业在国民收入中的比重以及该产业中劳动力的比重呈现上升趋势。钱纳里（1986）将国家或地区的经济发展分为 6 个阶段，在不同生产阶段，主导产业不断转变。传统社会产业结构以农业为主；工业化初期由传统农业向以

---

① 安虎森：《新区域经济学》，东北财经大学出版社 2008 年版，第 157 页。

现代工业为主的工业化结构转变，以初级产品生产为主；工业化中期制造业内部由轻工业迅速增长转向重工业迅速增长；工业化后期第一、二产业协调发展的同时，第三产业逐渐步入高速增长；后工业化阶段制造业内部结构由资本密集型产业为主导向以技术密集型产业为主导转换；现代化社会阶段第三产业逐渐分化，智能密集型和知识密集型产业成为产业结构的主导。日本经济学家赤松要（1932）提出"雁行产业发展形态说"，认为发展中国家产业结构演变规律是由进口到国内生产，再到出口的过程。还有许多权威学者也提出相关理论，例如弗农提出"产品循环说"，霍夫曼提出"霍夫曼定理"等。这些理论证实了产业结构演进存在客观规律，在推动产业结构升级中需遵循产业结构演进规律，并明确升级方向。

产业结构演进的动因分析。配第的研究中认为产业间的收益差异是产业结构演变的重要动因，之后许多国内外学者扩展了研究的深度和广度，研究发现产业结构演进的动因主要有劳动力配置、产业资本、技术进步、市场需求状况、体制机制、国际贸易、产业促进政策等。不同国家、不同的经济发展阶段产业结构演进的动因在不断发生着变化，波特（1990）在《国家竞争优势》一书中将国家竞争力分为四个阶段：要素驱动、投资驱动、创新驱动和财富驱动阶段，同样可以用于解释许多国家不同时期产业结构演进的动因，在工业化初期，劳动力、资本投入是推动产业结构演进的主要因素，在工业化中后期，知识、技术等要素起到越来越重要的作用。这些研究为创新驱动产业结构升级提供了理论基础。

四　产业链理论

亚当·斯密、马歇尔、杨小凯等学者关于分工的理论是产业链思想的起源，之后，赫希曼1958年在《经济发展战略》一书中从产业的前向、后向联系角度阐释了产业链的概念，之后的学者转向研究生产链、供应链和价值链，产业链的概念应用已相对较少。产业链研究在国内相对较多，笔者结合学者们的相关研究，将产业链理解为在从事某一产业活动中，由于企业之间分工角色不同，形成上中下游企业之间的经济、技术关联，联结成具有价值增值功能的链状企业战略联盟。"20 世纪 80 年代兴起的新产业组织理论（NIO）揭示了产业链上的部分厂商通过实施不同的策略，对产业链上的其他厂商实施纵向控制，扩张市场势力，从而使自身利润最大化的过程"①。20 世纪 80 年代以来，随着产品复杂性的提高，原来产业链上企业之间的线性关联方式逐渐向纵向和横向关联转变，进而交织成网络状产业链。在网络状产业链上的企业间又是模块化分工形式，模块化分工是应对复杂系统产品和满足多样化市场需求的最佳解决方案。青木昌彦（2002）认为，"模块化就是新产业结构的本质"②。芮明杰、李想（2008）提出，"模块化分工下的网络状产业链网络内部的联系主要是知识的关联，是知识分工的产物，是为了获取外部异质性创新资源和由知识分工导致的递增报酬而形成的一种中间组织形式"③。产业组织的新变化和学者们的深入研究，为笔者分析创新驱动产业结构升级提供了重要的思路。

五 产业集群理论

产业集群理论最早可以追溯到英国经济学家马歇尔（1890）为代表的经济学家提出的外部经济理论，马歇尔发现外部规模经济与产业集聚密切相关，是产业集聚的重要经济动因。马歇尔认为生产、销售同类产品的企业或产业的上中下游企业集聚于特定区域，有利于知识的扩散和生产效率提高。韦伯（1929）最早提出产业集聚概念，从工业企业的区位布局视角分析产业地方化现象，阐明了运输成本和劳动力成本对集聚的影响。也就是说，企业空间集聚的成本和收益决定企业是否集聚。20 世纪 70 年代末 80 年代初以中小企业集中为内容的"新产业区"繁荣发展，斯哥特（1986）等为代表的新产业空间学派

---

① 李想、芮明杰：《模块化分工条件下的网络状产业链研究综述》，《外国经济与管理》2008 年第 8 期，第 4 页。

② 同上书，第 2 页。

③ 同上书，第 7 页。

认为集群"弹性专精"的生产方式能够促使中小企业优势发挥，具有本地化和根植性特征的集聚具有特殊的创新和技术学习的方式。我国学者王辑慈（2001）对新产业区理论进行了大量文献梳理，认为新产业区是基于外部规模经济和范围经济实现，创新环境、创新网络和弹性专精是新产业区形成发展的机制。新产业区具有网络性、嵌入性和创新性的特性。学者们的研究证实集聚有利于创新，形成创新型网络又是集群发展的重要特性和目标。由此可见，创新离不开空间集聚，空间聚集又促进创新，所以，研究创新驱动产业结构升级时，集群创新是重要视角之一。

第三节　创新驱动产业结构升级的国外经验

一　美国"创新型"模式

"二战"以来，美国一直十分重视创新在推动经济发展中的关键作用，主要分为三个阶段，每个阶段的战略重心不同，对产业结构升级起到相应的作用。第一阶段是 20 世纪 90 年代产业技术创新战略。"二战"后美国重视对基础研究的支持，认为支持基础研究就是支持应用研究。在 20 世纪 80 年代末到 90 年代初，日本、欧洲等经济体恢复和崛起，美国的汽车、半导体等产业领域领先地位被日本取代，为应对挑战，美国提出以产业技术为核心的创新战略，实施有针对性的研究和开发投资政策和行动计划，包括新一代汽车计划、平板显示器计划、先进技术计划（ATP）等。"1991 年，美国提出《国家关键技术》报告，1992 年推出'信息高速公路计划'，1993 年成立国家科学技术委员会，1994 年发布《科学与国家利益》，1996 年发布《技术与国家利益》，1997 年发布《塑造 21 世纪的科学和技术》等。在这些报告中，美国强调创造新的知识和培养人才是掌握未来的关键，技术是经济增长的引擎，而科学是这个引擎的燃料"①。第二阶段偏向国防的研发投入和相对保守的科技创新策略。在此期间主要是小布什执政时期，反恐和伊拉克等战争促使研发投入向国防倾斜，在一定程度上抑制了新能源、环保、生物科技等领域的发展，但依然对信息技术、纳米技术等领域进行持续的基础研究支持。第三阶段2008年后"金字塔"结构的创新战略。人才、基础研究、创新基础设施（包括信息、交通等）是创新创业的基石，营造开放的、竞争性的市场是塔身，培育能源、生物科技、先进制造、医疗太空等优先领域是塔尖（唐家龙、马虎兆，2011）。

在持续的创新战略指引下，对制造业内部结构和竞争力有较大影响。"'二战'后，美国第一产业比重逐年下降，从1947年的9.3%下降到1.1%，下降了8.2个百分点；第二产业比重从37.7%下降到21.5%，下降了16.2个百分点；相应地，第三产业比重从53.0%上升到77.4%，上升了24.4个百分点"②。从行业内部来看，第二产业中制造业占GDP比重有所下降，但1997—2008年间计算机、电子产品在制造业中的贡献率不断提升，在制造业中占比增长了10.7个百分点，家电、汽车、机械制造有所下降。21世纪以来，美国技术密集型和知识密集型产业蓬勃发展，原有主导产业钢铁、汽车等行业被信息通信、生物工程、新材料、新能源等行业取代，产业结构不断高级化。

二 日本"追赶型"模式

战后日本主要经历了"技术立国"到"科技创新立国"的发展之路。"战后初期，日本建立了引进消化吸收再创新的协调机制，确立不同时期的建设重点，引进国际最先进的技术和设备。如50年代

---

① 金相郁、张换兆、林娴岚：《美国创新战略变化的三个阶段及对中国的启示》，《中国科技论坛》2012年第3期，第145页。

② 赵嘉、唐家龙：《美国产业结构演进与现代产业体系发展及其对中国的启示——基于美国1947—2009年经济数据的考察》，《科学学与科学技术管理》2012年第1期，第142页。

以电力、钢铁、造船、家用电器等为主的重工业和化工部门；60 年代中期后转向以航天、电子、汽车制造等为主的知识密集型工业；70—80 年代则侧重于宇宙开发、生物工程等尖端技术引进"①。在此期间，日本几乎没有原创性和重大的产品创新，只是改进生产工艺以提高质量和效率。"20 世纪 50 年代时，汽车、电视机等制造业的产品质量相对较差，为克服这一缺陷，对所有可能引起问题的源头进行系统性检查，不再是简单地在生产线的末端而是在每一个阶段都进行质量控制，日本一些重要的创新如在线检查、测试、质量监控设备和仪表，都是在此流程中产生，弗里曼（Freeman，1997）。从该阶段的产业结构变化特点来看，第一产业迅速向第二产业转移，第二产业比重上升，从 1957 年的 23.5%，提高到 1972 年的 36.4%"②。到 20 世纪 70 年代，日本在家电、汽车等领域的生产技术已处于世界领先地位。

1995 年日本国会一致通过了《科学技术基本法》，明确提出"科技创新立国"的基本国策，之后又制定了第一期、第二期《科学技术基本计划》，2005 年出台第三期《科学技术基本计划的重要政策》，提出五大战略创新理念，包括人才战略、基础研究战略、科技创新战略、重点技术战略、国际化战略。在这些战略背景下，研发投入不断加大，基础研究得到重视，探索出了产学官合作的科技创新模式。日本的创新战略有力地带动了日本经济的复苏，日本国内实质 GDP 增长率 2004 年恢复至 23%，2005 年上升至 28%。③

三 韩国"脱追型"模式

韩国在前有标兵和后有追兵的中间梯度上，"提出'脱追击'型

① 王承云、杜德斌、李岩：《日本建设创新型国家的政策与路径》，《科学学研究》2006 年第 8 期。
② 张银银、邓玲：《创新的产业差异与产业结构升级研究》，《经济问题探索》2013 年第 5 期。
③ 王承云、杜德斌、李岩：《日本建设创新型国家的政策与路径》，《科学学研究》2006 年第 8 期，第 127 页。

（post catch - up）技术创新驱动战略，旨在提升原始创新能力，加速发展新动力产业，以缩小与一流发达国家的差距，以拉大与后发国家的差距，形成了韩国的战略性新兴产业创新驱动的战略重点"①。20世纪80年代以来，韩国实施了一系列鼓励产业技术开发的政策，加大研究开发投入，设立由总统直接管理的科技开发最高审议机构"技术振兴审议会"，培育造船、电气设备等重点行业，极大地提高了产业的创新能力和国际竞争力。韩国经济发展起步晚于日本，并未经历长期的引进消化再吸收创新阶段，而是在消化吸收技术的同时就确立走自主创新之路。韩国根据比较优势和未来产业发展的趋势，选定重点行业和新兴行业进行培育。以 LED 产业为例，韩国政府在 1975 年就制订了推动半导体业发展的六年计划，而日本于 1998 年才制定并启动"21 世纪光计划"以推动 LED 技术的基础性研究。"2000 年，韩国政府制订'氮化镓半导体开发计划'，2006 年启动'LED 照明 15/30 普及计划'，2008 年提出'LED 产业新成长动力化发展战略'，2009 年列入'绿色成长国家战略五年发展计划'。2010 年由知识经济部和产业技术振兴院联合推出'IT 融合技术战略 LED 与光产业技术路线图规划'"②。对新兴产业的持续支持促使韩国成为全球最大的 LED 生产地之一。韩国在平板显示领域曾经远落后于日本，但是韩国在引进技术的同时，超前开发研制新一代技术，如今韩国三星已成为全球平板显示产业的领头羊。因此，在新兴产业出现和传统产业技术路线转换时，实施适当的创新驱动政策，是实现产业赶超的良好时机。

　　从制造业内部结构来看，韩国经过几十年的创新驱动政策后，基本形成了以高端技术制造业为主的产业结构。2007 年韩国以电子及通信设备、交通运输设备、电器机械及器材为主的高端技术制造业占制造业的比重为 60.8%，与 1995 年的 49.7% 相比，提高了约 11.1

---

① 周松兰、刘栋：《中日韩战略性新兴产业创新驱动力比较研究——以 LED 产业的实证分析为例》，《国际经济合作》2013 年第 7 期，第 81 页。

② 同上书，第 82 页。

个百分点。在高端技术产业中计算机、通信设备等电子通信制造业占比平均在35%左右，其次是交通运输设备制造产业，这两大行业极大地带动了整个高技术产业发展（李贤珠，2010）。由此可见，"脱追型"创新驱动战略促进了韩国产业结构优化升级，提高了产业的整体竞争力。

四 经验启示

通过对美、日、韩创新驱动产业结构升级的模式梳理，对本论题的研究有以下启示：

一是创新驱动产业结构升级的路径需根据面临的国内外产业发展形势适度选择。美国在"二战"后一直是经济发展领先国，创新驱动政策从基础研究逐渐扩展到应用研究和重点行业的创新支持，再到整个创新体系的构建。日本选择了一条先引进消化吸收创新到科技立国的发展路径，韩国在引进消化吸收创新的同时就立足重点行业、新兴产业、领先技术的自主研发，迅速实现赶超。对于我国及长三角地区面临的国内外形势来看，只走美国循序渐进式的创新之路势必见效缓慢，加之新兴技术的研发到应用的时间不断缩短，这种模式对产业结构升级的影响具有更强的不确定性。其次，我国也试图走日本的引进消化吸收再创新之路，但是，成效并没有日本显著，因为我国重引进轻吸收。据统计，工业化成长期的日本花1元钱引进，用5—8元消化吸收再创新，而我国只用了0.07元消化吸收再创新①。我国应结合区域实际，有重点、有策略地选择创新驱动产业结构升级的路径。长三角地区具有较强的基础研究实力，重视基础研究和应用研究，提高科研成果的转化率，逐步建立高效的创新体系。同时，需重视核心技术的研发和新兴行业的培育，抢占产业发展的制高点。

二是选择具有战略意义的行业重点培育。美、日、韩三国在制定创新政策时，都会选定某些特定行业作为重点培育对象，这些行业具有很强的带动性，特别是一些新兴产业，其技术具有很强的渗透性。

---

① 寒山：《中国离创新型国家还有多远?》，（香港）《经济导报》2005年第7期。

例如信息技术在传统产业中广泛应用，全面提升了传统产业的劳动生产率，信息产业应用到钢铁、汽车、化工等资本密集型产业会推动其向技术密集型产业转型，应用到传统服务业能够促进其知识化和信息化。因此，创新驱动新兴产业发展是长三角地区产业结构升级的研究重点之一。

三是积极跟踪国际产业技术发展动态，适度超前研发下一代核心技术，在新旧技术交替期迅速实现行业赶超。任何一个行业的技术都要经历衰退期，也必将被新一代技术取代，也就是说发达国家在某些行业虽然具有领先地位，并不意味着能够一直领先，把握好新旧技术交替期的"机会窗口"尤为重要。例如我国在错失液晶电视发展的先机之后，应瞄准下一代显示技术，其代表是"梦幻显示"OLED，与液晶显示技术相比，OLED 具有超薄、能耗低、可折叠卷曲等优点，日、韩等国还未大规模生产并推广，新技术具有促进我国彩电行业转型，提高行业竞争力的巨大潜力，国内多家企业已瞄准新技术并提出相应的技术推动方案。

第二章

创新驱动产业结构升级的机理研究

第一节 创新驱动的内在本质

一 创新要素

创新驱动是利用知识、技术、企业组织制度和商业模式等创新要素对现有的资本、劳动力、物质资源等有形要素进行新组合[1]，那么首先就需要明确有哪些要素。一般而言，分为内部要素和外部要素，内部要素主要包括：

（1）创造新知识，主要体现在自然科学、工程、医药等领域的研究与开发活动。

（2）创新人才，已具有的人才储备，劳动力的素质提升（通过个体学习、教育培训等方式促进劳动者的技能生产和再生）。

（3）创新投入，投入到创新中的资金（为主）、物质等生产要素。

（4）企业家精神，能够创造新企业并改变原有组织，创建新的政策机构和研究组织，使得其符合创新发展的需要。

外部要素主要包括：

（1）制度环境，包括环境与安全规则、知识产权保护法等，或者激励或者阻碍创新型组织形成和创新过程。

---

[1] 洪银兴：《关于创新驱动和创新型经济的几个重要概念》，《群众》2011 年第 8 期。

（2）外部创新要素的整合及利用。在创新过程中，创新系统内部与外部组织间的互动学习，将新的知识要素重新整合及利用。

（3）创新孵化环境，包括为创新活动提供基础设施、管理等支撑。

（4）创新的金融及风险投资支持。

（5）创新相关的咨询等支撑服务体系。

（6）创新的人文环境，鼓励创新、敢于冒险尝试、容忍失败的社会环境。

二　创新驱动过程①

2006 年国务院出台了《国家中长期科学和技术发展规划纲要（2006—2020）》，中共中央和国务院联合发布了《关于实施科技规划纲要、增强自主创新能力的决定》，这两份文件强调要提高"自主创新"能力，也标志着我国将采纳创新驱动的发展战略。中央在十八大报告中明确提出实施创新驱动战略，科技创新处于核心位置。依据科技创新路线图，把创新驱动战略进行流程和要素的分析可知，创新驱动战略是一个系统工程。如图 2－1 所示，在创新驱动的不同阶段，创新驱动的重点、创新的主体、投入来源和创新的主要类型不同，特点鲜明。前端驱动阶段是知识的创造和积累，面对收益未知、风险高的科技创新探索，政府及跨国性企业的研发机构大规模投入是主力，主要创新形式为原始创新、知识创新体系构建，抢占未来科技发展的制高点。中端驱动阶段重点在科技成果转化，需要不同创新主体的协同，以及各种转化媒介的介入搭桥。后端驱动阶段直接面向市场，企业和产业集群发挥重要作用，创新的形式更加多样化。前端驱动阶段对国家的基础科研投入和实力提出较高的要求，中端驱动阶段需要创新要素在各种媒介的作用下有效衔接，后端驱动阶段对市场发育程度有较高要求。在创新驱动的整个过程中，驱动创新的体制机制和社会

---

① 张银银、邓玲：《创新驱动传统产业向战略性新兴产业转型升级：机理与路径》，《经济体制改革》2013 年第 5 期。

环境是强有力的保障。现今，三个驱动阶段同步性越来越强，间隔的时间越来越短，在知识、信息、媒介流通顺畅和市场发育完备的发达国家，一项新技术的发明很快就可能被风险投资家发现并投入生产、投放市场。而且在创新资源分布不均的前提下，三个不同的阶段要素相互影响、相互作用，形成复杂多样的创新生态系统。

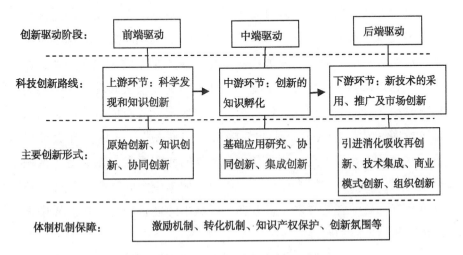

图 2 - 1　科技创新路线及创新驱动流程分解

三　创新驱动的特点

（1）系统性。创新驱动过程是一个系统工程，是公共部门、私营部门和众多企业家共同作用的结果。一是系统内部各组成部分之间存在较强的互补性，也就是说在这个系统中，缺少任何一个重要的要素，都会阻碍和延缓整个系统的发展。在创新驱动过程中，从发明到创新的转化再到被市场广泛接受之间存在相当长的时差，因此，就需要创新驱动过程中每个阶段的创新主体都发挥相应的作用，使得创新转化过程顺畅。二是正如波特（1990）所认为的系统像网络一样是一组相互联系的活动（或行为主体）结合而成的整体①，那么在创新驱动

————————

①　［挪］詹·法格博格等：《牛津创新手册》，柳卸林等译，知识产权出版社 2012 年版，第 15 页。

过程中，系统的连接机制就尤为重要。

（2）差异性。一是创新资源分布的非均衡性，导致创新驱动的要素存在非均衡性，创新资源丰裕的地区更具有创新驱动发展的基础，例如长三角地区已积累了相对丰富的创新资源，转向创新驱动发展的条件也较中西部地区完备，更易于实施创新驱动发展战略。二是由于区域之间发展阶段不同、区域特色不同，创新驱动发展在不同地区的实施突破口和重心也不同。例如第二章中已介绍的长三角地区概况中，可明显看出，上海的发展层次最高，服务业也成为主导产业，原始创新和知识创新已具有一定基础，江苏和浙江顺次其后，处于转向创新驱动发展的关键时期，针对差异性的区域，转向创新驱动必须根据区域实际情况，制定相应的战略突破"瓶颈"。三是在开放环境下，一个区域并不一定需要具备创新驱动的所有要素，充分运用区域分工、现代通信与交流合作方式，将小区域置于大区域中，不断完善自身具有特色的创新要素，提升在大区域中的创新功能，在差异中需求创新驱动发展的路径。

（3）动态性。区域内部环境和外部环境正不断发生变化，创新驱动过程同样具有动态性，主要体现在时间和空间的动态变化上。随着时间的推移，创新要素会在部门、区域甚至是国家间流动，创新要素的变化也会引起创新驱动系统发生微妙变化，一些地区集聚创新要素的能力越来越强，要素间连接越来越紧密，创新驱动系统越加完备，逐渐成为创新中心，在空间上表现为"集群"。

四　创新驱动与要素驱动、投资驱动、市场驱动之间的关系

创新驱动与要素驱动（劳动力、物质投入）、投资驱动、市场驱动之间既相对独立，又紧密联系。一是要素驱动、投资驱动和市场驱动对于许多国家和地区来说，都是难以逾越的阶段，因为创新驱动相对于这些驱动力更高级，需要具有一定的要素积累。二是不同的驱动力都是经济增长的重要推动力，只是在不同的时期和经济环境下，一种驱动力占据主导地位，当继续运用这种驱动力面临发展制约，例如要素驱动面临资源环境的制约；市场驱动面临市场低迷和不景气；或

者过于运用这种驱动力导致经济社会发展的不平衡，例如大量的投资驱动，也会导致通货膨胀和投资超前，一些投资的基础设施利用效率低下等问题；此时就需要寻求发展过程中的新动力，创新驱动将成为区域突破发展"瓶颈"的重要动力。

"转向创新驱动是指创新驱动成为推动经济增长的主动力，就创新驱动阶段来说，不是说创新驱动就不需要要素和投资，而是说要素和投资由创新来带动"①。创新将现有要素和投资进行新组合，创造出更大的价值。创新驱动也并不是否认市场驱动，创新驱动的后端直接面向市场，新组合和新产品同样需要接受市场的检验，为了更好地满足市场需求，实现新产品的商业化，更需要组织创新和商业模式创新，创新驱动的最终目的就是实现创新产品的市场化。创新驱动的后端创新与市场驱动之间的区别在于创新产品不仅是为了满足市场需求，更多地是引导市场合理消费，例如，新能源汽车厂商运用"车电分离"商业模式创新引导消费者使用节能环保产品；而市场驱动是以满足市场需求为目的，产品并不一定具有很强的创新性，例如，我国近些年以满足欧美市场进行低端加工生产的服装等产品，虽以市场为导向，却让自身置于产业链低端和发展被动的局面。

第二节　产业结构升级的一般性分析

一　产业结构升级的分析维度

（1）主导产业更替。罗斯托在其经济成长的阶段理论中，用"主导部门序列"的改变来说明成长阶段之间的过渡，用旧主导部门的"减速趋势"和新主导部门采用新技术的"反减速斗争"来说明经济增长的过程。新的主导部门的出现意味着可能进入一个新的发展

---

① 洪银兴：《关于创新驱动和创新型经济的几个重要概念》，《群众》2011 年第 8 期，第 31 页。

阶段，形成一种新的产业结构。① 从产业发展进程上看，产业结构升级表现为由第一产业占主导向第二、三产业占主导的方向顺次演进。在同一产业大类中主导产业也在不断更替，例如工业，主导产业由18世纪60年代开始的以纺织业、纺织机械、炼铁为主，演进到19世纪70年代开始的以电气工程、重型机械、重化工业为主，再演进到20世纪50年代开始的以电子计算机、微电子为主的阶段，每一次新技术推动的主导产业更替，促进经济社会深入变革和产业结构不断升级。

（2）向高附加值产业端攀升。产业由低附加值产业占比重优势向高附加值产业占比重优势的方向演进。攀升的方向主要有两种：向高附加值的产业领域或者产业链环节转移，具体来说，一是"不断将主业产品的整个制造产业链做强，将技术、工艺、质量和售后服务做精，例如比亚迪汽车制造，力图掌握汽车制造全产业链技术"②，从贴牌生产转向具有核心技术的企业。二是基于核心业务向高端服务延伸，例如汽车制造商由生产汽车向汽车信贷延伸，电脑制造商向高端软件、信息科技服务延伸。三是传统产业或低端加工的新兴产业向新兴产业的高端或新技术突破转向，例如比亚迪由汽车制造同时转向新能源汽车生产，华为不断转向世界高端新兴产业竞争领域。

（3）产业的信息化、融合化、服务化。产业的信息化是传统产业与现代信息技术相结合，提升产业的生产效率，改变产业的生产方式，现今主要表现为推进产业的智能化和高端化过程。产业的融合化是产业间及产业内相互联系不断加强，相互渗透，最终融为一体。产业的服务化是产业内部分工越来越细，将原制造业生产中的服务环节剥离或者强化，成为企业发展的重要动力；还包括第三产业的不断发展强大，为第二产业和第一产业形成强大支撑。虽然产业所表现出的以上"三化"也并不全面，一些学者认为服务化、高端化等都是产业结构升级的表现。产业所表现的"化"更多地是指传统制造业的

---

① 聂华林、王水莲：《区域系统分析》，中国社会科学出版社2009年版，第149页。

② 金碚：《中国工业的转型升级》，《中国工业经济》2011年第7期，第12页。

产业升级，传统的生产方式受到资源环境制约，生态化是必然趋势；传统制造业需要高技术产业的渗透融合，提高产品附加值和产业生产率，满足市场的新需求；信息技术促进传统产业管理创新、营销创新、产品创新等，促进产业生产率提升。

（4）生产要素在产业部门之间的转移。产业结构升级也表现为生产要素在不同部门之间的转移，一般情况下，要素由低生产率部门转向高生产率部门，同时，生产要素密集度也在不断转化。在工业化初期，纺织等轻工业生产率相对较高，则生产要素向该产业集聚，轻工业工艺技术并不复杂，大量劳动力就可完成生产；产业结构进入重化工阶段，需要大规模资本投向石油、钢铁等行业，在轻工业为主阶段积累的资金，不断流向重工业支撑其发展，包括技术的研发；在工业化高度发展的后工业化阶段，微电子新兴技术、激光技术、生物工程技术等高新技术变革着产业的生产方式，大大提高了劳动生产率，要素不断向此集聚。由此可见，产业结构升级也表现在生产要素的转移和密集度转化方面。

二 产业结构升级的主要影响因素

（1）资源条件。区域资源条件影响地区产业结构的形成和变化。自然资源丰富的地区一般都具有资源开发型的特征，资源匮乏区域或者进行资源深加工，或者寻求其他发展路径。自然资源丰富的地区也经常被资源开发型发展路径锁定，若不培育新的生产要素来改造和提升资源的利用效率，很容易在资源逐渐枯竭时，陷入发展的长期衰退。

（2）劳动力。一般来说，劳动力的数量和质量与产业结构的状况相匹配，例如，以加工贸易为主的区域，简单劳动力即可满足生产需求。同时，劳动力的数量和质量也影响产业结构的变化，一个区域集聚高素质人才会促进产业向技术密集型和知识密集型产业转化，加快产业结构升级进程。

（3）资本及投资结构。资本的丰裕程度影响区域是以资本密集型、技术密集型为主，还是劳动密集型产业为主。投资结构直接影响产业结构变动，即资本投入不同产业的比例影响产业结构的变化。我国许多区域主要采取投资拉动产业结构升级的方式，大量向工业的投资推进了我国的工业化进程。

（4）市场需求。需求结构的变化影响着产业结构的变化，需求结构主要包括个人消费需求、中间产品需求和最终产品的需求。个人消费需求的影响最为直接，例如，新中国成立以来我国个人消费需求以简单的物质需求，向高端物质需求和精神享受（对文化产业需求），促进了我国产业结构的变动。中间产品和最终产品比例关系决定着产业结构的变化，也体现了专业化协作水平状况、产品制造的复杂程度。

（5）区际贸易。区际贸易通过产品的输出输入影响需求结构，进而影响产业结构。区际贸易有利于地区发挥自身比较优势，在国际分工中获得比较利益，同时，输入的新产品、新技术又有利于推动产业结构升级。我国改革开放以来，充分发挥了人口红利优势，加工贸易促进了我国劳动密集型产业发展，输入的新技术、新产品的扩散效应又促进了产业的技术提升。

（6）政策。政府通过制定优惠政策和产业发展规划等，扶持相关产业发展；对限制发展的产业施以种种限制措施。政府政策能够影响产业结构的因素，进而影响产业结构升级的方向。

第三节　创新驱动产业结构升级的机理

一　创新作为驱动因素直接影响产业结构升级[①]

创新作为驱动因素直接影响产业结构升级过程中，此处的创新形式主要是科技创新和技术创新。科技创新催生"明星"产业，促进主导产业更替；中等技术产业、低技术产业根据自身产业特征进行创

---

① 张银银、邓玲：《创新的产业差异与产业结构升级研究》，《经济问题探索》2013年第 6 期。

新吸收和改进，不断变革生产方式、提高生产效率；创新驱动过程也会促进产业向高附加值产业端攀升，如图 2-2 所示。

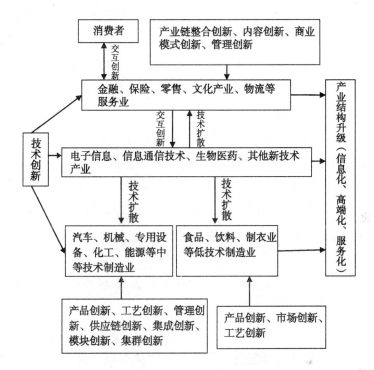

图 2-2 创新驱动产业结构升级机理分析

（一）科技创新催生"明星"产业，促进产业结构主导产业更替

"每一次科技创新都产生了一个'明星'产业或产业部门，在需求、金融、产业和社会条件适宜的情况下，这些'明星'产业提供的跃进，促进了产业结构主导产业更替，导致了经济和经济关系的重大转变"①。为了突破产出系统机械化的制约，蒸汽机发明并得到应用，提高了纺织业的生产率，纺织机械、炼铁、水力成为"明星"产业；为了突破水力制约和铁作为材料的强度、耐久性、精度的制约，电力和钢材料发明并广泛应用，促进电气工程、重型机械、重化工业的发展壮大；为了实现灵活的系统制造，计算机、微电子等发明

① ［英国］保罗·特罗特：《创新管理和新产品开发》，陈劲译，中国人民大学出版社 2005 年版，第 65 页。

并广泛应用,成为"明星"产业,这些"明星"产业正不断影响着产业部门的生产技术结构、生产工艺流程、市场需求状况等。"明星"产业或产业部门所蕴含的技术创新是推进产业结构改变的核心力量,20世纪40—50年代至今,电子信息、信息通信技术、生物医药等新技术行业处于推动产业结构变化中的核心位置,这些产业的技术具有极强的渗透性,属于"通用性技术",可以改变产品生命周期、生产方式、生产规模、市场竞争状况等。

"明星"产业的出现形成强大的产业转型升级动力,关键在于创新过程的前端驱动。"明星"产业的出现大多源于根本性创新,科学研究将直接推动创新,需要时刻紧跟最前沿的科学知识,根本性创新越来越多地来自研发实验室,更多需要大学、科研机构进行基础性创新和知识的长期积累,具有代表性的产业例如新材料、航空航天、生物技术等。

(二)基于产业特征的科技创新吸收与再创新,促进产业结构升级

各产业在接受"明星"产业的技术扩散的同时,结合自身产业的本质,吸收、改进、再创新,促进产业结构升级,即高端化①、融合化、信息化、服务化。各产业接受"明星"产业的技术扩散的动因主要有以下几个方面:一是竞争者的压力。总有一些企业能够较早地嗅到新技术对本企业的促进作用,通过新技术不断推出新产品,提高效率,降低成本。二是需求的拉动。消费者的需求模式也可能转向新的产品特征,低技术产业如食品、制衣等行业,拥有更强大的动力去运用新技术推出新产品。中等技术产业如能源、汽车行业,运用新技术加强行业的质量控制,改进生产流程,设计新产品。三是行业管制。迫于食品安全、环保等压力,中低技术行业,运用新技术不断改进生产工艺,达到环保安全指标。

---

① 此处高端化是狭义概念,表示产业效率提高。

　　制造业中的中等技术行业①并非被动接受新技术，在运用新技术的同时，结合行业本质，采用多种创新形式，促进产业结构的信息化、高端化。例如太阳能发电行业作为中等高技术产业，产业链包括太阳能多晶硅—硅片制造—太阳能电池制造—电池模板制造—系统集成安装五个主要环节，在产业链的不同环节，技术门槛不同，也决定了不同环节的厂商采取不同的创新策略。在模块化生产的格局下，太阳能发电行业上、中、下游企业目标和策略各有不同，且每个环节聚集数量不等的厂商。"产业链上游多晶硅生产制造商数量少，从事多晶硅提炼的企业全球大概8家，前5强企业产量占整个行业的比重85%"②，多晶硅生产环节制造商以技术创新引领行业发展方向；中游硅片和太阳能电池制造环节厂商百家以上，下游模板制造及系统集成厂商数百上千家，充分运用ICT（信息通信技术）等，不断进行市场创新、产品创新、管理创新、集成创新、集群创新、供应链整合创新才能在激烈的行业竞争中立足。不同生产环节的企业都在不断创新，推进整个行业和相关产业的提升。低技术行业一般处于产业发展的成熟阶段，面向无弹性需求，以市场为导向，吸纳、改良新技术，并积极采取营销创新、产品创新等创新形式。例如"饮料行业属于低技术行业，也是营销为王的行业，需要充分开发和运用虚拟价值，满足消费者的心理诉求，因为饮料行业实际价值比例小，消费者对'感觉'的需求就高，创造虚拟价值就越重要"③，因此饮料行业在运用新的包装技术、生产工艺的同时，市场创新、营销创新格外重要。饮料等低技术行业积极运用ICT迅速获得和了解市场趣味变化，为生

---

　　① 根据R&D强度指标对行业重新分类，对于一个行业来说，R&D费用与总产出的比值。根据计算我国近几年的统计数据，高技术行业一般包括航空航天器制造、生物及生化制品制造、电子及通信设备制造、电子计算机及办公设备制造、医疗器械及仪器仪表制造等；中等技术行业包括交通运输设备、通用设备、专用设备、电气机械制造以及石油天然气开采等；低技术行业包括纺织业、制衣业、饮料制造等。产业技术特征也是动态化的过程，在不同的时期高技术、中低等技术行业都是相对而言。

　　② 郎咸平：《产业链阴谋Ⅰ：一场没有硝烟的战争》，东方出版社2008年版，第57页。

　　③ 同上。

产、设计、供应提供参考，运用 ICT 技术构建销售渠道及网络，实行智能化设计，促进行业信息化、高端化发展。

服务业的发展在吸收高技术及中低技术行业的创新成果中，结合自身产业本质不断发展壮大，促进产业结构的信息化和服务化。以上已提及金融保险等行业，现代服务业中文化产业是典型的以高技术为支撑的产业，但内容创新为文化产业的原动力。文化产业的内容生产是文化产业的起点，内容展示的多维度，为相关文化产业发展提供传播元素。"文化的传播依托新一代信息技术、新一代移动通信、下一代互联网、物联网、云计算等的广泛应用，文化设施和设备的智能化，极大地改造传统文化的创作、生产、传播和营销等各个环节，增强文化产业的创造力、传播力和影响力"[1]。通过虚拟的网络平台模糊文化创作者、制造者、文化企业之间的界限，促进跨区域的文化组织融合。新一代信息技术改造传统文化产业的输出方式，拓展营销渠道，扩大文化产业的受众市场。3D 技术、卫星技术等在制造文化产品过程中的应用，将加快文化产品的输出速度。文化产业在运用高技术的同时，不断创新商业模式、管理方法、整合产业链，促进行业的信息化和产业结构的服务化。

"技术创新及信息通信等技术的广泛应用也使得产业边界模糊化，促进产业融合和产业结构软化。技术创新开发出的替代性或关联性的技术、工艺和产品，改变了原有产业产品或服务的技术路线，为产业融合提供了动力"[2]；同时，上游产业的技术创新促进下游产业生产过程的改进，技术创新在不同产业之间的扩散将消除服务业和制造业之间的技术性进入壁垒，促进产业融合和产业结构的软化。信息技术使制造业和服务业技术边界模糊化，信息技术改变了许多服务难以储

---

[1]　胡昱：《以新一代信息技术推进文化产业创新》，《求知》2012 第 2 期，第 38—40 页。

[2]　李文秀、夏杰长：《基于自主创新的制造业与服务业融合：机理与路径》，《中国经济转型与发展研究》2012 年第 2 期，第 62—63 页。

存的特点，有些产品的生产与服务可以分离和运输。[①]

（三）创新驱动过程促进产业向高附加值产业端攀升

向高附加值产业端攀升的方向主要有两种：向高附加值的产业领域或者产业链环节转移，创新驱动的整个过程共同作用于攀升过程。

一是创新驱动产业向高附加值产业链环节攀升。产业链的概念层次丰富，本书认为高附加值产业链环节一般是具有核心技术的环节，例如太阳能多晶硅和硅片制造；或者是高端服务环节，例如汽车信贷。由低附加值的产业链环节向高附加值环节攀升需要创新驱动，企业若想向具有核心技术环节攀升，需要重视前端驱动，加大科技研发投入，注重原始创新；若想向高端服务环节攀升，需要重视后端驱动，积极进行商业模式创新、市场创新和组织创新。

二是创新驱动产业（在分析过程中表现为企业行为）向高附加值的产业领域攀升。产业向高附加值产业领域攀升主要有跨行业投资转型升级，例如江苏远东集团，主业生产电缆，现已将部分投资转向新兴产业；依赖已有知识、技术、市场网络等优势向相关领域转型升级，例如重化工业向新材料产品升级，电子信息制造向新一代信息技术产业升级，传统装备制造向智能装备制造升级，等等。

前端驱动是企业凭借自身创新平台，积极与高校、研发机构、政府部门，以及其他企业合作，共同攻克关键核心技术，企业通过原始创新，打造具有自主知识产权的新兴产品，打开新兴产业市场业务；中端驱动是企业运用其他研发实验室所产生的新技术，或者转化自己研发技术，或者转化他人研发成果，进而转向新兴产业；后端驱动是通过引进、消化吸收再创新，流程创新、市场创新、商业模式创新，或者推广新兴产业产品，或者成为新兴产业中间产品供应商和服务商，等等。详细分析详见创新驱动长三角地区具体产业升级相关章节。

---

① 李文秀、夏杰长：《基于自主创新的制造业与服务业融合：机理与路径》，《中国经济转型与发展研究》2012 年第 2 期，第 62—63 页。

二　创新作用于影响产业结构升级的其他因素间接驱动产业结构升级

影响产业结构升级的因素可做以下分类：资本、劳动力、自然资源都属于核心生产要素，区域贸易或者是国内需求或者是国际需求，同属于市场需求，因此，为了便于深入分析，创新主要通过作用于产业结构升级的两类影响要素：市场和生产要素，间接促进产业结构升级。

（一）创新、市场需求与产业结构升级

20 世纪 50—60 年代至今，研究市场需求与创新（许多学者研究的是产业创新）的关系主要有三种趋势，一是认为创新来源于"需求拉动"，卡特（C. Carter）和威廉姆斯（B. Williams）在对 152 家企业样本调查研究中发现，用于满足新需求的创新超过 10%[1]。然而，另一些学者提出质疑：许多研究成果是由科学家设想出来的，来源于实验室，此时的创新与需求无关，因此，一些学者提出"技术推动说"。第三种观点是介于两者之间，调和"技术推动说"和"需求拉动说"之争，最典型的研究来自多西（G. Dosi），他提出："在激进的技术范式转换时期，科技进步的作用相对更为突出；一旦新技术范式形成，技术进步的方向和速度便被确定，经济和制度性因素在搜索技术方面的作用会不断增强，企业根据市场需求和价格信号进行新技术开发。"[2] 已有成果为笔者研究创新与产业结构升级之间关系搭建了重要的桥梁。

笔者认为，创新通过三条重要路径影响市场需求，进而促进产业结构升级，如图 2 - 3 所示。一是假设创新来源于科学家的设想和实验室（一般是突破性创新），新技术或者新产品将使市场进一步细

---

[1]　C. Carter and B. Williams. *Investment in Innovation*. London, Oxford University Press, 1959.

[2]　黄阳华、吕铁：《市场需求与新兴产业演进——用户创新的微观经济分析与展望》，《中国人民大学学报》2013 年第 3 期，第 56 页。

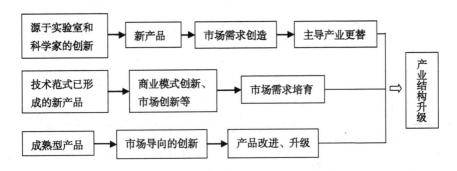

图 2 - 3 创新影响市场需求进而促进产业结构升级分析

分，一方面给新企业提供了进入机会，另一方面新产品所带来的便捷、高效创造了新的市场需求，或者替代了部分原有市场需求；市场需求又进一步肯定新技术的应用，促进新兴产业蓬勃发展和主导产业更替，从而促进产业结构升级。

二是假设技术范式基本形成，新产品还未完全商业化应用，主要通过创新的后端驱动，运用商业模式创新、市场创新引导市场需求，培育新兴市场，一旦新技术的成本降低并被广泛应用，新兴产业逐渐形成，也能够促进产业结构升级。例如："新能源汽车（至今还未确定其技术范式是否形成）技术已得到迅猛发展，但纯电动汽车的价格比其他汽车高出许多，理性消费者不会轻易选择，一些引领企业采用'车电分离'商业模式创新，顾客只需支付电池外车身价格，电池由运营商租赁给顾客，专业的电池运营商将电池进行维护和管理，在汽车电池寿命结束后，还可用于存储风能和太阳能，实现梯次利用。"[1]此种方式对引导市场消费起到积极作用，也为电动汽车发展奠定坚实的基础。

三是通过后端驱动影响市场需求，促进产业结构升级。上一节已提及，中等技术行业和低技术行业一般处于产业技术成熟阶段，企业以市场为导向、吸纳改良新技术，进行产品创新、营销创新、管理创

---

[1] 刘毅、谈力：《基于商业模式创新的新兴产业发展路径实证研究》，《科技管理研究》2012 年第 19 期，第 140 页。

新、组织创新等，刺激市场需求，同时也促进了行业的高端化发展。

（二）创新、要素投入（劳动力、物质资本投入）与产业结构升级

正如洪银兴（2011）所说，创新驱动是通过知识、技术、企业组织制度等创新要素对劳动力、物质、资本这些生产要素的重新组合。这种新组合可以改变要素的投入结构和要素的生产效率。许多著名学者，例如德鲁克（P. F. Dranker）认为"凡是能改变已有资源的财富创造潜力的行为，如体现在管理、市场营销和组织体制等方面的新能力、新行为都是创新"。换言之，创新可以改变资源的财富创造潜力，要素生产效率的提高将促进产业效率的提高，从而促进产业结构升级。

具体来说，原始创新一般是发现新知识、新技术，这些新知识和技术或者来自科学家的坚持不懈研究，或者源自科研实验室，这些新知识和新技术的运用，改变产业的生产方式，如前面小节所述，蒸汽机的发明改变了纺织业的生产方式，大大提高了单位劳动力的生产效率，节约了劳动成本，同时，一单位的资本和物质投入新的生产方式中所产生的效应远远大于原有的手工式作坊。随着技术创新的变革，生产方式也在不断改变，不同的产业对劳动力、物质、资本的需求结构也不断变化，企业家的趋利行为总会促使要素投入结构在某一段时间达到最优均衡。

又例如，企业的组织创新也会促进企业和行业的效率提高。企业的组织结构多种多样，如今技术和市场越发复杂和多变，组织的形式应该采用适应性更强的、更灵活的组织结构与环境相匹配，才能提高整个组织的运行效率。以往机械的、官僚式的结构在一些行业必须向团队式的有机结构转变，例如，企业意识到"激励创新"在企业环境营造和企业文化中越来越重要，在原有的分部制、机械制等组织结构中，不断融入团队式学习型组织，促进知识的创造、传播和转化。企业组织创新激发了劳动者的潜能、增强组织活力，信息交流更顺畅，提高了劳动者的生产效率和资源的利用效率，推进企业的转型提升。我国代工企业如格兰仕、比亚迪、富士康等企业在转型升级过程

中，都在不断变革组织方式、营造创新氛围，组织学习形式由模仿式学习向学习型组织转变，较好地促进了企业的创新，企业得以不断转型升级。

三 开放环境下创新驱动产业结构升级分析

（一）开放环境下产业结构升级面临的挑战

"在开放环境下，意味着生产要素和商品的相对自由流动，最终产品的生产工序以及价值链的诸多环节被分解并布局于不同比较优势的国家或地区，实现要素的全球高效配置"[①]。跨国公司在全球调配资源，以苹果主导的移动产业链为例，有英特尔、三星、富士康等数家供应商，这些供应商又分布于全球不同国家，"当前这种产业分工体系的价值链变革日益嵌入各国的产业结构体系，拓宽了开放国家间产业沟通的渠道和方式，逐渐形成各国产业联动发展和结构分化的全新格局"[②]。在这种全新格局下，单个国家很难建立某个行业的完整产业链，一般是专注某个价值链环节或特定产品去赢得竞争力，各国依据自身比较优势在产业链上处于不同的分工地位，但是，相对于发展中国家而言，这种全新格局所带来的影响未必都是正面的。资本、信息、人才在全球流动，加速了知识、技术的扩散，但是，流入发展中国家的要素主要集中在产业低端层次，加之发展中国家创新不足，发达国家对核心关键和前沿技术的"反扩散"，发展中国家很可能被低端锁定，产业结构容易被固化，产业结构升级面临重重困境。因此，必须在开放环境下突出重围，寻求发展利益，降低环境所造成的负面影响。

（二）开放式创新促进产业结构升级

在开放环境下，不仅存在产业结构固化的风险，同时也有转型升

---

① 张银银、邓玲：《创新的产业差异与产业结构升级研究》，《经济问题探索》2013年第6期。

② 崔焕金、刘传庚：《全球价值链驱动型产业结构演进机理研究》，《经济学家》2012年第10期，第89页。

级的机遇。开放环境下的创新驱动主要体现为开放式创新驱动，开放式创新是相对于封闭式创新而言，切斯布拉夫（Chesbrough，2006）将开放式创新定义为"利用有意的知识输出和输入来分别促进企业内部创新和扩大创新成果的外部使用市场"[①]。开放式创新过程包含以下几个视角：①创新全球化；②研发外包；③早期供应商整合；④用户创新；⑤外部商业化和技术应用。[②] 综合已有学者对开放式创新的研究，笔者将开放式创新的分析维度分为几个方面：一是研发的全球化，二是全球资源整合，三是基于市场需求和用户导向的创新，四是管理、服务等在开放环境下必须做的相应的创新。

开放环境下，企业转型升级是产业结构升级的基础，笔者首先结合华为转型升级从微观角度进行分析。华为创立之初只是一个从事通信产品销售代理的民营企业，在短短的几十年间成长成为全球第二大通信设备制造商，并且正在向 ICT 解决方案供应商转型。华为的成功转型得益于其充分的开放式创新，一是选定未来发展定位，与国际巨头同步研发，积极与国际巨头建立技术战略联盟。在研发实力较弱时，华为致力于做世界级的领先的通信设备供应商，如今将制造与服务融合，向 ICT 解决方案供应商转型。华为一直立志做国际一流企业，"很早就与德州仪器、惠普、IBM、摩托罗拉等建立联合实验室，以获得他们的技术支持，到目前为止，华为与领先运营商建立了 34 个联合创新中心，2012 年 7 月与 SAP 签署了包括研发、技术整合、建立互操作性测试中心、开展全球共同的销售和营销合同等多项纵深化的合作协议"[③]。与世界巨人同步，国际性的定位，在全球寻求技术合作伙伴，促使华为的技术时刻保持在行业的领先地位。二是注重与全球供应商合作，整合全球资源。华为的全球资源整合方式与苹果等跨国公司类似，专注优势核心领域，力争做供应链的整合者，构筑

---

① Ulrich Lichtenthaler：《开放式创新——过去的研究、现在的争论及未来的趋势》，王坤摘译，《经济资料译丛》，2013 年第 1 期。

② 陈秋英：《国外企业开放式创新研究述评》，《科技进步与对策》2009 年第 12 期。

③ 王子先、华为：《开放式创新打造世界一流高科技型跨国公司》，《全球化》2013 年第 3 期。

全球资源整合平台。华为一方面将通信设备制造环节、非核心的信息服务、设备测试维护等服务环节外包，另一方面在芯片等高端领域与国际巨头建立稳定的采购供货关系，并积极与国内外高端服务供应商建立战略合作伙伴关系（王子先，2013）。这种在全球寻求服务外包与合作伙伴，不仅降低了成本，优化了企业的业务结构，也促进了企业管理体制的全方位同步创新。三是立足全球客户需求导向创新。开放的环境下，生产要素是流动的，竞争对手是全球性的，市场是国际化的，一切的创新与合作都是为客户创造价值。苹果的成功重要的原因之一是创造客户需求，给予用户超乎想象的体验。华为建立了专门的客户需求研究部门，以为全球客户创造价值为目标研发设计产品，也是华为成功转型的重要因素之一。四是注重管理、服务等软实力的提升。技术的领先并不一定能够实现成功的转型，必须有相匹配的管理模式、企业文化和商业模式。华为积极与国际先进管理体系接轨、聘请多家国际知名咨询机构为企业管理变革出谋划策，吸引国内外优秀人才，引入国际先进的人才培养机制，为企业的持续创新注入动力。由此可见，开放式创新造就了华为成为国际一流的高科技型跨国公司，开放的环境下，企业容易被锁定低端，依然有多条突出重围站在行业领先的机遇和路径。

开放式创新也将促进产业结构的整体升级，主要从以下几个方面理解：一是推动企业研发参与主体的多元化和国际化，积极与国际跨国公司及组织机构进行研发合作，在研发合作中获得知识、技术共享和扩散，也就更有利于产业的技术提升。二是在全球进行生产要素和资源的整合有利于企业和行业降低要素投入成本，提高资源的利用效率，从而促进整个行业效率的提升。三是面向市场导向的创新，不仅促进在位企业的转型提升，同时，市场创造也会促进新行业的衍生，促进产业的融合发展。四是管理创新等促进企业软环境的改善，将提升企业及整个行业的生产绩效。

同时，也应当注意到，并不是所有企业都能够如同华为通过开放式创新华丽转型，是否能够通过开放式创新转型升级，也取决于企业的战略制定、企业家精神、企业文化、创新环境等多种因素。

第四节　基于产业地理集聚与空间依赖的创新型区域演进

一　产业的地理集聚

比约恩·阿歇姆（Bjorn T. Asheim）和莫瑞克·哥特勒（Meric S. Gertler）认为，"如果没有认识到地理空间上的集中和接近的核心作用，就无法正确理解创新"①。产业的创新活动也并非如许多人预测的那样，随着信息通信技术的发展和普及，创新活动会出现日益分散化，实际上，越是知识密集型产业，产业地理集聚趋势越明显。信息通信技术虽然加速了知识、技术的传播和扩散，但是，对于基于创新的价值创造非常重要的隐性知识，却更依赖空间的临近，隐性知识不易于编码化和清晰化，远距离更难以交换。

产业的创新依赖知识的创造和应用，一些产业更依赖综合性知识（阿歇姆和哥特勒，2009），例如，专用机械、造船等行业，属于复杂技术行业，涉及不同领域知识，更注重知识集成和应用，生产商与供应商之间、与客户之间联系相对紧密，相关联企业之间空间临近有利于特定方案和问题的解决。一些产业例如生物科技、信息技术等行业，分析性知识在这些产业中所占比重较高（阿歇姆和哥特勒，2009），这些行业或者拥有自身的研究所，或者与高校、研究机构联系紧密，相对来说，对区域的创新环境具有一定要求，大学林立、知识创造集中丰富的区域是这些行业的首选。

二　产业创新的空间依赖

空间依赖性（或称空间自相关，spatial autocorrelation）是指地理

---

① ［美］戴维·莫利、查理德·纳尔逊主编：《牛津创新手册》，知识产权出版社2009年版，柳卸林等译，第287页。

事物或现象的相似性与其在空间上的距离密切相关。[①] 产业创新的空间依赖反映产业创新要素的流动、知识生产、扩散和溢出在地理空间上的激励效应。产业创新的知识与地理空间密切相关，首先，产业知识的生产具有特定空间的本地化特征。以分析性知识为基础的行业，更倾向于选择高校及研究机构集中的区域布局，这些区域拥有更多的受过良好教育的创新型人才、基础设施和创新氛围。一旦大学与产业界建立联系，相互之间知识交换越频繁，相互依赖性越强，近距离的交流更有利于共同目标的达成。其次，产业知识的传播也具有高度本地化特征。许多知识的外溢和传播不仅仅是以公开发表的成果出现，在成果发表之前，原始思想的碰撞和口头交流是更有效、更快速的知识传播和外溢途径。

三　创新驱动产业结构升级与创新型区域演进

创新驱动产业结构升级是创新要素作用于产业结构的动态过程，创新要素和创新活动并非随机或均衡地分布于全球各地，这就涉及地理空间问题。具体区域拥有区别于其他区域的产业结构状况和创新要素，充分利用区内外的创新要素促进本地的产业结构升级，最终形成创新型区域。

创新型区域一般是指能在经济发展、演变过程中起到支撑作用的创新系统所处的地理区域。[②] 创新型区域包括企业创新系统、部门创新系统和区域创新系统，企业创新系统强调企业及企业之间形成的创新网络；部门创新系统是以某一行业为边界；区域创新系统强调区内创新联系和创新网络构建，以及区域制度、基础设施等政策干预。创新型区域不仅利用区内创新资源，也充分利用区外创新资源，打破企业、行业和区域的边界，形成促进经济发展和演变的、反映在特定空

---

①　王春杨、张超：《地理集聚与空间依赖——中国区域创新的时空演进模式》，《科学学研究》2013 年第 5 期。

②　李碧花、董瀛飞：《创新型区域的形成路径与运行机制——以生物技术产业的国际比较为例》，《山东社会科学》2011 年第 7 期，第 150 页。

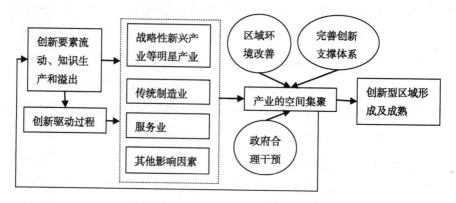

图 2 - 4　创新驱动产业结构升级与创新型区域形成的关系图

间上的创新系统。

　　创新驱动产业结构升级与创新型区域形成及成熟之间是动态演进过程。首先，创新要素的流动、知识的生产及溢出，一方面反映为创新驱动过程，另一方面直接作用于战略性新兴产业、传统制造业、服务业以及影响产业结构升级的相关因素；同时，不同的创新形式将对不同产业的发展要素进行新组合（前面章节已详述）。其次，创新活动、产业知识的生产和溢出具有地理集聚和空间依赖性，创新驱动产业结构升级也将促进产业的空间集聚，产业在特定空间的集中集聚又会促进创新知识的生产和溢出，不断形成企业及部门创新系统，在政府合理干预、创新支撑系统不断完善、区域条件不断改善的共同作用下，企业与企业之间、行业与行业间联系越来越紧密，整个经济体进入良性的创新循环系统，最终促进创新型区域形成和成熟。

第三章

长三角地区产业结构演进与动因分析

第一节　长三角地区产业结构演进历程①

一　长三角 GDP 三次产业结构的历史演变

2014 年长三角地区 GDP 总量为 128829.05 亿元,上海市为 23567.7 亿元,江苏省为 65088.32 亿元,浙江省为 40173.03 亿元,分别占长三角地区 GDP 总量的 18.29%、50.52% 和 31.18%。从 1978 年到 2014 年,长三角 GDP 三次产业结构发生较大变化(见图 3-1),第一产业比重从 1978 年的 19.6% 下降到 2014 年的 4.30%;第二产业比重从 1978 年的 61.26% 缓慢下降到 45.17%,第二产业的支柱作用在长三角地区缓慢下降;第三产业比重从 1978 年的 19.09% 较快上升到 2014 年的 50.53%。产业结构类型从 1978 年的"二一三",到 1986 年是个转折年,第二、一产业比重逐渐下降,而第三产业比重迅速上升,转变为"三二一"结构。

从两省一市内部看,上海市第一产业比重变化不大,第二产业和第三产业呈现"一降一升"趋势(见图 3-2)。上海市第一产业从 1978 年的 4.03% 下降到 2014 年的 0.5%;第二产业从 1978 年的 77.36% 下降到 2009 年的 39.89%,2010 年又回升至 42.05%,2014 年又下降到 34.7%;第三产业从 1978 年的 18.61% 逐年上升到 2009

---

① 本小节的数据来源于历年《上海统计年鉴》《浙江统计年鉴》《江苏统计年鉴》。

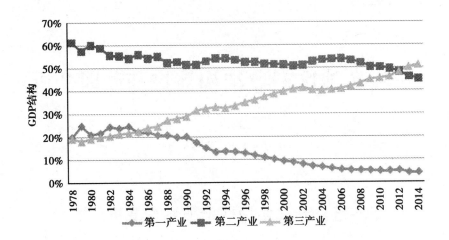

图 3 - 1　长三角 GDP 三次产业结构历史演变情况

年的 59.36%，2010 年和 2011 年有所波动，分别为 57.28% 和
58.05%，截至 2014 年又上升到 64.8%。从 1978 年至 1998 年，三次
产业结构是"二三一"类型，从 1999 年逐渐转向"三二一"类型。

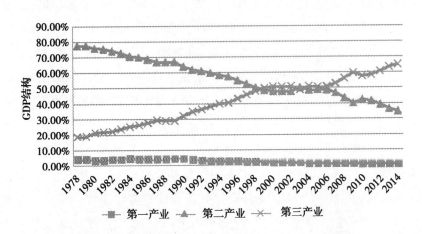

图 3 - 2　上海市 GDP 三次产业结构的历史演变过程

江苏省产业结构演进主要分为两个阶段：1978—1990 年、
1990—2014 年，在 1978—1990 年间是"二一三"结构（见图 3 -
3），其间，第二产业和第一产业的比重波动较大，第二产业在 50%

左右上下波动，第一产业在 1981—1984 年间的比重较高，从 1987 年逐年下降，第三产业比重持平；1990—2014 年间转向"二三一"结构类型，第一产业的比重逐年下降，从 1990 年的 25.07% 下降到 2014 年的 5.6%，第二产业和第三产业的比重有波动，呈现"此消彼长"格局，例如，2004 年至 2014 年第二产业从 56.24% 下降到 47.4%，第三产业从 34.65% 上升到 47%。

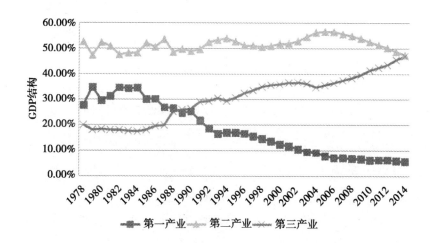

图 3 - 3　江苏省 GDP 三次产业结构的历史演变情况

浙江省产业结构演进大致分为两个阶段：1980—1987 年、1988—2012 年，1980—1987 年整体呈现"二一三"结构，1988—2011 年呈现"二三一"结构（见图 3 - 4）。1980—1987 年第三产业比重逐年上升，从 17.4% 上升到 27.4%，第二产业基本持平，增长缓慢，第一产业逐渐下降；1988—2012 年间，第一产业持续稳步下降，第三产业在波动中上升，从 1988 年的 28.6% 上升到 2014 年的 47.9%，第二产业在波动中有所上升，2001—2014 年间，从 51.8% 上升到 2007 年的 54%，又下降到 2014 年的 47.7%。

二　长三角从业人数三次产业结构的历史演变

从就业人员的角度观察（见图 3 - 5），长三角地区 2014 年从业人员总人数 9840.61 万人，其中，第一产业 1465.38 万人，第二产业

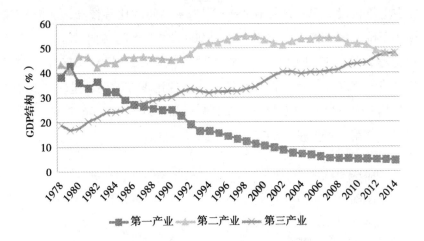

图 3 - 4　浙江省 GDP 三次产业结构的历史演变情况

4370.35 万人，第三产业 4004.87 万人；2014 年从业人员总人数中上海市从业人员为 1365.63 万人，占比 13.88%；江苏省从业人员为 4760.83 万人，占比 48.38%；浙江省从业人员为 3714.15 万人，占比 37.74%。长三角地区从业人员结构从整体来看，趋势平缓，并分为两个阶段：1999—2002 年为"一二三"结构，2003 年后逐渐转向"二三一"结构。长三角地区从业人员结构与 GDP 结构具有较大差异，第一产业的产值比重从 1999 年的 10% 下降到 2014 年的 4.3%，但是，第一产业的就业比重从 1999 年的 39.34% 下降到 14.89%，比较 2014 年产值比重数据，两者相差 10 个百分点；第二产业的产值比重从 1999 年的 51.51% 不断波动，2014 年为 45.17%，然而，就业人数自从 1999 年是逐年上升的，从 31.83% 上升到 2014 年的 44.41%，两者只相差约 1 个百分点；第三产业产值比重从 1999 年的 38.45% 上升到 2014 年的 50.53%，就业人数从 28.83% 上升到 40.7%。

　　上海市从业人员三次产业结构与 GDP 结构具有一定的一致性（见图 3 - 6 和图 3 - 7），第一产业从业人员从 1999 年的 11% 下降到 2014 年的 3.28%，第二产业从业人员从 1999 年的 46.46% 下降到 2014 年的 34.92%，第三产业从 1999 年的 42.13% 上升到 2014 年的 61.8%。从上海市 GDP 结构来看，第一产业比重很低，1999—2006

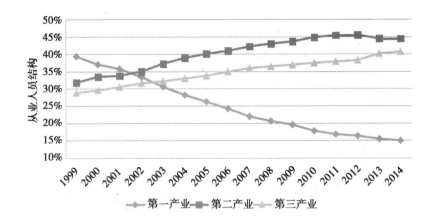

图 3 - 5　长三角从业人员三次产业结构历史演变情况

年 GDP 比重相当，从 2007 年开始第三产业产值明显提高，第二产业明显下降。由此可见，就业结构较早进入"三二一"结构类型。

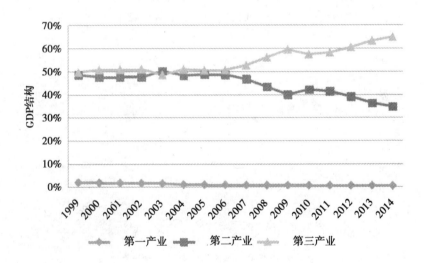

图 3 - 6　上海市 GDP 三次产业结构的演变情况（1999—2014）

　　江苏省从业人员三次产业结构分为 1978—2004 年的"一二三"结构，2005—2014 年的"二三一"结构。第一产业从业人员从 1978 年的 69.7% 下降到 2014 年的 19.3%，第二产业从业人员从 19.6% 上升到 43.0%，第三产业从业人员从 10.7% 上升到 37.7%。从业人员

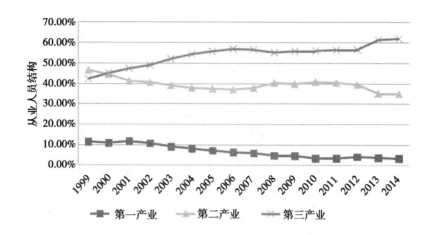

图3－7　上海市从业人员三次产业结构的历史演变情况

三次产业结构与 GDP 结构相比，第一产业和第三产业的比重趋势相
似，第一产业比重逐渐下降，第三产业比重逐渐上升；第二产业的
GDP 比重在 50％ 左右波动，但是，从业人员比重是逐年上升的。

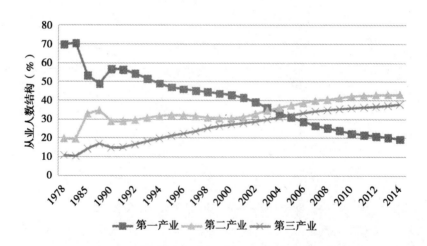

图3－8　江苏省从业人员三次产业结构的历史演变情况

浙江省在 1985—2014 年间，第一产业所占比重逐年下降，第二
产业和第三产业逐年上升。第一产业从 1985 年的 54.9％ 下降到 2014
年的 13.5％，第二产业从 31.7％ 上升到 49.7％，第三产业从 13.4％
上升到 36.8％。从结构类型上看，1985—2001 年是"一二三"结构，

2002—2014 年是"二三一"结构。

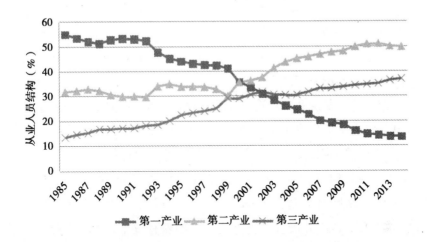

图 3 - 9　浙江省从业人员三次产业结构的历史演变情况

第二节　长三角地区产业结构演进的动因

影响长三角地区产业结构演进的主要因素包括：要素投入、投资拉动、国际贸易状况、创新等，本书基于以上因素选取适当变量，考察近十年来，不同因素对长三角地区产业结构升级的影响程度。

一　模型设定与指标选取

（1）计量模型设定

本书将一、二、三产业产值占 GDP 的比重的演变作为衡量产业结构升级的指标，具体来说，分别将第二产业、第三产业占 GDP 的比重作为产业结构调整的指标，第二产业占 GDP 的比重提高看成工业化进程的加速，第三产业占 GDP 比重提升看成产业结构向服务化趋势发展，两者共同反映产业结构逐渐升级和优化。

因此，本书选取长三角地区 25① 个市在 2003—2011 年的面板数

---

① 为了便于数据选取本节研究包括上海、浙江省、江苏省各市，共计 25 个市。

据（Panel Data），并用下式表示的模型进行实证检验。

$$Y1_{it} = \alpha_i + \beta_1 Inpgdp_{it} + \beta_2 Inpgdp_{it} + \beta_3 Inimexp\,ort_{it} + \beta_4 InFDI_{it} + \beta_5 Inpatent_{it} + \beta_6 labore1_{it} + \zeta_{it} \qquad (1)\ 式$$

$$Y2_{it} = \alpha_i + \theta_1 Inpgdp_{it} + \theta_2 Inpgdp_{it} + \theta_3 Inimexp\,ort_{it} + \theta_4 InFDI_{it} + \theta_5 Inpatent_{it} + \theta_6 labore2_{it} + \zeta_{it} \qquad (2)\ 式$$

其中，$Y1_{it}$为被解释变量，表示长三角 i 市 t 年的第二产业增加值占 GDP 的比重；$Y2_{it}$为被解释变量，表示长三角 i 市 t 年的第三产业增加值占 GDP 的比重。长三角 i 市 t 年解释变量包括：经济发展水平 $Inpgdp_{it}$，用人均 GDP 表示；国内投资拉动水平 $Ininvest_{it}$，用固定资产投资表示；区际贸易情况 $Inimexport_{it}$，用进出口总额表示；外资拉动水平 $InFDI_{it}$，用外商直接投资表示；创新程度 $Inpatent_{it}$，用专利授权量表示；第二产业劳动力供给 $labore1_{it}$，用第二产业从业人员占全社会从业人员的比重表示；第三产业供给 $labodre2_{it}$，用第三产业从业人员占全社会从业人员的比重表示；α_i 和 γ_t 分别表示控制地区效应和时间效应，ζ_{it} 为随机误差项。

（2）变量及数据说明

模型中各主要变量对应的描述性统计见表 3 - 1。因人均 GDP、固定资产投资、进出口总额、外商直接投资和专利授权量这些变量是绝对量，因此表中是取对数之后的变量描述。第二产业从业人员占全社会从业人员比重、第三产业从业人员占全社会从业人员比重、第二产业增加值占 GDP 比重、第三产业增加值占 GDP 比重为相对量，为了便于描述和运用，不取对数直接描述使用。

表 3 - 1　　　　　　　　　变量的描述性统计

变量性质	变量	样本量	平均值	标准偏差	最小值	最大值
被解释变量	$Y1$	225	0.5250095	0.565936	0.39713	0.66597
被解释变量	$Y2$	225	0.38785	0.0548557	0.29113	0.59355
解释变量	$Inpgdp$	225	10.36601	0.6558268	8.594154	11.58466
解释变量	$Ininvest$	225	6.493637	0.8763535	4.189352	8.578791
解释变量	$Inimexport$	225	4.316853	1.710618	-0.2548823	8.382515
解释变量	$InFDI$	225	1.840414	1.569593	-2.08345	4.836361
解释变量	$Inpatent$	225	7.597304	1.559767	4.007333	11.2552

续表

变量性质	变量	样本量	平均值	标准偏差	最小值	最大值
解释变量	*labore*1	225	0.4171333	0.1065165	0.17361	0.63556
解释变量	*labore*2	225	0.3460728	0.0684828	0.21585	0.56753

　　笔者考察了被解释变量与主要解释变量的相关度，表明它们直接不存在高度的相关性，都在可以接受的范围之内，不会对实证检验造成影响。

　　本书所用数据样本是长三角地区共计 25 个市在 2003—2011 年期间关于前述各变量数据。具体而言，分市区数据主要来自 2004—2012 年期间《上海统计年鉴》《浙江统计年鉴》《江苏统计年鉴》，2005—2011 年期间的《上海科技统计年鉴》，江苏和浙江专利授权量指标主要来自江苏知识产权局网站（www. jsip. gov. cn）、浙江知识产权局网站（www. zjpat. gov. cn）。

二　计量过程与实证结果

　　本书采用 Stata 软件处理以上面板数据。究竟使用固定效应还是随机效应模型，需要进行豪斯曼检验。（1）式模型豪斯曼检验结果，卡方检验值为 34.34，P = 0，拒绝原假设，结论认为应该使用固定效应模型，而非随机效应模型；（2）式模型豪斯曼检验结果，卡方检验值为 49.56，P = 0，由于 P 值为 0，故强烈拒绝原假设，结论认为应该使用固定效应模型，而非随机效应模型。作为参照，首先对模型进行混合回归估计，然后采用固定效应模型估计法对模型变量系数进行估计，得到估计结果见表 3 - 2。

表 3 - 2　　　　　　　　　　模型参数估计结果

模型及被解释变量	（1）式模型		（2）式模型	
解释变量	混合回归	固定效应	混合回归	固定效应
Inpgdp	- 0.0148 *	0.0031007	0.0049243	- 0.0004708
	(0.0089497)	(0.0160327)	(0.0063802)	(0.0130777)

续表

模型及被解释变量	（1）式模型		（2）式模型	
解释变量	混合回归	固定效应	混合回归	固定效应
lninvest	− 0.0375 ***	− 0.0153 *	0.0212 **	0.1659 *
	(0.0077486)	(0.0086009)	(0.0063224)	(0.0072354)
lnimexport	− 0.0063 *	0.0237 **	0.01278 ***	− 0.0004571
	(0.0038871)	(0.007239)	(0.0034823)	(0.0059922)
lnFDI	0.00879 **	0.0130 **	− 0.0178 ***	− 0.0001346
	(0.0029798)	(0.004181)	(0.0024063)	(0.0034754)
lnpatent	0.01570 ***	− 0.0161 ***	− 0.0002047	0.0116 ***
	(0.0034957)	(0.0037818)	(0.0030614)	(0.0032221)
labore1	0.4732 ***	0.0897 *		
	(0.0395242)	(0.0651518)		
labore2			0.4431 ***	− 0.0254459
			(0.035143)	(0.0556738)
C	0.6169347	0.5621 ***	0.024592	0.2075 *
	(0.06688)	(0.1089118)	(0.0561194)	(0.091291)
Number of obs	225	225	225	225
F − test/ Wald chi^2	72.35	95.26	98.31	263.65
Prob > F/chi^2	0.0000	0.0000	0.0000	0.0000

说明：＊代表10%的水平显著，＊＊代表5%的水平显著，＊＊＊代表1%的水平显著；括号内数值为标准误差

三 结果分析

总体来看，（1）式模型和（2）式模型能够说明近十年来长三角地区产业结构升级的动因，本书选择计量软件中最优模型——固定效应模型来解释，具体而言：

从（1）式固定效应模型的结果来看，*lnpgdp* 人均 GDP 的变动对第二产业增加值占长三角 GDP 总量的影响不显著。从产业结构演进与人均收入水平的关系来看，随着居民收入的增加，食物支出占居民消费总支出的比重是不断下降的，耐用消费品的比重是相对上升的，

对我国的第二产业应该是促进作用。笔者认为，这正印证了近十年来，对长三角地区的国内需求是相对不足，主要是外向型经济拉动制造业发展。

Ininvest 固定资产投资的系数为 − 0.0153，通过了 10% 的显著性水平检验，这表明近十年来固定资产投资对第二产业比重的变动的影响是负。一方面是因为笔者所采用的指标是全社会固定资产投资，包括房地产投资，在近十年间，长三角地区城市化进程加快，笔者在处理原始数据时发现，各市区近十年来投入房地产的投资额占全社会固定资产投资的比重从 1/5—1/3 不等，投资效益主要反映在第三产业"房地产业"中，相对而言，制造业投资比重的相对下降，也势必会影响第二产业的比重和效益。另一方面，固定资产投资会在数年后分摊，效益的显现也具有一定滞后性。

Inimexport 进出口总额的系数为 0.0214，通过了 5% 的显著性水平检验，表明进出口总额每增加 1 个百分点，对第二产业比重的提升的影响是 0.0214 个百分点。长三角地区近十年来主要是出口纺织服装、机电等工业品，极大地开拓了区域市场，对第二产业比重的提升起到积极作用。

InFDI 外商直接投资的系数为 0.0130，通过了 5% 的显著性水平检验，表明 *FDI* 每增加 1 个百分点，对第二产业比重的提升影响是 0.013 个百分点。长三角地区是我国吸引外资最集中的地区，外资的主要投向也主要是中低端制造业，外资的拉动作用在第二产业发展中起到积极作用。

Inpatent 专利授权量的系数是 − 0.0162，通过了 1% 的显著性水平检验，表明专利授权对第二产业的拉动为负。长三角地区各市近 5 年来专利申请量和授权量都成倍增长，但模型所做出的结果是负效应，并不合乎理论，这也说明专利并未完全转化为产业发展的动力，发明专利并未顺利得到推广应用。也就是说，在创新的整个环节过程中，创新的链条断裂或者缺失，所以导致创新动力不足。

*Labore*1 第二产业从业人员占全社会从业人员的比重为 0.0897，通过了 10% 的显著性水平检验，说明长三角地区近十年来劳动力投

入对第二产业比重提升起到一定作用。长三角地区尤其是浙江、江苏地区的劳动密集型产业所占比重较大，充分利用人口红利促进了制造业的发展。

从（2）式固定效应模型的结果来看，人均 GDP 变化、进出口总额、外商直接投资、第三产业从业人员占全社会从业人员比重，这 5 个变量都不显著。一般来说，人均 GDP 的增长会促进服务市场的扩展，但在（2）式模型中此变量表现不显著，一则可能因为长三角地区服务发展得还并不充分，与居民消费需求之间存在供需失衡，二则可能因为居民的内需动力依然不足。进出口总额的变动对第三产业比重的提升影响不显著，是因为长三角地区主要是商品贸易、服务贸易还十分薄弱，对服务业的发展影响在近十年来并不明显。外商直接投资对第三产业比重提升的影响也不显著，这主要看外资的投向，我国第三产业交通运输、电信服务、金融保险等行业几乎并未向外资开放，外资主要投向制造业行业，因此此变量表现不显著。

第三节　长三角地区第二、第三产业结构现状

一　长三角地区工业行业结构

工业总产值和工业企业主营业务收入是反映长三角产业结构状况的重要指标。比较近几年工业行业结构变化更能了解长三角地区工业发展动向和趋势，本书选取 2012 年与 2014 年的数据比较分析。首先介绍 2012 年长三角地区工业行业结构。从表 3 - 3 可以看出，2012 年长三角地区规模以上工业企业工业总产值为 211145.95 亿元，上海、江苏、浙江分别为 31896.88 亿元、120124.91 亿元、59124.16 亿元，各占长三角工业总产值的 15.11%、56.89%、28%；长三角地区规模以上工业企业主营业务收入为 211065.8 亿元，上海、江苏、浙江分别为 34096.29 亿元、119286.78 亿元、57682.73 亿元，各占长三角主营业务收入的 16.15%、56.52%、27.33%。从轻重工业所占的比重来看，江苏的工业总产值和主营业务收入所占的比重较大，其次

是浙江、上海。采矿业主要集中在江苏，占比约80%；制造业主要集中在江苏和浙江，分别占比约58%和28%；电力、燃气及水的生产和供应的工业总产值和主营业务收入则浙江和江苏均为42%。

表3－3　　　　　2012年长三角内部工业行业产值、收入结构　　单位:%

按行业分组	工业总产值结构				工业企业主营业务收入结构			
	长三角	上海	江苏	浙江	长三角	上海	江苏	浙江
总计	100.00	15.11	56.89	28.00	100.00	16.15	56.52	27.33
轻工业	100.00	11.32	50.72	37.96	100.00	11.88	50.76	37.36
重工业	100.00	16.65	59.41	23.94	100.00	17.88	58.85	23.27
采矿业	100.00	1.09	79.45	19.45	100.00	1.14	78.11	20.75
制造业	100.00	15.05	57.58	27.37	100.00	16.14	57.19	26.66
电力、燃气及水的生产和供应业	100.00	17.32	42.06	40.62	100.00	17.64	42.03	40.33

资料来源：根据2013年上海、江苏及浙江统计年鉴中相关数据整理计算。

对长三角内部进行行业比较。从规模以上企业工业总产值来看，具体见表3－4所示，长三角、上海、江苏和浙江所表现的趋势是重工业所占比重远大于轻工业产值比重；从制造业，电力、燃气及水的生产和供应业，采矿业三个行业所占比重来看，制造业所占比重最大，2012年为94.52%，同时，电力、燃气及水的生产和供应业为5.05%，采矿业为0.43%。

从制造业内部行业看，长三角地区所占比重从大到小，2012年排列前6位的行业依次为：通信设备、计算机及其他电子设备制造业（11.45%）、电气机械及器材制造业（9.53%）、化学原料及化学制品制造业（9.78%）、黑色金属冶炼及压延加工业（6.43%）、通用设备制造业（6.08%）、汽车制造业（5.57%），前6位行业比重之和约占制造业的49%；上海所占比重从大到小，排列前6位的行业依次为：通信设备、计算机及其他电子设备制造业（18.47%）、汽车制造业（13.47%）、化学原料及化学制品制造业（7.98%）、通用设备制造（7.7%）、电气机械及器材制造业（6.66%）、石油加工、炼焦及核燃料加工业（5.03%）；江苏所占比重从大到小，排列前6位

的行业依次为：通信设备、计算机及其他电子设备制造业
（13.47%）、化学原料及化学制品制造业（10.96%）、电气机械及器
材制造业（10.59%）、黑色金属冶炼及压延加工业（7.92%）、通用
设备制造业（5.47%）、纺织业（4.99%）；浙江所占比重从大到小，
排列前6位的行业依次为：纺织业（9.16%）、电气机械及器材制造
业（8.95%）、化学原料及化学制品制造业（8.36%）、通用设备制
造业（6.46%）、汽车制造业（4.9%）、橡胶和塑料制品业
（4.37%）。从制造业内部行业所占比重较大的前6位行业总结得出，
长三角地区的支柱行业主要集中于通信设备、电子计算机、机械、化
工、汽车制造行业，上海在汽车制造、通信设备、计算机制造方面占
比明显较高，江苏的通信设备、计算机、电气机械、化工占比较高，
而浙江的纺织业（轻工业）、化工、电气机械所占比重较高，也体现
出两省一市产业发展的重点和特色。

表3-4   2012年长三角内部工业各行业产值结构   单位:%

	长三角全部工业	全部工业中		
		上海	江苏	浙江
总计	100	100	100	100
按轻、重工业分				
轻工业	28.98	21.71	25.84	39.29
重工业	71.02	78.29	74.16	60.71
按工业行业分				
采矿业	0.43	0.03	0.6	0.3
制造业	94.52	94.18	95.67	92.37
农副食品加工业	2.18	1.06	2.76	1.6
食品制造业	0.83	1.91	0.53	0.86
饮料制造业	0.69	0.34	0.72	0.84
烟草制品业	0.73	2.37	0.37	0.6
纺织业	5.52	0.78	4.99	9.16

续表

	长三角全部工业	全部工业中		
		上海	江苏	浙江
纺织服装、鞋、帽制造业	2.9	1.7	2.83	3.7
皮革、毛皮、羽毛（绒）及其制品业	1.1	0.51	0.61	2.42
木材加工及木、竹、藤、棕、草制品业	1	0.23	1.33	0.74
家具制造业	0.54	0.81	0.18	1.1
造纸及纸制品业	1.29	0.95	1.05	1.98
印刷业和记录媒介的复制	0.48	0.6	0.42	0.53
文教体育用品制造业	1.2	1.24	0.96	1.66
石油加工、炼焦及核燃料加工业	2.51	5.03	1.7	2.81
化学原料及化学制品制造业	9.78	7.98	10.96	8.36
医药制造业	1.8	1.61	1.91	1.69
化学纤维制造业	2.38	0.12	2.03	4.31
橡胶和塑料制品业	2.7	2.73	1.86	4.37
非金属矿物制品业	2.74	1.64	2.98	2.86
黑色金属冶炼及压延加工业	6.43	4.97	7.92	4.18
有色金属冶炼及压延加工业	2.83	1.43	2.81	3.63
金属制品业	3.82	3.04	3.96	3.96
通用设备制造业	6.08	7.7	5.47	6.46
专用设备制造业	3.29	3.45	3.7	2.36
汽车制造业	5.57	13.47	3.8	4.9
铁路、船舶、航空航天和其他运输设备制造业	2.71	2.39	3.11	2.07
电气机械及器材制造业	9.53	6.66	10.59	8.95
通信设备、计算机及其他电子设备制造业	11.45	18.01	13.47	3.83
仪器仪表及文化、办公用机械制造业	1.7	0.94	2.16	1.19
其他制造业	0.29	0.17	0.2	0.54
废弃资源综合利用	0.33	0.1	0.27	0.58

续表

	长三角全部工业	全部工业中		
		上海	江苏	浙江
金属制品、机械和设备修理业	0.09	0.25	0.03	0.12
电力、燃气及水的生产和供应业	5.05	5.79	3.73	7.33
电力、热力的生产和供应业	4.61	5.13	3.39	6.79
燃气生产和供应业	0.31	0.49	0.25	0.32
水的生产和供应业	0.14	0.17	0.09	0.21

资料来源：根据 2013 年上海、江苏及浙江统计年鉴中相关数据整理计算。

　　2012 年在规模以上工业企业主营业务收入方面，从表 3-5、图 3-10、图 3-11 可见，长三角轻重工业比例，制造业，电力、燃气及水的生产和供应业，采矿业三个行业的比例与工业总产值所计算的比例结构基本相同。制造业行业内部主营业务收入所占比重前 6 位的分别是：通信设备、计算机及其他电子设备制造业（11.45%）、化学原料及化学制品制造业（9.82%）、电气机械及器材制造业（9.48%）、汽车制造业（6.02%）、黑色金属冶炼及压延加工业（6.7%）、纺织业（5.43%）。上海、江苏、浙江制造业行业内部主营业务收入前 6 位行业与工业总产值比重的前 6 位行业相似。

表 3-5　　　　2012 年长三角内部工业各行业主营业务收入结构　　单位:%

	长三角全部工业	全部工业中		
		上海	江苏	浙江
总计	100	100	100	100
按轻、重工业分				
轻工业	28.82	21.2	25.88	39.39
重工业	71.18	78.8	74.12	60.61
按工业行业分				
采矿业	0.44	0.03	0.61	0.33
制造业	94.49	94.43	95.62	92.18
农副食品加工业	2.17	1.05	2.74	1.64
食品制造业	0.86	2.01	0.53	0.87

续表

	全部工业	全部工业中		
		上海	江苏	浙江
饮料制造业	0.68	0.34	0.72	0.82
烟草制品业	0.74	2.24	0.37	0.6
纺织业	5.43	0.72	4.97	9.15
纺织服装、鞋、帽制造业	2.88	1.64	2.85	3.67
皮革、毛皮、羽毛（绒）及其制品业	1.08	0.47	0.6	2.42
木材加工及木、竹、藤、棕、草制品业	0.99	0.24	1.33	0.73
家具制造业	0.52	0.76	0.18	1.08
造纸及纸制品业	1.27	0.92	1.05	1.93
印刷业和记录媒介的复制	0.47	0.57	0.41	0.53
文教体育用品制造业	1.22	1.4	0.96	1.64
石油加工、炼焦及核燃料加工业	2.52	4.73	1.69	2.92
化学原料及化学制品制造业	9.82	7.75	11.01	8.61
医药制造业	1.77	1.52	1.91	1.63
化学纤维制造业	2.39	0.11	2.1	4.34
橡胶和塑料制品业	2.67	2.59	1.84	4.42
非金属矿物制品业	2.7	1.59	2.96	2.83
黑色金属冶炼及压延加工业	6.7	5.98	8.13	4.19
有色金属冶炼及压延加工业	2.82	1.42	2.84	3.61
金属制品业	3.75	2.92	3.93	3.85
通用设备制造业	6	7.37	5.42	6.41
专用设备制造业	3.22	3.24	3.65	2.33
汽车制造业	6.02	15.72	3.78	4.94
铁路、船舶、航空航天和其他运输设备制造业	2.52	2.17	2.97	1.78
电气机械及器材制造业	9.48	6.41	10.52	9.13
通信设备、计算机及其他电子设备制造业	11.45	17.14	13.53	3.78
仪器仪表及文化、办公用机械制造业	1.68	0.94	2.14	1.15
其他制造业	0.28	0.16	0.2	0.53
废弃资源综合利用	0.32	0.1	0.26	0.57

续表

	全部工业	全部工业中		
		上海	江苏	浙江
金属制品、机械和设备修理业	0.08	0.25	0.03	0.09
电力、燃气及水的生产和供应业	5.07	5.54	3.77	7.48
电力、热力的生产和供应业	4.6	4.8	3.42	6.93
燃气生产和供应业	0.33	0.57	0.26	0.34
水的生产和供应业	0.14	0.17	0.09	0.22

资料来源：根据2013年上海、江苏及浙江统计年鉴中相关数据整理计算。

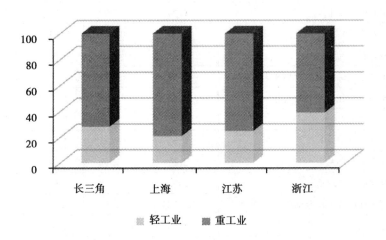

图 3 - 10　2012 年长三角内部轻重工业产值结构（%）

　　2014 年工业结构在不断调整变化。由于规模以上企业工业总产值和主营业务收入表现出的结构相似性，2014 年工业结构数据主要从规模以上企业工业总产值来考察（具体见表 3 - 6 所示），长三角、上海、江苏和浙江所表现的趋势是重工业所占比重远大于轻工业产值比重；从制造业，电力、燃气及水的生产和供应业，采矿业三个行业所占比重来看，制造业所占比重最大，2014 年为 94.99%，同时，电力、燃气及水的生产和供应业为 4.63%，采矿业为 0.38%，整体比重与 2012 年相比，制造业占比略微提升。

　　从制造业内部行业看，长三角地区所占比重从大到小，2014 年

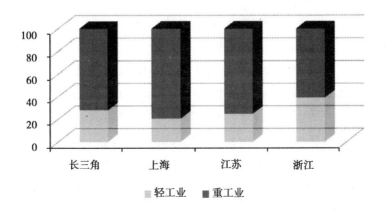

图 3 – 11 2012 年长三角内部轻重工业主营收入结构（%）

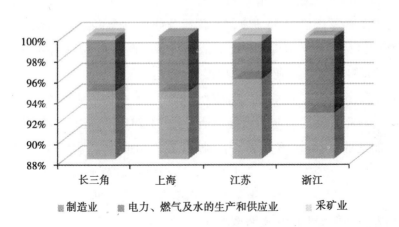

图 3 – 12 2012 年长三角内部工业行业产值结构

排列前 6 位的行业依次为：通信设备、计算机及其他电子设备制造业（10.52%）、化学原料及化学制品制造业（10.2%）、电气机械及器材制造业（9.89%）、通用设备制造业（6.37%）、汽车制造业（6.08%）、黑色金属冶炼及压延加工业（5.92%），前 6 位行业比重之和约占制造业的 49%；与 2012 年相比，通信设备、计算机及其他电子设备制造业的占比略微下降了 1 个百分点，电气机械及器材制造业、化学原料及化学制品制造业和汽车制造业略微上升。

　　上海所占比重从大到小，2014 年排列前 6 位的行业依次为：汽车制造业（16.42%）、通信设备、计算机及其他电子设备制造业（16.28%）、化学原料及化学制品制造业（8.16%）、通用设备制造（8.13%）、电气机械及器材制造业（7.01%）、石油加工、炼焦及核燃料加工业（4.35%）；与 2012 年相比汽车制造业的比重上升了 3.5 个百分点，通信设备、计算机及其他电子设备制造业下降了 2 个百分点，化学原料及化学制品制造业、通用设备制造和电气机械及器材制造业分别上升了 1 个百分点，石油加工、炼焦及核燃料加工业下降了 0.7 个百分点。可见，上海的工业结构变化较大，主要由于近年来上海市重点培育电子信息产品制造业、汽车制造业、石油化工及精细化工制造业、精品钢材制造业、成套设备制造业和生物医药制造业，2014 年共实现工业总产值 21841.95 亿元，这六大重点发展工业行业占全市工业总产值的 66.9%，主营业务收入占全市的 67.8%，利润总额占比 68.4%。制造业中七大战略性新兴产业在 2014 年实现总产值 8113.34 亿元，产业结构调整成效显著。

　　江苏所占比重从大到小，2014 年排列前 6 位的行业依次为：通信设备、计算机及其他电子设备制造业（12.24%）、化学原料及化学制品制造业（11.32%）、电气机械及器材制造业（10.97%）、黑色金属冶炼及压延加工业（7.13%）、通用设备制造业（5.78%）、纺织业（4.72%）；与 2012 年相比变化不大，但是，前五位产业地位有所加强，而纺织业的比重略微下降。

　　浙江所占比重从大到小，2014 年排列前 6 位的行业依次为：纺织业（9.01%）、电气机械及器材制造业（8.98%）、化学原料及化学制品制造业（8.78%）、通用设备制造业（6.76%）、汽车制造业（4.42%）、橡胶和塑料制品业（4.33%）。与 2012 年相比几乎没有变化。

　　从近两年的结构调整变化来看，长三角支柱产业的大类变化不大，但是，行业内部结构调整在不断推进，尤其是上海、江苏两地，高技术产业和战略性新兴产业的比重不断上升，产业内部结构优化趋势明显。

表 3 － 6　　　　　　**2014 年长三角内部工业各行业产值结构**　　　　单位:%

	长三角地区	其中:		
		上海	江苏	浙江
工业按行业分				
采矿业	0.38	0.03	0.50	0.28
制造业	94.99	95.58	96.06	92.43
农副食品加工业	2.32	1.08	2.94	1.60
食品制造业	0.84	1.93	0.61	0.81
酒、饮料和精制茶制造业	0.66	0.34	0.69	0.73
烟草制品业	0.57	2.90	0	0.66
纺织业	5.37	0.72	4.72	9.01
纺织服装、服饰业	2.88	1.19	2.87	3.73
皮革、毛皮、羽毛及其制品和制鞋业	1.11	0.58	0.64	2.36
木材加工和木、竹、藤、棕、草制品业	1.10	0.23	1.47	0.73
家具制造业	0.59	0.90	0.22	1.23
造纸和纸制品业	1.21	0.84	1.02	1.81
印刷和记录媒介复制业	0.54	0.57	0.52	0.58
文教、工美、体育和娱乐用品制造业	1.47	1.26	1.26	2.01
石油加工、炼焦和核燃料加工业	2.29	4.35	1.63	2.71
化学原料和化学制品制造业	10.20	8.16	11.32	8.78
医药制造业	2.03	1.91	2.18	1.76
化学纤维制造业	2.13	0.13	1.78	3.86
橡胶和塑料制品业	2.69	2.82	1.90	4.33
非金属矿物制品业	3.02	1.76	3.25	3.15
黑色金属冶炼和压延加工业	5.92	4.54	7.13	4.02
有色金属冶炼和压延加工业	2.78	1.37	2.63	3.78
金属制品业	3.88	2.93	4.13	3.83
通用设备制造业	6.37	8.13	5.78	6.76
专用设备制造业	3.43	3.32	3.90	2.48
汽车制造业	6.08	16.42	4.50	4.42

续表

	长三角地区	其中：		
		上海	江苏	浙江
铁路、船舶、航空航天和其他运输设备制造业	2.43	2.39	2.63	2.00
电气机械和器材制造业	9.89	7.01	10.97	8.98
通信设备、计算机及其他电子设备制造业	10.52	16.28	12.24	4.04
仪器仪表制造业	1.83	1.00	2.36	1.10
其他制造业	0.28	0.17	0.21	0.49
废弃资源综合利用业	0.27	0.10	0.18	0.57
金属制品、机械和设备修理业	0.08	0.27	0.02	0.10
电力、热力、燃气及水的生产和供应业	4.63	4.40	3.44	7.29
电力、热力的生产和供应业	4.01	3.32	3.05	6.40
燃气生产和供应业	0.48	0.88	0.30	0.66
水的生产和供应业	0.15	0.20	0.10	0.23
总计	100	100	100	100

资料来源：根据 2015 年上海、江苏及浙江统计年鉴中相关数据整理计算。

二　长三角地区第三产业行业结构

比较分析 2012 年与 2014 年第三产业行业结构，能够较好地反映行业发展趋势。首先，2012 年长三角地区第三产业增加值为 51398.26 亿元，上海、江苏、浙江分别为 12199.15 亿元、23517.98 亿元、15681.13 亿元，分别占长三角第三产业增加值比重的 23.73%、45.75% 和 30.50%，各行业比重具体如表 3 - 7 所示。

表 3 - 7　　　2012 年长三角地区第三产业各行业增加值状况

单位：亿元

行业	长三角			
	总计	上海	江苏	浙江
第三产业	51398.26	12199.15	23517.98	15681.13
交通运输、仓储和邮政业	4526.62	895.31	2352.4	1278.91

续表

行业	长三角			
	总计	上海	江苏	浙江
信息传输、计算机服务和软件业	2941.3	918.83	1103.84	918.63
批发和零售业	12680.93	3291.93	5704.66	3684.34
住宿和餐饮业	1999.35	298.4	1045.21	655.74
金融业	8349.11	2450.36	3136.51	2762.24
房地产业	6067.79	1147.04	2992.82	1927.93
租赁和商务服务业	3138.36	1065.56	1415.19	657.61
科学研究、技术服务和地质勘查业	1461.49	503.8	612.53	345.16
水利、环境和公共设施管理业	543.59	60	321.98	161.61
居民服务和其他服务业	1380.73	221.88	685.95	472.9
教育	2760.45	462.34	1420.47	877.64
卫生、社会保障和社会福利业	1649.95	328.43	731.58	589.94
文化、体育和娱乐	677.24	120.1	302.99	254.15
公共管理和社会组织	3221.35	435.17	1691.85	1094.33

资料来源：根据2013年上海、江苏及浙江统计年鉴中相关数据整理计算。

从表3-8可见，长三角已形成以批发和零售业、金融业、房地产业和交通运输、仓储和邮政业、租赁和商务服务业、信息传输、计算机服务和软件业为核心的产业格局，占长三角第三产业增加值的比重分别为24.67%、16.24%、11.81%、8.81%、6.11%和5.72%。上海、江苏和浙江的前4位第三产业与长三角地区相似，但比重和位次排序存在一定差异。上海所占比重前4位的产业分别为：批发和零售业（26.98%）、金融业（20.09%）、房地产业（9.4%）、租赁和商务服务业（8.73%）；江苏分别为：批发和零售业（24.26%）、金融业（13.34%）、交通运输、仓储和邮政业（10%）、房地产业（12.73%）；浙江分别为：金融业（17.62%）、批发和零售业（23.5%）、房地产业（12.29%）、交通运输、仓储和邮政业（8.16%）。结合表4-7，由此可见，上海的金融、商务服务业、信息及软件服务业（上海的信息传输、计算机服务和软件业的比重为7.53%，高于交通运输、仓储和邮政业的7.34%）、科技服务等生产性服务业发展程度相对于江苏、浙江较具有优势；江苏和浙江第三产业各行业比重具有很强的相似性。

表 3 - 8　　　　2012 年长三角第三产业行业 GDP 结构状况　　　单位:%

行业	长三角			
	总计	上海	江苏	浙江
第三产业	100.00	100.00	100.00	100.00
交通运输、仓储和邮政业	8.81	7.34	10.00	8.16
信息传输、计算机服务和软件业	5.72	7.53	4.69	5.86
批发和零售业	24.67	26.98	24.26	23.50
住宿和餐饮业	3.89	2.45	4.44	4.18
金融业	16.24	20.09	13.34	17.62
房地产业	11.81	9.40	12.73	12.29
租赁和商务服务业	6.11	8.73	6.02	4.19
科学研究、技术服务和地质勘查业	2.84	4.13	2.60	2.20
水利、环境和公共设施管理业	1.06	0.49	1.37	1.03
居民服务和其他服务业	2.69	1.82	2.92	3.02
教育	5.37	3.79	6.04	5.60
卫生、社会保障和社会福利业	3.21	2.69	3.11	3.76
文化、体育和娱乐	1.32	0.98	1.29	1.62
公共管理和社会组织	6.27	3.57	7.19	6.98

资料来源：根据 2013 年上海、江苏及浙江统计年鉴中相关数据整理计算。

从表 3 - 9 中可以看出，2014 年长三角地区第三产业生产总值呈现不断上升趋势，上海、江苏和浙江第三产业生产总值分别增加到 15275.73 亿元、30599.49 亿元和 19220.79 亿元。上海市交通运输、仓储和邮政业、信息传输、软件和信息技术服务业、金融业和房地产业增长势头迅猛，江苏省信息传输、软件和信息技术服务业、批发零售业、租赁和商务服务业增长速度较快，浙江省信息传输、软件和信息技术服务业和批发零售业增长较快。由此可见，长三角地区重点培育发展的现代服务业如科技服务业、跨境电商等行业发展势头良好，成为拉动经济增长的重要动力。

表 3 – 9　　　2014 年长三角地区第三产业各行业生产总值状况

单位：亿元

	上海	江苏	浙江
第三产业生产总值	15275.73	30599.49	19220.79
其中：			
交通运输、仓储和邮政业	1044.46	2591.15	1525.93
信息传输、软件和信息技术服务业	1211.83	1579.55	1355.19
批发和零售业	3647.33	6559.03	4911.71
住宿和餐饮业	359.28	1094.45	884.91
金融业	3400.41	4723.69	2767.44
房地产业	1530.96	3564.44	2166.86
租赁和商务服务业	—	2469.55	967.33
科学研究和技术服务业		884.50	497.74
水利、环境和公共设施管理业	—	428.27	200.18
居民服务、修理和其他服务业		1073.53	538.89
教育		1866.58	1076.58
卫生和社会工作		1015.45	673.66
文化、体育和娱乐业	—	536.56	291.71
公共管理、社会保障和社会组织	—	2003.97	1269.30

资料来源：根据 2015 年上海、江苏及浙江统计年鉴中相关数据整理计算，由于新行业结构调整，2014 年上海部分数据缺失。

第四节　长三角地区产业结构升级的方向[①]

根据国内外经济形势、长三角地区经济发展阶段，以及产业结构演进规律，未来长三角地区产业结构升级将重点向服务化、高端化和集约化方向发展。长三角地区制造业和高技术产业发达，服务业发展较快，是我国综合实力最强的区域。"长三角地区率先建立起开放型

---

① 部分观点来自《长江三角洲地区区域规划》2010；《上海市国民经济和社会发展第十二个五年规划纲要》；《江苏省国民经济和社会发展第十二个五年规划纲要》；《浙江省国民经济和社会发展第十二个五年规划纲要》。

经济体系，基本形成了全方位、多层次、高水平的对外开放格局"①。一直以来也是经济发展的改革创新先行区。在经济全球化和区域经济一体化纵深推进背景下，美国实施"再工业化"战略，欧盟等国经济走向复苏，一些高端制造业从中国向发达国家回流，以美国为首的发达国家依然牢牢掌控着国际产业链的高端，发展中国家包括中国面临着低端锁定的困境。同时，由于我国人口红利的逐渐消失，然而企业的综合经营成本并未降低，一些劳动密集型产业又转移到越南等劳动力成本更低的东南亚国家，迫使我国的产业发展必须升级。长三角地区作为我国经济实力最强、对外开放最早的区域，也是对国际环境变化最敏感的区域，产业结构服务化、高端化、集约化是必由之路。

产业结构服务化。上海、江苏和浙江都具有较好的服务业发展基础，上海又将建成国际经济、金融、贸易、航运中心，2013 年 8 月 22 日经国务院正式获批成立中国（上海）自由贸易试验区，逐渐形成以服务业为主的产业结构。重点发展面向生产的服务业，不断完善区域综合交通运输网络，发展现代物流业；"加快金融产品、服务和管理创新，大力发展金融业"②；扶持和培育战略咨询、成果转化、工业设计、节能服务等技术创新型服务业，为区域创新发展提供服务支撑。积极扶持发展面向民生的音乐制作、艺术创作、动漫游戏等文化创意产业发展。因此，在专著第七章中大篇幅讨论创新驱动长三角地区现代服务业发展，由于篇幅内容太过丰富，将文化产业单列第八章研究探讨。

产业结构高端化。一是产业选择高端化。紧跟新一轮世界科技和产业革命步伐，深度对接国家战略性新兴产业规划和政策，"大力培育发展新材料、新能源、生物技术和新医药、民用航空航天产业等产业"③，培育新兴产业竞争力。二是产品技术高端化。在战略性新兴产业包括生物医药、新能源、新材料等行业，传统产业纺织、钢铁、

---

① 国家发展和改革委员会：《长江三角洲地区区域规划》，2010 年 5 月发布。
② 同上。
③ 同上。

冶金、化工等行业，通过实施重大科技专项、科技联合攻关，突破关键领域与核心技术，共建重大产业技术创新链。研制具有国际先进水平的战略产品，拥有自主知识产权的核心技术。三是制造业产业链高端化、生态化。加快电子信息产业和装备制造业拥有自主产业的核心技术研发，加强区内外产业分工协作配套，巩固提升产业层次和水平。"推动钢铁产业集约化发展，积极运用环保、节水、节能等技术，推广新一代可循环钢铁流程工艺技术，构建钢铁循环经济产业链"①。大力改造提升纺织等传统产业，推进传统产业向价值链高端延伸，建成集研发、制造、销售于一体的国际性服装设计制造中心。坚持高新技术产业与先进制造业、传统产业相结合，推进产业融合发展，促进产业向价值链高端攀升，向研发设计和销售服务两端延伸，提高产业国际竞争力。

产业结构集约化。提高区域综合服务功能，建设一批主体功能突出、辐射带动力强的现代服务业集聚区；加快先进制造业提档升级，培育自主创新能力，打造若干规模和水平居国际前列的先进制造业基地和产业集群。以新兴和优势产业为重点，依托专业园区、科技园区和开发区，引导新兴产业、主导产业和传统优势产业资源集聚，形成一批市场影响力大、产业配套能力和创新活力强的特色产业基地，构建"带""群""网"状分布的产业基地格局②。

---

① 国家发展和改革委员会：《长江三角洲地区区域规划》，2010 年 5 月发布。
② 江苏省人民政府：《江苏省国民经济和社会发展第十二个五年规划纲要》，2011 年 3 月 10 日发布。

第四章

创新驱动长三角地区产业
结构升级的路径

创新驱动长三角产业结构升级的路径主要有基于技术轨道的创新驱动产业结构升级、基于市场轨道的创新驱动产业结构升级、全产业链创新驱动产业结构升级，以及集群创新驱动产业结构升级。选择这四条路径的原因是基于对价值链与创新赶超之间关系的梳理、长三角产业结构的现状及升级方向等因素的共同考量。

首先，通过创新实现产业的赶超，从价值链高端切入是首要路径。价值链的两个高端一端是技术研发和设计、一端是营销网络和服务，从高端切入并创新才有可能实现产业升级。演化经济学家佩雷斯提出"两种机会窗口"，"第二种机会窗口"是在新技术体系处于早期阶段，所有国家在此技术领域处于同一起跑线，新兴国家如若通过新技术的激进创新，就可以在新技术体系中占据技术革命的制高点，实现产业的升级和赶超。第一次世界大战前夕，美国和德国就通过"第二种机会窗口"实现了产业赶超。从对市场需求的深入剖析并创造需求同样是一条产业升级之路，佳能公司通过开发个人复印机市场，推出小巧化、人性化、环保型的差异化产品，打破了施乐公司在全球复印机市场的垄断，为了满足并创造需求，佳能公司对复印机进行了集成创新、商业模式创新等。

但是，为什么从价值链低端切入并创新很难实现产业赶超呢？演化经济学家佩雷斯还提出"第一种机会窗口"就是当技术体系成熟时，落后国家可以通过低廉的劳动力成本获得比较优势。实际上，依靠这种比较优势很难实现价值链的攀升，因为自 20 世纪 90 年代以来，模块化生产方式会使以低端产品加工、组装加入全球生产体系的发展中国家锁定在低端。各个模块的相对独立，阻断了发展中国家试图通过微创新实现对发达国家的产业赶超。

　　长三角地区创新资源丰裕，具有较强的原始创新、技术创新能力；同时，长三角地区也是我国最早建立起社会主义市场经济体制基本框架的区域，以及对外开放的先行区，因此具备从价值链高端切入并创新，实现产业结构升级的有利条件。

　　其次，由于先进制造业在全球形成了配套协作的产业链格局，若想在竞争激烈的国际环境中立足，必须构建产业链上下游的创新网络，更有效地控制成本，实现产业链整合的价值最大化。长三角地区是我国国际化程度最高的区域之一，上海自贸区的建立更加速了长三角融入全球化的步伐，培育在全球调配资源、构建创新网络的企业及产业是实现产业升级的重要路径。

　　最后，长三角地区已经形成了多个特色鲜明的产业集群，以产业集群为载体更有利于知识、技术的创造、转移和共享。通过在集群内构建共性技术研发联盟、引入创新能力强的企业、加强集群与外部创新资源的联系，促进产业集群原有技术水平的跃升，避免集群被"低端"锁定，防止高技术产业集群"不高"的情况发生。

第一节　基于技术轨道的创新驱动产业结构升级

一　技术轨道的概念

　　技术轨道概念最早可追溯到美国著名科学哲学家库恩（T. S. Kuhn）1962 年在《科学革命的结构》一书中提出"科学范式"的概念，"在此基础上，意大利经济学家多西（G. Dosi，1982）提出技术范式（technological paradigm）概念。他将技术范式定义为'基于自然科学所引申出来的选择理论以及材料选择技术，解决技术选择问题的模型和模式'，技术范式的建立导致技术轨道的产生，多西（1977）将技术轨道定义为'沿着由范式规定的经济和技术折衷的技术进步轨迹'"①。弗里曼认为，"产业技术轨道即在以企业为主体的技术创新过程中，基于共同产业链，企业普遍采用的技术选择方法、技术解决方法（包括技术路线、设计模式、技术整合方式、技术标准）以及与此相应的工艺流程"②。柳卸林（1997）做了更通俗的解释，"认为技术轨道就是在某一产业技术发展上所可能有的方向，一组解决某一问题的相关联方法"③。

技术轨道具有以下特征：（1）积累性。技术的发展是不断积累的过程，原有技术轨道的技术进步具有很强的不可逆性，也导致产业技术存在"路径依赖"。"技术轨道的积累性也分强弱之分，累积性强的技术轨道，技术的发展往往需要经过长时间的学习和消化，特别是一些大型的、复杂的机械装备，如飞机、汽车、机床等；累积性弱的技术轨道，在技术发展过程中容易出现实现跨越的机会，出现新技术代替旧技术"④。例如通信制造业，改革开放之初，我国通信事业还十分落后，之后引进世界最先进的数字程控交换机，消化吸收最先进技术，1995 年后形成大唐、中兴、华为等企业，在此基础上继续研发，我国迄今已在移动通信、智能网等领域取得重大突破。（2）系统性。由于实现技术突破需要更多门类知识，内在知识和技术存在很强的互补性，一般是由一系列相关技术组成的技术体系。（3）排他性和有限性。排他性是指一旦某一技术占据主导地位时，就会不断强化和完善，对其他技术产生排斥性选择。但是，任何技术的发展受自身规律的限制，当技术达到自身发展的极限，新的技术会取代旧技术，技术范式出现转换。

在技术轨道发展的不同阶段，企业进入某一技术轨道的成本存在差异。由于技术从不成熟走向成熟的过程中，生产设备的专用性提

---

① 和矛、李飞：《行业技术轨道的形成及其性质研究》，《科研管理》2006 年第 1 期。

② ［英］克利斯·弗里曼、罗克·苏特：《工业创新经济学》，北京大学出版社 2004 年版。

③ 柳卸林：《技术轨道和自主创新》，《中国科技论坛》1997 年第 2 期。

④ 熊鸿儒、王毅、林敏等：《技术轨道研究：述评与展望》，《科学学与科学技术管理》2012 年第 7 期，第 22 页。

高，竞争将从产品性能转向规模经济，知识壁垒提高，投资增加，所以技术轨道越清晰化，技术壁垒将越高。但是，一旦出现新的技术轨道，产业的进入技术壁垒又会降低。在新的技术轨道上，所有企业又处于同一起跑线，都没有足够的知识积累，进入壁垒较低。先发企业已在原有轨道上大量投资，转向新轨道的成本较高，后发者由于转换成本低更易于转向新的技术轨道。

二　基于技术轨道的创新驱动产业结构升级过程

在分析技术轨道的特征及转轨时机的基础上可见，产业之间存在技术轨道跃升的方式和时机的差异，新兴产业中新一代信息技术等产业由于技术积累性相对较弱，发展中国家能够通过大量的智力、资本等要素的集中投入，以较快速度进入新的技术体系，促进此类新兴产业快速发展；汽车、机床等技术积累性相对较强的产业，需要持续的要素投入、新技术与传统产业的有效融合，以及适当的政策保护，才有可能通过技术轨道跃升实现产业升级。

新技术轨道与产业结构升级。布鲁兹斯和克鲁格曼（1993）提出了技术发展的"蛙跳"理论，他们认为后发国家可以选择处于技术生命周期成熟前阶段的技术，以新技术为起点，在某些产业实现赶超。新技术轨道存在较低的进入壁垒和较好的"机会窗口"，对于发展中国家十分有利。因此，在技术积累性相对较低的行业，直接占据技术制高点是发展新兴产业的重要路径，"引进＋创新"的模式是后发国家可采用的较好方式。在一些传统产业依然能够通过新技术轨道实现产业升级，这是因为技术存在有限性特征，技术发展一般都会出现最终极限，当接近技术极限时，改进的潜力小、成本高、边际效率降低，需要新技术轨道的出现进行技术革新，在新旧轨道交替期间是传统产业转轨的重要时机。例如，打字机已经过四个阶段的技术轨道，第一阶段是手动式，第二阶段是电动式，第三阶段是专用文字处理机，第四阶段是电脑，当计算机进入文件处理业务时，苹果公司、王安公司进入这一行业，并迅速得到发展。又例如，北大方正在开创华光和方正激光照排系统时，直接运用并发展第四代激光照排系统技术，当时，日本还在使用光机式第二代照排机，欧美流行阴极射线管第三代照排机，北大方正在技术轨道上的直接跨越，使其在之后几十年处于行业领先位置。

第二节　基于市场轨道的创新驱动产业结构升级

一　市场轨道的概念

以上提及著名创新学者多西所提出的"技术轨道"概念，技术轨道理论为创新路径的选择，特别是发展中国家打开"机会窗口"，实现产业赶超起到非常重要的作用。然而，新技术轨道毕竟是有限发生的，必须深入理解创新的外延，寻求创新驱动产业升级的多样化路径。创新活动不是突然发生的，而是技术、市场、制度等系统要素共同演化的长期、动态过程。① 其他要素依然是影响产业创新的重要因素，在产业创新过程中，笔者特别强调市场的作用。例如，"在第二次工业革命开始时，美国并不是新技术的最初发明者，巨大的国内市场规模是美国抓住第二次工业革命'机会窗口'的决定性因素。由于本国市场狭小，欧洲技术创新在原有技术轨道上，难以开发新产品并大幅度提高生产率，而一旦被引入到美国，美国科学家和工程师很快就开发出了生产效率高于欧洲的新产品和新工艺，并申请专利，开辟新技术轨道，摇身一变成为新技术革命的领导者，历史经验说明，对于处于追赶阶段的发展中大国，市场重于技术"②。由此可见，市场在创新活动中非常重要，创新驱动产业结构升级不容忽视市场的作用。

本书对"市场轨道"的定义是：在满足需求和价值实现的导向下，创新产品的市场演进轨迹。此处对"市场"概念的理解是多层次的，开拓市场意味着满足需求，需求存在两个重要维度——需求宽

① R. R. Nelson, S. G. Winter, *An Evolutionary Theory of Economic Change*, Boston: Harvard University Press, 1982.

② 贾根良：《从价值链高端入手实现技术追超》，《科技日报》2013年5月27日。

度和需求深度。"需求宽度指的是需求主体的特性,表征用户群和潜在用户群的分布广度,需求宽度从窄到宽依次为企业内部需求、国家战略需求、国内一般需求、国际市场需求,其中前三者都是国内市场需求;需求深度是指需求的客体特征,表征用户需求的隐藏深度,需求深度由浅到深是首次需求、需求升级和创造需求"[①]。那么相对应的,市场需求也存在一般市场需求和新市场需求,国内市场需求和国际市场需求。基于市场轨道的创新,更强调发现并满足潜在市场需求,甚至创造需求,通过多种形式的创新满足消费者"未曾想象却真实需要",最大限度地开拓新市场。

二　市场轨道与技术轨道的比较

技术轨道是以技术赶超、技术突破为核心,市场轨道是以满足消费者多样化、差异性、深层次的价值需求为核心,笔者通过比较苹果公司与索尼、三星公司的创新路径来阐释两者的差异。由表4-1可以看出,选择不同的创新路径,企业的创新导向、创新形式、满足的需求层次和顾客的体验都有较大差别。技术轨道是从价值链一个高端——技术研发入手,强调创新驱动过程的前端驱动阶段,在产业的技术体系还未形成时,以突破性创新为主,在产业技术体系成熟时,以渐进式创新为主,满足的是消费者的一般性需求。然而,市场轨道是从价值链的另一个高端——服务及市场切入,强调创新驱动过程的后端驱动阶段,通过开辟新市场创造需求,创新形式主要是集成创新、技术集成、商业模式创新等。

表4-1　市场轨道与技术轨道的区别——苹果与索尼、三星的比较

项目	苹果公司（代表产品为iPod/iTunes）	索尼、三星等
创新路径	市场轨道为主（依靠满足新需求）	技术轨道为主（依靠新技术应用）

---

① 胡左浩、王毅:《中国复杂技术产业的市场追赶路径研究》,《中国地质大学学报》2013年第2期。

续表

项目		苹果公司（代表产品为 iPod/iTunes）	索尼、三星等
创新导向		以持续挖掘和满足新的需求为导向，强调顾客价值的完美实现	以技术领先和产品多元化为导向，强调对差异化竞争优势的实现
创新形式		以技术集成和创新商业模式的方式，颠覆市场对传统产品概念的理解，强调顾客价值的重新定义	强调渐进性创新（而非突破性创新）；或一味地追求技术领先和成本控制
需求要素	需求内容	在基本功能和质量性能基础上，增加了使用便利（iTunes 音乐商店带来更自由便利的音乐检索、浏览和购买）、情感功能和社会象征性功能（加入时尚元素、体现潮流）	以基本功能（如音乐播放的音质、音效等）、质量性能、审美功能等需求属性内容为主
	需求层次	非主流层次	大众主流层次（中低端为主）
顾客价值		为顾客创造高质量、个性化、时尚化、便捷化的音乐体验	为顾客提供性价比更高或更专注播放功能改善的音乐播放器

资料来源：熊鸿儒、吴贵生、王毅：《基于市场轨道的创新路径研究——以苹果公司为例》，《科学学与科学技术管理》2013 年第 7 期，第 125 页（整理而得）。

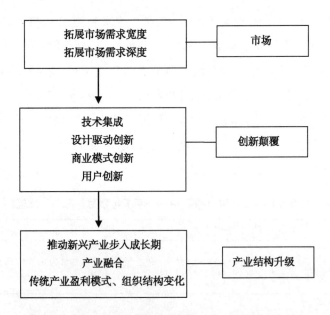

图 4-1   基于市场轨道的创新驱动产业结构升级过程

三　基于市场轨道的创新驱动产业结构升级过程

（1）市场轨道的创造

市场轨道的创造是利用对顾客体验的深入理解，满足或者颠覆顾客对新兴产业及原有产业的需求，实现顾客价值，在不断扩展市场需求的宽度和深度过程中寻求创新。分析市场轨道的创造，首先分析新兴产业与传统产业市场轨道的异同。新兴产业在发展初期，需要足够的市场回报摊薄研究人员、设备、实验室等研发投入，需要巨大而丰富的市场使企业扩张并实现产业的规模经济，企业才有动力继续研发，开辟新的技术轨道，也就是说，足够的市场需求是新兴产业发展的基础。新兴产业的发展，同样需要对顾客价值的深入理解，不断扩展需求宽度和深度，例如，从事通信设备产业的大唐公司，积极发展3G/4G产业，从国家战略需求向国际市场拓展。传统产业的市场轨道以颠覆对原有产业需求特性为核心，开拓新市场。例如，苹果公司在深度挖掘需求特性的基础上，颠覆了在位企业诺基亚等公司对产品质量、性能及产品差异化的需求，不是简单地依据需求类型进行市场细分并一一对应，也不是一般意义上的"需求探寻者"或"需求满足者"，而更多时候是具有颠覆性的"需求创造者"①，创造"最完美的用户体验"。

（2）基于市场轨道的创新颠覆

基于市场轨道的创新颠覆的创新形式是以技术集成、设计创新、商业模式创新、用户创新为核心，实现满足和颠覆市场需求的目标。

第一，技术集成。例如，苹果公司在进入手机行业时，诺基亚等企业巨头已拥有了该行业的核心技术，苹果不是在核心技术上与竞争对手血拼，而是另辟蹊径，注重对现有技术和零部件的集成，iPhone就是集手机、相机、掌上电脑、音乐播放器等硬件于一体的产品。苹果公司不仅注重硬件技术的集成，同时将硬件与软件完美结合，在软

---

① 熊鸿儒、吴贵生、王毅：《基于市场轨道的创新路径研究——以苹果公司为例》，《科学学与科学技术管理》2013年第7期。

件开发上苹果公司想用户之所想，给予用户超乎想象的价值体验。

第二，设计驱动创新。"设计驱动创新强调从产品与人、产品与社会的角度出发，通过对用户购买使用产品的深层次心理和文化的挖掘，实现产品意义的突破性创新"①。"设计"一般包含产品功能设计和产品语意设计，产品功能设计一般是产品性能、质量等的设计，满足消费者的一般性需求；产品语意设计更多考虑用户潜在的心理需求、习俗、人与社会及自然的关系等，产品可能影响消费者的生活方式、提升消费者的社会形象。基于市场轨道的创新，企业更多地挖掘社会人文底蕴，进行产品语意设计。如苹果公司推出的每一款产品（如 iPhone，iPod）都具有较强的设计理念，颠覆了消费者对传统产品的预期，引领社会文化潮流。

第三，商业模式创新。商业模式创新是企业价值创造的基本逻辑的变化（Sonsna，2010），是为顾客创造更多的价值，会涉及企业经营活动的多要素转变。例如，苹果公司为了给用户提供"更完美的价值体验"，从一家传统的电子产品制造商扩展为消费电子公司和音乐零售公司，企业的利润来源除了产品销售部分，还有从音乐服务、零售体系的运营商等一系列源源不断的收入。

第四，用户创新。用户创新是指用户在企业及产业成长过程中参与创新或者给予创新直接动力。用户提出新的产品需求或新的设计，促使产品制造商或者研发机构对产品不断改进，或者与产品制造商互动，促进新产品商业化，或者直接贡献创新成果与厂商形成契约关系，例如，软件开发爱好者开发了一种新的软件，被苹果公司采用，并不断享受苹果公司的利润分成。新一代新兴技术的广泛应用，加速了知识的传播，将提高用户创新者与研发机构、厂商的交流效率，改变着用户创新的形式。传统大规模生产方式逐渐转向个性化、异质性的生产方式，用户创新在满足个性化需求，促进产业创新的宽度和深度中起到重要作用。随着 3D 打印技术的崛起、发展和成熟，可以预

---

① 叶伟巍、王翠霞、王皓白：《设计驱动型创新机理的实证研究》，《科学学研究》2013 年第 8 期。

计，将可能促使3D打印机价格下降、性能和稳定性提升，普通用户购买便携式产品成为可能，用户参与创新的壁垒进一步降低，"桌面"工厂逐渐成为可能（黄阳华、吕铁，2013）。

（3）产业结构的变化

基于市场轨道的创新驱动产业结构升级，能够推动新兴产业更快地从创新期步入发展期和成熟期，促进传统产业之间以及与新兴产业、服务业的融合，推进传统产业向服务化、高端化发展。主要路径如下：新兴产业：适当的市场规模—新兴产品及技术更广泛应用—新技术的提升—新兴产业步入成长期；新技术的商业化—创造新需求—新兴产业培育—市场宽度不断拓展；传统产业：市场需求深度的挖掘—技术集成/设计驱动创新/商业模式创新/用户创新—产业间融合—传统产业的组织结构、盈利模式、服务方式发生变化—传统产业升级。

第三节　全产业链创新驱动产业结构升级

一　全产业链创新的三阶段

关于产业链的概念，已有许多学者进行了界定，概念内涵基本清晰，芮明杰、刘明宇（2006）提出的网络状产业链概念是该领域的前沿，"认为网络状产业链是以模块化生产为基础的，网络是模块间的联系形式。模块化生产是产品发展到复杂系统的阶段后，为了减少信息传输和控制难度，降低系统的风险，所采取的一种方法。网络状产业链以功能分工为基础，每个模块实现一项或几项功能，每个模块的生产知识是隐藏的，它们通过公开的设计规则所确定的界面与其他模块相联系"[①]。网络状产业链是传统产业链概念的深化，创新模式不同于线性产业链，在线性产业链创新模式下，核心产品制造商与外围

---

① 芮明杰、刘明宇：《网络状产业链的知识整合研究》，《中国工业经济》2006年第1期，第50页。

产品制造商之间是比较稳定的合作关系,外围制造商围绕核心制造商创新;网络状产业链上的各模块制造商都具有相对独立的创新能力,但需要一个产业链的"链主"协调价值创造过程,在推动自身发展的同时,与模块制造商之间形成"共赢"格局(芮明杰,2006)。

　　本书认为,在网络状产业链格局下的全产业链创新主要分为三个阶段:以原材料生产商、核心部件生产商、非核心部件生产商等模块化企业技术创新、工艺创新为基础,各模块生产企业、装配制造企业等各节点企业的协同配合与创新是关键,网络状产业链"链主"产品研发设计平台、品牌塑造、营销服务创新为核心,构筑产业链的协同创新联盟,从而推动全产业链的创新与升级。以苹果公司 iPhone 产品所构筑的全产业链为例,为其提供芯片的三星等模块制造商在不断创新、负责组装的富士康进行工艺创新,苹果公司在研发设计、营销服务上不断创新,并为各模块制造商提供了以一套统一的接口标准为基础的生产和创新平台。如图 4 - 2 所示。

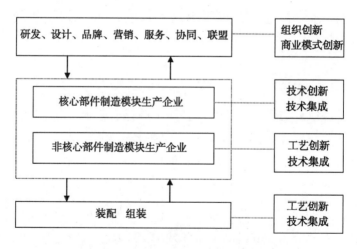

图 4 - 2　全产业链创新的阶段与维度

二　全产业链创新维度

　　(1)组织创新。模块化生产过程中,设计规制(标准)是显性的、公开的,模块之间才能兼容,系统功能才能发挥;模块内生产商的技术、知识是隐性的,模块化减少了知识显性化的范围,节约学习成本，使各模块能够专注于自身擅长的知识，实现报酬递增。那么全产业链创新就需要各模块之间的协同，构建利益共享、风险共担的创新网络体系，全产业链中的主导厂商（链主）在协调各方利益中起到核心作用。在网络状产业链创新中"链主"与模块供应商之间的关系与线性产业链相比已发生变化。线性产业链中主导厂商与供应商之间是集权治理的组织构架，而网络状产业链中是通过主导厂商构建"共赢"平台，平台领导企业通过组合策略和价值创造的协同过程，主导厂商与模块供应商之间是"竞合"关系。"基于模块化的全产业链创新网络成为跨国公司以业务外包为基础，以产品平台设计为龙头，以核心技术的开放共享为机制的跨国或跨区域的生产和创新组织形式"①。苹果公司的组织创新是业内比较成功的范例，以 iPod 音乐播放器为例，苹果公司承担了产品的系统构架设计，国内外 400 多家供应商也参与了产品创新过程，之后苹果将产品标准化、规格化，外包给各模块供应商，在保证模块供应商一定利润空间的条件下，制定严格的供应商认证制度，构建相对稳定的组织关系。在 iPod 产品不断更新换代的过程中，主导企业与供应商之间相互学习、相互支持，实现部分知识的共享，共同参与产品的创新。

（2）技术创新。在本章第一节中已提及技术轨道的创新驱动，本小节的"技术创新"是指在全产业链创新中核心零部件供应商的技术创新。核心零部件的模块生产商并非只是单一主导企业的供应商，一些甚至是全球最大的或者领先的零部件供应商，产品数量多，供应的对象涉及多个行业领域。这些企业具有较强的技术创新实力，并非完全受制于主导厂商的产品创新构架，其在不断探寻该领域中的前沿技术，以保持行业领先地位。这些企业在技术创新中一方面关注领域技术前沿，另一方面，积极参与主导厂商的产品创新，寻求与主导厂商的共赢。例如，苹果公司在全球拥有数百家供应商，其间不乏美国英特尔（全球最大的半导体芯片制造商）、韩国三星（全球最大的半

---

① 高顺东、肖洪钧、姜照华：《国际化的全产业链创新网络：以移动产业链为例》，《科学学与科学技术管理》2012 年第 9 期，第 29 页。

导体生产商之一）、博通（全球领先的有线和无线通信半导体公司）、韩国 LG（生产和供应高端显示器的最具代表性的企业）、希捷（全球硬盘行业领导者）等众多知名企业，这些细化的专业化分工，促使每个企业专注于某个核心部件或产品的技术创新，节约了创新成本，推动了该领域的技术进步。同时，各模块企业之间又相互配合，由主导企业营销塑造，最终实现产品价值。

（3）工艺创新。狭义的工艺创新一般是指制造技术、生产工艺的创新，也就是熊彼特提出的"采用新的生产方法"；广义的工艺创新包括工艺全要素创新，除了包括生产工艺创新，还包括工艺装备创新、工艺管理创新和工艺组织创新。工艺创新旨在提高产品的生产效率，增强产业竞争力，提升产业结构质量。日本战后十分重视工艺创新，"日本的管理者、工程师和工人养成了把整个生产过程作为一个系统来考虑并用一种综合思路来计划产品及工艺设计的习惯，重新设计许多生产工艺及做一些附加的改革增加了产量、提高了质量"[①]。在移动全产业链上主要从事代工的富士康也在不断进行制造工艺的创新。

三　全产业链创新驱动产业结构升级过程

长三角地区甚至是我国的产业处于网络状产业链的"链主"层面的企业并不多见，笔者在搜索相关案例时，还并未发现我国某个行业的某个企业处于网络状产业链的"链主"位置，具有整合全球供应商和资源的能力，大多数企业还处于代工、探索技术创新路径、品牌塑造的攀爬阶段。充分认识到全产业链创新格局下创新模式的差异，改变企业及产业的攀升战略，才有可能实现整个产业结构的升级。

对具有一定技术实力和资源整合能力的企业而言，通过竞争获得"链主"地位是关键。在网络状产业链格局下，企业也必须转变战略理念，在传统理念中，通过技术创新、规模经济获得边际成本下降，

---

① ［英］克利斯·弗里曼：《工业创新经济学》，华宏勋、华宏慈译，北京大学出版社 2005 年版，第 193 页。

一些企业甚至通过频繁的价格战赢得客户消灭对手。但是，网络状产业链各模块之间是相互依赖的"竞合"关系，需要"链主"构建共赢的格局。长三角地区甚至是我国一些企业在此阶段，需要向"链主"攀升。在攀升过程中，企业必须从以下几点转变：一是从传统的价值创造转向以顾客为中心的综合价值创新。传统的价值创造一般是产品生产出来满足消费者低层次需求，只有产品提供的综合价值远超出顾客的需求，消费者才有强大的动力转向购买新产品，"链主"才具有协调其他模块企业的资本。二是"通过开放式创新、建立知识技术联盟等手段，推进模块标准的开放共享和创新，保证新标准技术的先进性，实现整个模块产品系统的价值最大化"①。"链主"既是标准的设计者，也是标准的推广应用者。三是必须进行组织创新。在全球配置资源，需要以新产品开发为基础的高度灵活的组织形式（一些学者称为团队式组织结构），适应外在环境的不稳定性和复杂性，迅速应对市场需求变化。这种组织形式具有高度的适应性、创新性和开放性。对于政府而言，需要做好知识产权保护，促进公平竞争。因为在为实现共赢格局下，一些企业会采用较低的产权收费，甚至是免费，促进规制共享和产品的兼容，完善的知识产品保护机制和制度是基础。

对处于代工阶段的企业而言，由于处于产业链的低端，话语权和创新资源配置受到价值链高端企业的控制，攀升的路径相对单一，一般情况下是通过贴牌（OEM）方式—生产工艺创新（或者直接引进新的生产线以提高质量和效率）—技术创新战略—在全球布局及利用创新资源—技术输出、提供技术服务；并行战略：贴牌—国际品牌战略。例如，富士康等企业的升级之路，具体来说，富士康在1983年从日本高价购入先进设备，扩大产能、提高产品的合格率，2004年在台湾建立全球研发中心，"截至2009年年底，富士康集团全球专利申请已累计达72700余件，核准量达到32820件，2005—2009年连续

①　姚凯、刘明宇、芮明杰：《网络状产业链的价值创新协同与平台领导》，《中国工业经济》2009年第12期，第94页。

5 年名列中国大陆地区专利申请总量及发明专利申请量前三强，2009年美国专利获准排名第 14 名（排在前 15 名的唯一华人企业）"[1]。

第四节　集群创新驱动产业结构升级

一　集群创新

集群创新的提出是建立在区域创新系统的概念基础之上，创新活动并非均衡或随机地分布于世界各地，知识生产过程呈现出独特的地理空间特征，地理空间越接近越容易创新。空间上的接近有利于隐性知识的有效生产、传播和共享，而隐性知识构成了基于创新的价值创造的最重要基础（帕维特，2002）。集群创新的概念及研究已有很多，一般是指在相对狭窄的地理空间内，以产业集群为基础，按照一定的产业组织方式及规制安排而形成的创新网络，通过多种方式包括正式及非正式方式，促进知识在集群内创造、转移和应用等。"以集群为载体的技术转移扩散效率和技术升级能力最高，主要原因在于集群内基于产业链或技术链分工协作的企业网络间技术、设备关联度高，标准、工艺兼容性强，技术溢出与转移扩散路径中技术阻抗小；另一方面，产业集群内人才关联程度高，内隐技术经验与技术诀窍及各种隐性知识、信息具有相似性，技术转移扩散和技术溢出不存在消化吸收阻抗"[2]。

为了更好地实现集群创新，传统的产业集群应逐渐形成集群创新网络，集群创新网络具有以下特征：一是网络边界具有开放性。集群内企业构建与集群外部企业和非企业组织的关系网络，为集群创新注入动力。二是网络主体的多元性（徐蕾，2012）。集群创新网络的构

---

① 杨桂菊：《代工企业转型升级的运作理念与资源整合：本土案例》，《改革》2012年第 10 期，第 110 页。

② 张杰、刘东：《产业技术轨道与集群创新动力的互动关系研究》，《科学学研究》2007 年第 10 期，第 863 页。

成主体不仅仅是企业，还包括高校、中介机构、政府、商会、技术转移机构等，为知识创造、转化、应用提供更多机会。三是嵌入关系的多样性。已有文献中将网络关系嵌入的多样性，概括为跨组织边界嵌入、跨地理边界嵌入和跨技术边界嵌入三种类型。[①]

二　集群创新驱动产业结构升级过程

我国现阶段大多数产业集群还处于一种低层次的企业网络模式阶段[②]，主要依赖低成本生产要素，集群创新网络的技术选择是成本降低型，这样的产业集群很容易被"锁定"在全球价值链和国际分工体系的低端，我国的集群创新必须通过多种方式实现整体技术水平的跃升，推动产业结构升级。

一是集群内构建共性技术研发联盟和平台。"共性技术又称为通用目标技术，是同时具有共享性、基础性和关联性的技术，也是能够同时应用于多个产业或工艺的技术"[③]。集群是通过正式和非正式沟通方式形成的社会关系网络，集群内知识和技术具有较强的外溢性，集群内更容易实现技术联盟。同时，集群共性技术的有效供给是集群企业开发适应特定市场需求的专用技术的基础，因此在集群内构建共性技术研发联盟和平台，有利于集群内技术水平的提升，促进产业升级。

二是嵌入具有核心技术创新能力的"龙头"企业或产业带动集群创新。龙头企业在集群内会产生技术扩散和转移效应，集群内与核心企业相配套的企业必须提升技术能力，才能与核心企业合理分工协作，产生强大的"鲶鱼效应"促进企业创新。外部引入更具创新能力或拥有先进技术、核心技术的企业或产业，是提升集群整体竞争能力与创新能力、推动集群产业结构升级的有效途径，往往能起到立竿

---

①　徐蕾：《集群创新网络内涵、运行机制与研究展望》，《情报杂志》2012 年第 5 期，第 204 页。

②　陈佳贵、王钦：《中国产业集群可持续发展与公共政策选择》，《中国工业经济》2005 年第 9 期，第 1—8 页。

③　孙鳌：《以研发联盟推动企业集群的产业升级》，《当代经济研究》2009 年第 2 期。

见影的效果。在外部引入先进的企业或产业时，需要通盘考虑集群的产业结构、技术水平、创新能力、引入后的融合问题等诸多因素，这样才能将外部引入的效果达到最大化。

三是充分利用全球信息网络，通过信息技术平台及时掌握全球先进的技术、管理理念或研发能力的有关信息与数据，做好集群与国际环境的接轨，推动集群的技术、管理、服务创新，提升研发实力，促进产业的升级换代。有条件的集群，可以通过与国际先进企业、跨国集团、国际产业集群合作，采用独资、合资、合营、联盟、加工贸易等方式，积极融入国际产业链，加强产业集群的国际合作，充分利用国际产业与创新资源，实现产业集群的国际化与跨越式发展。

第五节　长三角产业结构特征与路径选择

由第三章的分析可以得知，长三角地区产业结构呈现以下特征：一是工业和服务业所占比重较高，农业所占比重很低。2012 年第一产业比重仅为 4.79%，第二产业比重为 48.02%，第三产业比重为 47.2%，2014 年第一、二、三产业的比重分别为 4.30%、45.17% 和 50.53%。二是从制造业行业内部来看主要是资本密集型和技术密集型产业。通信设备、计算机及其他电子设备制造业、电气机械及器材制造业、化学原料及化学制品制造业、汽车制造业、通用设备制造业是长三角地区制造业的支柱产业。上海的支柱产业主要是通信设备、计算机及其他电子设备制造业、汽车制造业；江苏的是计算机及其他电子设备制造业、通信设备、化学原料及化学制品制造业、电气机械及器材制造业；浙江的是纺织业、电气机械及器材制造业、化学原料及化学制品制造业。三是金融业、批发和零售业、房地产业和交通运输、仓储和邮政业这些服务业在长三角地区的占比较高，相对而言，上海的金融业和租赁和商务服务业的比重较高。四是近十年来，长三角地区产业结构演进的主要动力由进出口、外资和劳动力的投入，创新还并未完全发挥作用。五是长三角地区内许多产业不断探索创新路径，向价值链高端攀升，但还停留在工艺创新和产品创新阶段，在全球价值链缺乏核心技术和具有控制权的企业。例如，张艳辉（2010）实证分析了长三角地区电子及通讯设备制造业在全球价值链中的状况后认为，"长三角电子及通讯设备制造业还处于全球价值链低端，嵌入的基础之一是廉价劳动力，创新形式主要是工艺和产品创新，缺乏核心技术。在光电子器件等关键产品领域仍然薄弱，无法形成完整的产业链和产业协同效应，制约了产品和企业技术创新能力的提升，加剧了内部低层次竞争"[①]。

根据长三角地区产业结构特征以及创新的产业差异性，选择具有代表性的产业具体分析。"由于创新存在产业差异也就是说创新不仅涉及高 R&D 强度的产业部门，例如生物医药、航空航天，而且包含低 R&D 强度的产业部门，例如纺织业和制鞋业。在不同产业中创新在特性、来源、参与者、过程边界和创新活动的组织方面存在巨大差异（Franco Malerba，2004）。"[②] 所以笔者将选择战略性新兴产业、制造业和现代服务业展开分论，由于文化产业的特殊性，从现代服务业章节中单列出来进行论述。选择这些产业进行分析的原因：第一，由第二章创新驱动产业结构升级的机理分析中可以看出，战略性新兴产业属于"明星"产业，在产业结构升级中起到带动作用，这些产业能够促进主导产业的更替，核心关键技术具有很强的渗透性，将促进其他产业的发展，因此，选择战略性新兴产业单章研究具有重要意义。第二，由于不同产业在创新及其扩散中存在不同的特征，科技创新推动下战略性新兴产业不断扩张，但比例仍然很小，根据 OECD 的报告，许多国家的战略性新兴产业的产出只占国民经济增加值较小比例，传统制造业并没有因为没有技术突破而被淘汰，而是在新技术的吸收应用再创新中不断焕发活力，只是在产业结构的比例有所变化。[③] 同时，根据第三章分析可知，制造业在长三角地区所占比重依然很高，

---

① 张艳辉：《全球价值链下长三角产业升级的实证分析——以电子及通讯设备制造业为例》，《上海经济研究》2010 年第 3 期，第 51 页。

② 张银银、邓玲：《创新的产业差异与产业结构升级研究》，《经济问题探索》2013 年第 6 期。

③ 同上。

依然是长三角地区的支柱产业,研究长三角制造业具有重要的意义。第三,长三角的产业格局已转换为"三二一"结构,现代服务业将成为重要的发展引擎,创新驱动现代服务业发展必须研究。第四,长三角地区的文化产业发展已具有一定基础,文化产业不同于制造业,文化产品的消费对消费者的影响是长久的,将潜意识地影响人的价值观、人生观和生产生活方式。十七届六中全会通过了《中共中央关于深化文化体制改革推动社会主义文化大发展大繁荣若干重大问题的决定》,其中指出大力推进文化产业发展,因此,研究长三角文化产业发展具有代表性意义。

结合长三角产业结构升级的方向,根据不同的产业类型及发展阶段确定产业结构升级的路径。战略性新兴产业:主要基于技术轨道和市场轨道双轮驱动的方式推进产业发展,由于战略性新兴产业中不同产业的技术积累性存在差异,同样需要选择适当的技术跃升方式。传统制造业:制造业的升级路径主要包括两类,一是从传统产业向战略性新兴产业转型,二是实现传统产业的高端化、智能化、集约化。在实现传统产业高端化、智能化、集约化过程中,需要综合运用基于技术轨道、市场轨道、全产业链和集群创新等多种创新驱动产业升级。现代服务业:长三角地区重点培育生产性服务业和文化产业,服务业的创新方式与制造业存在较大差异。文化产业是以内容创新为基础,科技创新为支撑,商业模式创新是关键的产业,全产业链创新是文化产业的显著特征。

第五章

创新驱动长三角地区
战略性新兴产业发展

第一节　长三角地区战略性新兴产业发展
现状及挑战

一　长三角地区战略性新兴产业发展现状①

（一）长三角两省一市战略性新兴产业发展各有侧重

2010 年 10 月 18 日国务院发布的《关于加快培育和发展战略性新兴产业的决定》中将我国现阶段战略性新兴产业领域划定为节能环保、新一代新兴技术、生物医药、高端装备制造、新能源、新材料和新能源汽车共七个重点领域，在国家相关专项规划中细分了各领域的发展重点和方向，各省市和地区根据自身的要素禀赋和经济发展基础与特点，确定重点发展的领域。长三角地区两省一市积极出台相关政策规划，确定了以下领域，具体如表 5 - 1 所示。虽然整体上看两省一市发展的重点领域具有一定的相似性，都属于国家划定的七大产业，但是各省市在发展优势和发展的细分行业上存在差异和分工。

上海市确定的七大产业与国家范围一致，将新一代信息技术、高

---

① 本小节部分数据直接来源于王振《长三角地区经济发展报告（2013）》，上海社会科学院出版社 2013 年版，由于战略性新兴产业的统计口径和统计方法并未达成共识，各地区年度统计年鉴中并没有详细分类数据，所以暂且用经济发展报告中的数据代表发展趋势。

端装备制造、生物、新能源、新材料定位为主导产业。在《上海市国民经济和社会发展第十二个五年规划纲要》中明确了各领域的发展重点，例如高端装备制造重点发展"干支线飞机、商用飞机发动机、机载系统设备及零部件等民用航空产业，促进卫星及应用等航天产业发展，加快发展高效清洁煤发电、先进燃机、特高压、轨道交通、精密仪器仪表、数控机床等智能制造设备，积极发展海洋油气开采、特种工程船等海洋工程装备及关键配套系统"①。生物产业重点发展"面向健康生活重大需求，大力发展创新药物、新型疫苗、诊断试剂、现代中药、医疗器械和绿色农用生物产品"②。新能源产业重点发展"聚焦核电、风电、太阳能、智能电网，推进新一代核能技术和先进反应堆、大功率海上风电机组、太阳能核心设备、电力储能设备等新能源高端装备的研制和产业化"③。

　　江苏省在"十二五"规划中将新能源、新材料、生物技术和新医药列在发展重点的前列，例如新能源重点发展"太阳能光伏、风电装备、生物质能装备、核电装备产业及高效低成本晶硅电池、薄膜电池、集成系统与设备、大功率风力发电机组、生物质能发电机组和核电装备关键零部件、新能源汽车，建设在国内外具有重要地位和较强竞争力的新能源产业研发、制造和应用示范基地"④。与上海市新能源发展重点不同，江苏省重点发展的是太阳能光伏产业、风电装备，而上海市将核能及新能源高端装备制造作为发展的重点。

　　浙江省在"十二五"规划中将生物产业、物联网、新能源列在发展的重中之重，生物产业重点发展"生物制药、现代中药、生物医学工程、农业良种、绿色农用生物制品、生物保健食品、生物基材料、

---

　　① 上海市人民政府：《上海市国民经济和社会发展第十二个五年规划纲要》，2011 年3 月。

　　② 同上。

　　③ 同上。

　　④ 同上。

微生物发酵产品的生产和应用"①，明显与上海市发展的细分行业具有较大差异。浙江省还提出发展海洋新兴产业，开发海洋经济，重点发展领域是"海洋工程装备和高端船舶、海水淡化和综合利用、海洋生物医药、海洋勘探开发服务、港航物流服务"②，也体现出各区域在选择具体的新兴产业都略有侧重，体现优势和特色。

表 5 - 1　　　　　长三角各省市战略性新兴产业重点领域

上海	江苏	浙江
新一代信息技术	新能源产业	生物产业
高端装备制造产业	新材料产业	物联网产业
生物产业	生物科技和新医药产业	新能源产业
新能源产业	节能环保产业	新材料产业
新材料产业	软件和服务外包产业	高端装备制造产业
节能环保产业	物联网和新一代信息技术产业	节能环保产业
新能源汽车产业	高端装备制造产业	海洋新兴产业
	光电产业	新能源汽车产业
	智能电网产业	核电关联产业
	海洋工程装备产业	

资料来源：根据各省市国民经济与社会发展十二五规划总结。

（二）上海、江苏战略性新兴产业发展构成存在差异

从产值构成上看（见表 5 - 2），上海市新兴产业贡献率最大的产业是新一代信息技术、高端装备制造、新材料，分别占 2012 年上海市战略性新兴产业总产值的 28.1%、29.5%、21.9%，其他新兴产业比重都低于 10%，可见与地区培育重点具有较强的一致性。江苏省战略性新兴产业发展具有相对均衡性，占比最大的是新材料、高端装备制造、新一代信息技术和节能环保产业，分别占 2012 年江苏省上半年战略性新兴产业总产值的 26.5%、21.9%、14.6%、13.1%。江苏省将新能源产业列为"十二五"规划发展的重中之重，主要是

①　江苏省人民政府：《江苏省国民经济和社会发展第十二个五年规划纲要》，2011 年 1 月。

②　同上。

因为近年来江苏省新能源产业生产能力和产值规模稳居全国之首，拥有多家跻身世界和国内前十的行业领军企业，新能源晶硅电池转换率等部分技术指标达到世界领先水平。[①]

表 5 - 2　　　　2012 年上海和江苏战略性新兴产业产值及构成

（单位：亿元，%）

产业	产值		比重	
	上海	江苏	上海	江苏
节能环保	393	2990.81	5.0	13.1
新一代信息技术	2194.62	3356.28	28.1	14.6
生物医药	745.66	2357.7	9.6	10.3
高端装备制造	2300.84	4995.62	29.5	21.9
新能源	423.44	3056.61	5.4	13.4
新材料	1707.82	6064.83	21.9	26.5
新能源汽车	39.87	30.78	0.5	0.1

上海和江苏数据资料来源：王振：《长三角地区经济发展报告（2013）》，上海社会科学院出版社 2013 年版，第 83—84 页。江苏省各产业产值为 2012 年上半年数据。上海市为 2012 年全年数据。数据主要来源于各省市 2012 统计公报，《中国战略性新兴产业发展报告（2013）》科学出版社 2013 年版。

（三）新兴产业发展基础较好，地区各具优势

2012 年上海市确定的战略性新兴产业领域规模达 7805.25 亿元，制定实施了物联网、云计算等多个专项行动方案，建设了一批国际级的战略性新兴产业示范基地，取得阶段性成果。江苏和浙江新兴产业销售收入和利税都增长迅速。江苏已涌现出常州天合光能、江苏林洋、苏州阿特斯等多家国际重点企业，打造出产业链相对完整的产业集群。"江苏无锡在新一代信息技术发展中，2009 年开建首个国家传感网创新示范区，获准成立国家级'中国物联网发展研究中心'；2010 年又成为与北京、上海、深圳、杭州等并重的我国 5 个云计算

---

① 王振：《长三角地区经济发展报告（2013）》，上海社会科学院出版社 2013 年版，第 85 页。

示范城市之一"①。上海在核电设备、LED、大飞机等领域具有领先优势，浙江民营企业活力强，民间资本多，行业活力强。

（四）整体发展势头良好，近期发展速度有所放缓

长三角地区两省一市战略性新兴产业发展势头整体良好，2011年战略性新兴产业增长 12.2%（见表 5-3），明显高于地区生产总值增速，2012 年上海市战略性新兴产业下降 1.4%，远低于地区生产总值增速。江苏省在 2011 年和 2012 年战略性新兴产业的增速分别为26.4% 和 19.6%，远高出地区生产总值增速 15.4 和 9.5 个百分点，发展势头良好。浙江省 2012 年战略性新兴产业增速为 9.2%，高出地区生产总值增速 1.2 个百分点。由此可见，除上海外，江苏和浙江战略性新兴产业增速均高于地区经济增长速度，是区域经济增长的重要动力，江苏新兴产业的发展增速领跑势头显著。

表 5-3 　　2011—2012 年长三角各省市战略性新兴产业增速

（单位:%）

地区	指标	2011 年	2012 年
上海	地区生产总值	8.2	7.5
	战略性新兴产业总产出	12.2	-1.4
江苏	地区生产总值	11	10.1
	战略性新兴产业总产出	26.4	19.6
浙江	地区生产总值	9	8
	战略性新兴产业总产出	—	9.2

资料来源：王振：《长三角地区经济发展报告（2013）》，上海社会科学院出版社 2013年版，第 82 页。

二 长三角地区战略性新兴产业发展面临的挑战

（一）过于依赖国际市场和政府补贴，企业经营风险高

长三角地区战略性新兴产业发展势头良好，但在国际上具有一定

① 薛艳杰：《长三角战略性新兴产业：现状、趋势与对策》，《经济体制改革》2011年第 3 期，第 51 页。

核心技术和地位的产业，例如光伏产业，表现出过于依赖国际市场和政府补贴。长三角地区是光伏电池和组件的主要生产区域，在全球光伏产业发展中具有举足轻重的地位，拥有浙江昱辉、苏州阿特斯等多家硅料加工、晶体硅电池设备制造机系统安装企业。这些企业主要面向的是海外市场，在欧洲光伏市场需求疲软的情形下，许多企业陷入亏损。"根据 2011 年半年报显示，中国在美国上市的光伏企业几乎都陷入亏损，当时无锡尚德电力亏损 2.6 亿美元（已于 2013 年 3 月破产），韩华新能源亏损 1100 万美元。"① 之后又雪上加霜，在 2011 年 10 月美国太阳能制造企业共同发起了针对中国公司的联邦贸易诉讼，认为中国光伏企业在美国及全球市场倾销光伏产品，要求征收高的反倾销和反补贴关税，将中国企业推向危险境地。

在战略性新兴产业发展初期政府补贴是十分必要的，可以降低企业的研发和经营成本，推进产业快速成长。但是，新兴产业依据其技术发展阶段，应具有一定的"保护性空间"（郭晓丹、何文韬，2012），也就是说在战略性新兴产业发展初期技术的成熟度和市场化程度较低的时期，政府补贴和保护具有积极的促进作用，当新兴技术具备了一定的市场化能力之后，已成功嵌入主流市场，保护性空间应逐渐减弱，以避免产业陷入价格战的恶性竞争。在一些国家也曾经出现过政府对新兴产业补贴和保护过度的情况，导致产业迅速进入大规模生产阶段，企业不是进行技术创新，而是进行基于降低成本的价格战，极大地挫伤了企业的创新动力。

（二）一些战略性新兴产业主要从低端嵌入价值链，容易被低端锁定

长三角地区许多企业还主要是利用劳动力低廉的比较优势嵌入战略性新兴产业价值链之中，例如大飞机产业。"1970 年我国启动大飞机自主研发的 708 工程，即运 10 项目，由于受制于当时欧美等国的经济和技术封锁，研发设计由大型客机设计院（640 所）承担，发动

---

① 李跃群：《光伏业小企业现停产潮，傻子都能赚钱时代已翻篇》，《东方早报》2011 年 10 月 28 日。

机研制由上海和成都发动机厂负责，关键零部件依靠进口，一般零部件制造由一机部、冶金部负责，整机组装由上海市负责"①。虽然这一项目失败，但也说明了我国大飞机产业嵌入全球价值链的最初状态。之后经过几十年的技术发展和国际合作，我国已成功嵌入全球飞机产业的价值链，但是也陷入低端锁定的困境。近十多年发展起来的光伏产业面临同样的问题，例如长三角地区光伏产业核心企业浙江昱辉的技术实力主要体现在硅料加工、硅片以及制造设备上，苏州阿特斯的技术实力主要体现在晶体硅电池、薄膜电池上，可见，光伏产业主要嵌入的是全球价值链的中低端，在价值链和国际市场中受制于上游企业，发达国家不会将前沿和高端技术转移到我国，在价值链中低端锁定在所难免。

（三）国际竞争激烈，国内产能过剩

战略性新兴产业是国际上发达国家和发展中国家都力争的产业领域和市场空间，以新能源为例，目前已有 40 多个国家将太阳能产业作为未来新兴产业的支柱②，都加大对核心技术和新产品的研发投入，给予资金、技术、法律等政策支持，甚至设立贸易保护。长三角地区虽然在一些新兴产业领域具有一定优势，但核心技术、主导品牌不足，在关键环节又受到先进国家的制约，给新兴产业的发展带来严峻挑战。

国内战略性新兴产业发展还处于摸索期，在国家战略导向和政策支持下，为了争夺国家资源、分享发展机遇，长三角也掀起了新兴产业发展热潮，但是，由于对战略性新兴产业发展规律和认识不足，出现了无序竞争、盲目投资、市场垄断等诸多问题和隐患，需要地方政府和企业理顺发展思路，认真研究和探索地区新兴产业发展之路。

①　兰宏、聂鸣：《全球化背景下大飞机产业发展路径：自主创新与价值链重构》，《改革》2012 年第 12 期，第 45 页。

②　罗天昊：《浙江产业困局：转型还是转移？》，中国经营网，2010 年 11 月 26 日。

第二节　创新驱动战略性新兴产业的机理

根据长三角地区战略性新兴产业发展基础和特点，结合各地区及《长江三角洲地区区域规划》，明确重点培育生物医药、新能源、新材料和民用航空航天产业为该地区的主导战略性新兴产业，本书运用产业链、价值链相关理论，分析创新驱动长三角地区战略性新兴产业的机理。战略性新兴产业代表国际产业未来发展趋势，若想占据产业发展的制高点必须突破战略性新兴产业。由上节分析可知，长三角地区战略性新兴产业的发展已具有一定基础，但是，从所处价值链的位置来看，更多的还是利用劳动力成本低廉的比较优势，处于新兴产业的产品加工、组装等价值链低端环节。一些新兴产业例如光伏产业虽已粗具规模，拥有一些世界领先技术，在江苏等地区形成了一些具有特色的光伏产业集群，但是过于依赖国际市场和政府补贴，企业经营风险较高。因此，本书提出集技术、市场、集群于一体的三维创新驱动思路（见图 5 - 1）。

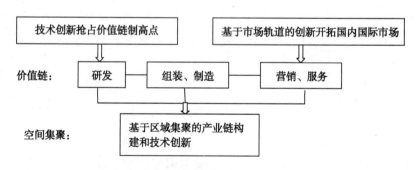

图 5 - 1　创新驱动战略性新兴产业的思路

一　技术创新抢占价值链制高点

战略性新兴产业是地区通过"第二种机会窗口"实现技术和产业赶超的重要途径。"第二种机会窗口"主要是新技术革命的激进式创新所提供，相对落后地区必须通过技术创新占据技术革命的制高点，把握产业创新的动态前沿，积极寻找并突破产业成长所需的关键技术，推进核心技术创新，找出当前技术与目标之间的差距，积极主动参与全球竞争，力争实现突破性创新，甚至改变整个产业的技术轨道。

在战略性新兴产业中又分为技术积累性强和积累性弱的新兴产业，技术积累性强的新兴产业主要包括航空航天制造、高端装备制造、生物医药，技术积累性弱的新兴产业主要包括新一代信息技术产业、新能源产业。技术积累性强的新兴产业一般是渐进式技术创新，技术轨道基本形成，进入壁垒高，需要长期的资金和人力资本投入。新一代信息技术产业这些技术积累性弱的新兴产业只要大量投入，在相对短的时间内，容易实现技术突破，并参与国际竞争。

无论是技术积累性强还是技术积累性弱的战略性新兴产业，前期启动资金的投入都是巨大的，而创新产出却具有不确定性，因此在加强技术创新体系建设中，需要重视以下几点：（1）加强技术预见，共建核心技术协同创新联盟。"技术预见是对科学、技术、经济、环境和社会未来进行探索，遴选可能产生最大经济与社会效益的战略研究领域和通用新技术，是优化配置各种资源的重要宏观管理工具和编制科技发展战略规划的重要辅助手段"[1]。要加强以满足市场需求为导向的技术预见研究，遵循技术发展的客观规律，增强研发技术的可行性。鼓励企业、科研院所共同建立利益共享、风险共担的技术联盟，共同推进技术研发及产业化。（2）鼓励政府和企业加强基础研究。"产业核心技术创新有其客观规律，是一个知识积累的过程，不是单单靠信心和热情就能成功，核心技术的突破与创新大都基于科学原理，只有企业深入了解自然现象，掌握产业技术的核心原理，才能实现技术突破"[2]。（3）加强技术标准与专利许可策略的实施，寻求

---

① 石政：《技术预见对当代技术创新的价值研究》，硕士学位论文，华东大学，2007年。

② 柳卸林、何郁冰：《基础研究是中国产业核心技术创新的源泉》，《中国软科学》2011年第4期，第105—106页。

战略性新兴产业技术突破口。①　在经济全球化背景下，分工不断细化，国际标准普遍采用，跨国公司积极将自身的专利上升为战略性新兴产业的国际标准，新兴产业的技术突破应选好突破口，结合地区产业及企业技术基础，加大研发投入，在战略性新兴产业标准化战略中力争占有一席之地。

二　基于市场轨道的创新开拓国内国际市场

（一）战略性新兴产业的商业模式创新

技术创新的最终目的是实现技术的商品化、产业化，战略性新兴产业的成长是新技术从研发到推向市场的过程，被市场所接受，才能获得利润和持续的创新动力。"据《科学投资》杂志调查显示：在创业企业中，因为战略原因而失败的占23%，因为执行原因而夭折的占28%，因为没有找到盈利模式而走上绝路的占49%"②。如果没有合适的商业模式，企业很容易走向衰亡。新兴产业从技术和提供的产品等多方面有别于传统产业，只有找准市场需求切入点，采取合理的内部组织方式、营销战略和盈利模式，产业才能实现快速发展。

许多学者认同的商业模式包括五要素即价值主张、盈利模式、顾客界面/关系、商业网络、营销战略，商业模式的任何一个要素发生变化也就是商业模式创新。新兴产业的技术、价值链等方面与传统产业不同，又是新产品和服务进入市场，会影响消费者的消费习惯和偏好，企业要对资源投向、运营方式、营销战略、盈利模式等重新决策，必然带来商业模式的创新。战略性新兴产业的五要素改变主要体现在：（1）价值主张的改变。新兴产业一般是为社会提供更便捷、更清洁、更可靠的产品，推进资源节约、环境友好社会构建。例如，新能源、新能源汽车产业的价值体现的是为人类提供一种不同于以往的以污染环境为代价的清洁、长寿、可靠的再生能源；这些产业的价值

①　王新新：《战略性新兴产业发展的三大创新推进策略研究》，《科技进步与对策》2012年第9期，第52页。
②　同上书，第53页。

主张不仅考虑为消费者提供产品或服务，同时充分考虑社会效益。（2）盈利模式的变化。正因为新兴产业所提供的产品/服务不同，盈利模式存在很大差异。例如新能源产业的利润来源包括多方面，一是成为产业链下游企业的供应商，二是工程承包，具有服务型制造业的特征，三是提供最终产品"电能"。（3）顾客界面/关系变化。一些新兴产业要求与全球的相关客户建立长期关系，例如，新能源产业；一些新兴产业在满足消费者基本产品需求时，需要创新配套服务，例如，新能源汽车产业需要创新新能源的充电方式和途径。（4）商业网络变化。商业网络中的主体可能是跨越多个行业，甚至政府在网络中起到重要作用，政府在新兴产业的培育期提供资金、土地、政策等方面的优惠，有利于新兴产业快速成长。（5）营销战略变化。新兴产业是产业发展的前沿，资源是在全球化运作，产品直接面向全球市场。

由于我国的经济发展水平与欧美发达国家存在差异，对战略性新兴产业的产品需求市场还处于探索和培育期，长三角地区的战略性新兴产业主要面向国际市场，最典型的是光伏产业。近年来国际金融危机的爆发，国际市场需求波动，以及欧美等国的贸易保护，给光伏产业带来很大冲击，社会影响较大的是江苏无锡尚德公司的破产倒闭，也暴露出新兴产业发展存在的隐患——过于依赖国际市场。企业需要积极探索商业模式创新，充分利用国内巨大市场，为产业谋求更广阔和稳固的发展空间。我国一些产业如新能源汽车产业已探索出"车电分离"的商业模式，取得较好的效果，也对其他新兴产业具有很强的启示作用。

（二）通过用户参与创新促进新兴产业发展

随着信息技术的发展，消费者表达想法的平台增多，基于互联网的客户群体形成的网络社区和企业主导的网络社区成为知识共享、沟通交流的重要工具，客户与企业的界限通过开放式平台变得模糊，用户参与新产品创新设计与研发的渠道更加便利。在技术已经成熟、产品进入商业化阶段，产量大幅上升而产品价格不断下降阶段，生产商主导创新，用户主要充当产品的购买者。技术不成熟的产业，产业技术并未完成商业化，产品创新的空间较大，用户扮演创新者的概率较高。① 用户包括终端消费者和中间产品用户。新兴产业的产业链包含多个生产环节，一些产业如光伏产业和飞机制造的产业链各环节已基本形成了全球性模块化生产制造，中间产品供应商在技术集成、技术创新中发挥着不可忽视的作用。随着计算机软硬件的改进和普及，用户知识技能以及设计水平不断提升，参与新产品开发应用的程度将增加。

3D 打印技术在美国等国家逐渐兴起，产业向智能化方向发展，为用户创新提供更高效和便捷的条件。用户的创新思想转化为产品的概率更大，同时对制造商的依赖程度降低，用户在新兴产业演进中的作用将会增强。在新兴产品培育过程中，应重视用户创新者与制造商交流平台的构建，支持用户创新者参与到产业发展，构建用户分享和扩散创新成果的有效机制，建立用户创新的知识产权交易市场，促进用户创新的转化。

三　基于区域集聚的产业链构建和技术创新

（一）传统产业、高技术产业与战略性新兴产业的区域集聚

战略性新兴产业与传统产业、高新技术产业都具有较大差异，也决定了其区域集聚的集聚驱动要素、辐射范围、主体竞争力和战略目标都存在较大差异。2010 年 10 月 8 日国务院发布的《关于加快培育和发展战略性新兴产业的决定》中指出："战略性新兴产业是以重大技术突破和重大发展需求为基础，对经济社会全局和长远发展具有重大引领带动作用，知识技术密集、物质资源消耗少、成长潜力大、综合效益好的产业。"② 从概念定义上看，战略性新兴产业与传统产业的差异关键在于战略性新兴产业的技术新兴性，战略性新兴产业一般是前沿性突破性技术，甚至是改变原有技术轨道，是变革性技术，主

---

① 黄阳华、吕铁：《市场需求与新兴产业演进——用户创新的微观经济分析与展望》，《中国人民大学学报》2013 年第 3 期，第 57 页。

② 国务院：《关于加快培育和发展战略性新兴产业的决定》，2010 年 10 月 10 日发布。

导技术又处于初创期；传统产业的技术轨道基础形成，主导技术进入成熟期。其次，战略性新兴产业能够带动相关产业发展，同时，其新兴技术具有很强的渗透力，可以渗透到传统产业并促进产业改造升级。

　　战略性新兴产业与高新技术产业存在内涵、范围、发展阶段等方面的差异。经合组织（OECD）根据 R&D 投入强度，确定高新技术产业的标准，我国参照此标准，用 R&D 投入占销售额的比重、科技人员占全体职工的比重、产品和生产的复杂程度等指标确定了航空航天制造业、医药制造业、医疗设备及仪器仪表制造业、电子及通信设备制造业、电子计算机及办公设备制造业五大高新技术产业。主要区别主要体现在：（1）高新技术产业主要是研发投入高，而战略性新兴产业强调技术的突破性。（2）高新技术产业主要包括五大类，而战略性新兴产业是七大类，其间医药制造业、医疗设备及仪器仪表制造业与生物产业具有一定交叉重合；电子及通信设备制造业、电子计算机及办公设备制造业与新一代信息技术产业具有一定的交叉性；高端装备制造包含航空航天器制造业。但是，战略性新兴产业中所包含的节能环保产业、新能源、新材料和新能源汽车产业与高新技术产业不具有重合性。（3）战略性新兴产业一般处于产业演化的形成期或成长期，而高新技术产业大都步入成熟期或快速成长期。

　　基于以上区别，传统产业、高技术产业和战略性新兴产业的区域集聚特点也存在差异，一是集聚驱动要素。传统产业区域集聚主要受到劳动力成本、运费、丰富资源、交通等要素影响，高技术产业集聚更强调知识、技术要素的流动与共享，战略性新兴产业集聚强调突破性技术研发及商业化，对区域的创新硬件设施及创新氛围提出较高的要求。二是辐射范围。传统产业的辐射范围一般以集聚区为边界，高技术产业由于其技术的相对高端化对区域相关产业都将有带动作用，战略性新兴产业的确定是站在全球视角，把握世界产业发展的前沿动态，辐射范围是全球性的。三是主体竞争力。传统产业是基于集群的根植性产生集群的整体竞争力，高技术产业集聚代表了区域竞争力，而战略性新兴产业强大带动性、引领性、渗透性和变革性决定了国家竞争力。四是战略目标。高技术产业发展服务于区域战略，战略性新兴产业是在全球调配资源、服务于国家全球战略目标的需要，在某一特定区域的空间集聚。

表5-4　传统产业、高技术产业和战略性新兴产业区域集聚的比较

产业区域集聚类型	集聚驱动要素	辐射范围	主体竞争力	战略目标
传统产业	一般性要素	集聚区边界	集群竞争力	产业发展
高科技产业	技术	区域	区域竞争力	区域战略
战略性新兴产业	突破性技术	全球	国家竞争力	全球战略

　　资料来源：涂文明：《我国战略性新兴产业区域集聚的发展路径与实践模式》，《现代经济探讨》2012年第9期，第55页。

　　（二）战略性新兴产业的区域集聚路径

　　涂文明（2012）认为战略性新兴产业区域集聚的发展路径主要有三条：一是突破性技术创新驱动产业重塑而形成的技术创新驱动型集聚；二是通过创新主体合作寻求技术突破和产业发展的产业创新战略联盟集聚；三是依托创新基础和产业基础比较好的高新技术开发区，升级高新技术开发区而形成的集聚[1]。根据长三角战略性新兴产业发展现状来看，产业创新战略联盟驱动型集聚和高新技术开发区升级型集聚更具有可行性。在长三角地区已形成数个具有较大影响力的产业集群，已占据各地区重要区位，在此基础上升级培育速度更快。

　　高新技术开发区在技术创新、集聚人才、产学研合作方面起到了重要作用。在高新技术开发区基础上升级，主要从以下几方面着手：一是充分发挥政府在战略制定、统筹规划中的积极作用。政府在引导开发区发展方向时，制定战略性新兴产业区域集聚的远景规划、发展思路和重点，与企业统筹合作制定产业技术路线，积极组建攻克关键核心技术的产业联盟。二是推进区域集聚要素升级。战略性新兴产业区域集聚更需要完善的市场技术转化平台、高素质的人力资本、活跃

---

　　[1]　涂文明：《我国战略性新兴产业区域集聚的发展路径与实践模式》，《现代经济探讨》2012年第9期，第56页。

的创新氛围等要素，政府应着力培育良好的知识创造、传播、转化环境促进高新技术开发区升级。三是推进高新技术产业向战略性新兴产业转型升级。高新技术产业与战略性新兴产业有一定的重合性，高新技术开发区内的这些高新技术企业在相关领域已积累了许多技术、资本、市场等优势，给予这些企业更多引导和发展便利，转型升级更加便利。

（三）基于区域集聚的战略性新兴产业产业链构建

战略性新兴产业七大行业中许多行业依然有清晰的产业链，例如，光伏产业涉及"多晶硅原料生产—硅片硅碇生产—电池制造—组件封装—集成系统设备—光伏应用产品开发"整条完整的产业链，拥有资金密集型、技术密集型、管理和信息密集型、劳动密集型等多个生产环节，产业链上、中、下游的企业相互配合，又在空间上集聚，才能更节约成本，产业效益才能最大化。由此可见，战略性新兴产业的区域集聚也是多层次的，并非完全抛弃劳动密集型环节或者资金密集型环节，而是产业链上各环节的相互协作、资源共享。集聚区内可能既有创新型企业又有产业链配套企业，或者在地理相邻区域形成多个战略性新兴产业集群，每个集群在产业链环节上各有侧重。认识了战略性新兴产业产业链的多层次性，地方政府不仅要重视龙头企业（创新型企业）的培育和引进，同时要充分吸引和利用区内外现有资源（包括相对低廉的劳动力成本），打造相对完整的产业链。

（四）基于区域集聚的技术创新

"产业的空间集聚通过缩短产业链各环节主体之间的空间距离，促进企业的合作和协作，共同促进产业技术的创新，但是产业技术轨道的缺失与低端循环锁定等因素容易导致地方产业集群内自主创新动力不足，从而制约了集群产业技术的升级换代"[1]。战略性新兴产业集群的培育关键是促进集群内的技术创新，共建技术创新联盟是培育和提升集群的重要方式。技术创新联盟需充分利用集群内外的创新资

---

① 张杰、张少军、刘东：《我国地方产业集群内创新动力的生成与衍化机制：产业技术轨道视角》，《当代财经》2007年第1期。

源,将上、下游企业、政府部门、高校、科研机构和行业协会等多个利益相关者纳入其中。上下游企业形成一个相互交织的信息网络,使产业技术开发更接近需求,发挥高校、研发机构的科研优势,实现多方资源共享,加快高校、科研机构的成果转化,政府组织协调、共同突破关键核心技术,构建创新服务平台。高校和科研机构是知识创造源泉,企业是技术研发及应用的主体,政府提供技术研发的制度保障,各利益相关者在技术需求、研发、应用等环节实现动态信息交流,提高技术研发成果的可行性和市场适应性。

四 多种创新方式的融合共生

战略性新兴产业发展既要加强关键核心技术的突破,又不能放弃根据要素禀赋嵌入战略性新兴产业产业链的机遇;既要重视技术创新,又要注重市场开拓;创新方式的融合共生的基本要求是开放式创新和创新集聚。长三角地区是创新资源相对丰裕的区域,例如上海的生物产业研发环境,具有核心技术创新的优越禀赋条件,定位于技术研发中心角色,高起点参与全球竞争,在全球范围内寻找合作伙伴,整合创新资源;创新资源相对稀缺的区域,可充分发挥比较优势,承接服务外包,扩大产业规模,与核心企业合理分工、共融共生。产业的上、下游企业在空间上集聚、信息共享,一个集聚区内可能同时存在行业研发中心型的企业和承接国内外研发外包的配套企业。

第三节　长三角地区重点产业分析

一　生物产业:以上海张江高技术园区为例

(一)生物产业的特点

生物产业具有以下特点:一是研发环节多,周期长。如图 5 - 2 所示,生物医药产业包括基础研究、应用研究、试验室研究、中试、动物试验到临床试验等多个研发环节,每个环节都有严格的技术要求,需要经过严格的审批程序,一般开发一种新药需要 8—10 年,也就意味着需要多个技术平台层层推进才有可能促进新药研发成功。二是前期投入大，不确定性强。生物医药产业的前期研发资金巨大，而创新产出具有重大的不确定性，许多医药跨国公司都无法单独依靠自身力量去完成新药研制的全过程。三是产业的价值链也呈现 U 形微笑曲线，如图 5 - 3 所示。新药研发和品牌营销具有较高的附加值，欧美等国处于生物医药产业的价值链高端，药品的分装生产处于价值链低端。

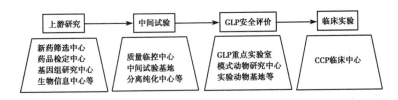

图 5 - 2　新药开发基本过程及相关技术平台

资料来源：郑海涛：《生物医药产业的创新链模式研究》，《科技进步与对策》2003 年第 7 期，第 114 页。

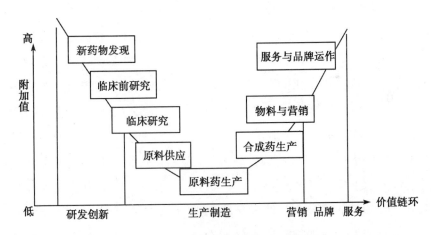

图 5 - 3　生物制药价值链的微笑曲线

资料来源：姜照华、李鑫：《生物制药全产业链创新国际化研究》，《科技进步与对策》2012 年第 12 期，第 66 页。

　　生物产业的以上特征决定了其发展具有以下特点和趋势：一是开放式创新背景下，在全球寻求研发合作。新药研发的时间压力和创新不确定性迫使企业必须进行开放式创新，"以 2012 年为例，大型生物医药企业机构之间合作频繁，欧洲 20 家机构企业成立 K4DD 联盟；

罗氏发起 StemBANCC 联盟，联合了十大制药公司和 23 个学术机构；强生、默克和礼来合作建立实验性全球数据库；等等"①。二是发展中国家纷纷致力于抢占产业高端。我国在生物医药领域启动了一批千人计划致力于源头创新，许多国际知名研究学者归国研发创业，为产业发展注入强大活力。例如，"余国良参与创建了江苏泰康生物医药有限公司，联合国际战略合作伙伴美国 Epitomics 公司，共同研发和生产基于兔单抗全球专利技术的全新一代治疗性抗体药物"②。三是从本地化创新网络向全球化创新网络演进。创新网络中的主体不断增多，网络密度加大，形成创新集群，发展中国家的生物产业远落后于发达国家，在全球创新网络背景下，发展中国家也"被全球化"，参与到产业的全球价值链创造之中，与各创新主体联系越来越紧密，创新网络的全球性特点越发明显。

（二）案例分析：上海张江高科技园区生物医药产业

上海张江生物医药产业经过十几年的发展，经济总量持续增长，企业规模迅速扩张，创新能力不断增强。"2010 年张江生物医药产业营业收入同比增长 18%，达到 197.1 亿元；共集聚了 351 家生物医药企业和研发中心，涌现出微创医疗、中信国健等一批拥有突破创新成果的自主创新企业，2010 年营业收入超亿元的企业有 32 家；已形成以两校、两所为核心（两校：上海中医药高校、复旦高校药学院；两所：中科院上海药物研究所、中科院上海高等研究院），包括 10 多家国家级研究所、50 多家上海市级研究机构、40 多个公共服务平台、40 多家企业技术中心和 40 多家医药研发外包企业的研发创新体系。"③

（1）积极构建生物医药全产业链。上海市张江高科技园区融资环境良好、研发创新氛围浓厚，集聚了世界生物医药前十强的部分企业，包括罗氏、勃林格殷格翰、葛兰素史克等多个跨国公司已在张江

---

① 任志成：《战略性新兴产业创新价值链锻造方向选择研究》，《南京社会科学》2013 年第 6 期，第 27 页。

② 同上书，第 28 页。

③ 张江高科技园区：《2010 年度张江高科技园区产业发展报告》，2011 年 10 月。

设立研发及生产基地，国内本土生物医药创新型企业也不断涌现，如中信国健等。丰富的创新资源集聚，促使上海张江地区成为长三角地区乃至全国生物产业的研发中心，打造生物产业的价值链高端。同时，在张江高科技园区也汇集了多家生物医药产业承接企业，承接国内外研发外包，这些企业与创新企业相互依存、相融共生，园区不仅成为生物产业的研发与成果转化中心，也是中国最佳生物医药服务外包园区。由此可见，长三角地区在培育生物产业时，不仅注重研发实力的提升、研发平台的打造，紧抓源头创新，同时充分利用优越的要素禀赋条件参与国际分工。

（2）从本地化创新网络向全球化创新网络升级。张江高科技园区在建立之初科研机构较少，主要以生产型制药企业为主，由于受生物医药产业自身特点限制，高校、科研院所与制药企业逐渐开始研发合作。2000年以后，越来越多的国内外研发机构、制药企业甚至高校进驻张江，聚集于园区的利益主体越来越多，也集聚了药物创新不同环节的研发机构和企业，形成了企业与大学、科研机构，企业与企业之间纵向和横向的多层次产、学、研合作。园区内利益主体联系越来越紧密，网络密度不断增大，网络创新能力不断提升。"2010年之后张江生物医药产业又进入新的发展阶段，向全球化创新网络升级。微创科技在香港联合交易所挂牌交易，尚华医药研发集团成功登陆美国纽约证券交易所，预示着张江生物医药开始主动嵌入国际化创新网络，在全球范围内寻找合作伙伴、整合创新资源"[1]。在此阶段，创新网络内的利益主体更加多元化，产、学、研合作更加密切，产业链上、中、下游企业联系更紧密，创新集聚也加速了医药研发速度，缩短了基础研究到临床、应用的距离。

二　光伏产业：以江苏、浙江为例

江苏的光伏产业占据国内光伏产业半壁江山，全省拥有600多家

---

[1] 王飞：《生物医药创新网络演化机理研究——以上海张江为例》，《科研管理》2012年第2期，第53页。

光伏企业，江苏林洋、CSI 阿特斯、常州天合、中电电气、江阴浚鑫、江苏中能和华盛天龙纷纷在境外上市，2010 年光伏产业实现产值 1988 亿元，晶硅电池产量占全国 55% 以上。2008—2011 年，浙江光伏产业发展迅速，销售收入已实现千亿元，光伏电池生产能力增长最快，浙江已成为仅次于江苏的光伏产业大省。江苏浙江两省快速发展光伏产业呈现出以下特点：

（1）加强核心技术研发，抢占产业制高点。从世界光伏产业发展情况来看，中国与世界光伏产业技术水平处于同一起跑线，世界上光伏产业相当多的核心专利已过期，产业的技术路线并未完全明晰，加之光伏产业的技术积累性相对较弱，是后发国家可以实现赶超的重要行业。江苏和浙江光伏产业蓬勃发展过程中，并非完全以要素禀赋嵌入全球价值链，在产业链各环节技术包括硅片、硅碇、薄膜电池、电池与应用、组件与安装、环节技术等都不断创新，光伏专利数量不断增长，涉及产业环节更加全面，如表 5－5 所示。加大技术研发能力促使江浙光伏产业在许多关键环节处于世界领先位置，例如，"2008年中国天合光能光热效率已超过 Q－cell，做到了 18.8%，而 2008 年Q－cell 只有 18.3%；2011 年 9 月在欧洲召开的欧洲光伏技术展览会上，常州天合光能有限公司所属的光伏科学与技术国家重点实验室研发的 60 片 156mm × 156mm 光伏电池组成的组件，被全球质量认证权威机构 TUV Rheinland（莱茵）认证为全新世界纪录，表明中国光伏技术研发能力达到世界一流水平"[①]。

表 5－5   典型光伏企业发明专利的技术领域分布

	薄膜电池	电池与应用	组件与安装	环境技术	硅料加工	硅片	硅碇
无锡尚德	4	20	12	3		2	
浙江昱辉			3		7	2	
苏州阿特斯		22	3		2		

---

① 柳卸林、高伟、吕萍、程鹏：《从光伏产业看中国战略性新兴产业的发展模式》，《科学学与科学技术管理》2012 年第 1 期。

（续表）

	薄膜电池	电池与应用	组件与安装	环境技术	硅料加工	硅片	硅碇
天合光能		57	9		2	13	

资料来源：柳卸林、高伟、吕萍、程鹏：《从光伏产业看中国战略性新兴产业的发展模式》，《科学学与科学技术管理》2012 年第 1 期；数据为截至 2011 年 9 月。

（2）以深度全球化发展产业。一是领军人物和核心技术人才的全球化。江浙地区光伏行业的企业家，许多都有海外学习的背景，如苏州阿特斯；即使是本土创新型企业，在后续的技术研发过程中，也积极引进海外技术人才。二是市场的全球化。我国光伏产业发展之初首先面向的就是欧美等发达国家市场，世界太阳能需求迅速，2003 年之后，平均增长率为 50% 左右，而我国发电市场发展缓慢，在全球市场份额中还不足 1%，巨大的国际市场与极小的国内市场决定了光伏产业的国际化道路。三是产业合作的国际化。江浙光伏产业前十强企业纷纷与德国、意大利、瑞士、日本等多国产业巨头建立战略合作关系，通过直接融资方式在全球资本运作，逐渐确立了在光伏产业价值链的高端地位。

（3）积极打造产业链培育产业集群。"江苏先后培育出以生产高纯多晶硅为主的协鑫江苏中能、江苏顺大等，以生产多晶和单晶切片为主的常州亿晶、江阴海润等，以生产电池及组件为主的常州天合光能、南京中电光伏、苏州百世德等，以做电站和发电系统为主的中盛光电、江苏兆伏等，以做生产与检测设备为主的常州华盛天龙、无锡南亚等 300 多家光伏生产骨干企业，建立了以自主知识产权和核心产品优势为基础，涉及'多晶硅—硅片—电池—组件—集成系统设备—光伏应用产品开发'等先进技术与产品生产的较为完整的产业链"[1]。浙江骨干光伏产业约 250 余家，已基本形成了涵盖晶体光伏、薄膜光伏和聚光光伏三大产业分支，制造与项目开发并重。

---

[1] 柳卸林、高伟、吕萍等：《从光伏产业看中国战略性新兴产业的发展模式》，《科学学与科学技术管理》2012 年第 1 期。

（4）重视技术突破而忽视市场培育。如前所述，江浙光伏企业已具有一定的自主创新能力，面向的是国际市场，同时也可以看到，2008 年金融危机之后，江浙地区的光伏产业也受到很大的冲击，表现出过于依赖国际市场而忽视国内市场培育。市场机会是新兴产业发展的基础，政府需使用积极的需求侧政策加强引导，企业不断提高并网技术和商业模式创新，共同开拓国内市场。

第六章

创新驱动长三角地区制造业升级

第一节　长三角地区制造业重点行业发展态势

在第三章已介绍了长三角地区工业发展的现状，本章选择在长三角地区占比较大的重点行业：汽车制造业，通信设备、计算机及其他电子设备制造业，化学原料和化学制品制造业，医药制造业，分析其发展态势。

一　通信设备、计算机及其他电子设备制造业

2000 年以来，我国的手机、微型计算机、显示器、程控交换机等通信设备、计算机及其他电子设备制造产品在国际上处于领先地位。2012 年长三角地区该产业销售产值占全国的 1/3，如表 6 - 1 所示，长三角地区是我国通信设备、计算机及其他电子设备制造业发展的重要区域。

2012 年长三角地区分成员地区来看，江苏实现销售产值 16109.5 亿元，同比增长 11.7%；浙江实现销售产值 2252.5 亿元，同比增长 1.7%；上海实现销售产值 5691.5 亿元，同比下降 4.4%。由此可见，江苏是长三角地区通信设备、计算机及其他电子设备制造业的核心区域，总量大、增长快。

表 6 - 1　　　　2012 年长三角地区计算机、通信和其他电子设备

制造业销售产值及其增长速度　　（单位：亿元,%）

地区	12 月		1 - 12 月	
	规模	增速	规模	增速
全国	6893.9	18.7	69527.5	14.1
上海	540.6	6.0	5691.5	- 4.4
江苏	1452.5	15.6	16109.5	11.7
浙江	215.8	9.3	2252.5	1.7
长三角	2208.9	—	24053.5	

资料来源：王振：《长三角地区经济发展报告（2013）》，上海社会科学院出版社 2013 年版，第 50 页。资料最初源自中国产业竞争情报网（http://www.chinacir.com.cn/）。

　　2014 年长三角地区两省一市通信设备、计算机及其他电子设备制造业发展程度不一，上海通信设备等制造业完成产值 5234.2 亿元，同比下滑了 2.9%，完成移动通信手持机（手机）5484.8 万台，比上年增长 11.1%；完成集成电路 223.3 亿块，比上年增长 13.3%。江苏计算机通信等制造业完成产值 18055.9 亿元，增长 4.1%，完成集成电路 328.9 亿块，增长 11.3%。从出口交货值来看，上海和江苏出口交货值规模较大，2014 年 1—11 月分别达到 2469.7 亿元和 3621.5 亿元，但是，增长速度都在不断下降，上海下降 5.9%，江苏下降 15%，浙江下降 1.4%。与 2012 年数据相比，计算机通信等制造业发展形势较严峻，转型升级压力较大。

表 6 - 2　　　2014 年 1—11 月长三角地区计算机、通信和其他电子

设备制造业出口交货值规模及其增长速度

（单位：亿元,%）

地区	11 月		1—11 月		企业数（个）
	规模	增长	规模	增长	
上海	277.2	- 4.1	2469.7	- 5.9	45
江苏	369.3	- 15.9	3621.5	- 15.0	258
浙江	8.3	- 22.0	108.9	- 1.4	49

续表

地区	11 月		1—11 月		企业数（个）
	规模	增长	规模	增长	
安徽	35.8	118.8	362.6	200.9	21
长三角	690.9		6562.7		373

资料来源：王振：《长三角地区经济发展报告（2015）》，上海社会科学院出版社 2015 年版，第 53 页。资料最初源自中国行业研究网（http://www.chinairn.com）。

二　汽车制造业

中国汽车市场自从 2000 年以后突飞猛进增长，到 2009 年和 2010 年达到顶峰，2009 年增长 45.5%，2010 年增长 32.4%，2012 年全国汽车产销分别为 1927.2 万辆和 1930.6 万辆，工业销售产值为 49943.6 亿元（见表 6-3），同比增长 12.3%；出口交货值为 2723.7 亿元，同比增长 11.1%；主营业务收入为 50513.6 亿元，同比增长 8.5%；实现利润总额为 4065.3 亿元，同比增速 5.6%。上海汽车产业实力较强，已形成了上汽集团、中德合资企业上海大众、中美合资企业上海通用等若干实力雄厚的汽车企业，2012 年实现销售产值 4173.6 亿元，同比增长 7.0%；主营业务收入 5230.6 亿元，同比增长 4.2%；实现利润总额 769.6 亿元，同比增长 5.7%。江苏在专用车制造方面较具市场竞争力，2012 年实现销售产值 4567.5 亿元，同比增长 22.6%，高出全国增速 10.3%；出口交货值为 315.7 亿元，同比增长 7.5%；主营业务收入为 4448.6 亿元，同比增长 16.4%，远高于全国水平和上海浙江增速；实现利润总额为 361.5 亿元，同比增长 24.2%，由此可见，江苏的汽车制造业效益最好，发展最快。浙江杭州、宁波等地已形成整车及零部件生产基地，2012 年实现销售产值 2845.2 亿元，同比增长 13.7%；出口交货值为 528.5 亿元，同比增长 8.5%；营业收入为 2817.2 亿元，同比增长 12.8%；利润总额实现 157.3 亿元，下降 0.8 个百分点。

2014 年上海汽车制造业增长势头有所回落，完成产值 5319.0 亿元，比上年增长 10.5%；江苏实现产值 6448.8 亿元，比上年增长

13.4%；浙江实现增加值增长 18.5%。从出口交货值来看，浙江规模和增速领先，2014 年 1—11 月，上海实现出口交货值 197.7 亿元，增长 8%；江苏实现 338.4 亿元，增长 12%，浙江实现 390.9 亿元，增长 15.4%（见表 6 - 4）。

　　由此可见，长三角两省一市汽车产业发展整体良好，上海的汽车产业发展基础好，已集聚国内外汽车行业的领先企业，产品以轿车为主，具有较强的研发实力；江苏地区汽车产业发展最快，效益佳，主要产品是以专用车、大中型客车、载货车、农用运输车为主；浙江地区汽车制造业发展速度最快，主要是零部件生产配套、加工、装配。

表 6 - 3　　　　　　　2012 年长三角地区汽车制造业主要经济指标

（单位：亿元,%）

地区	工业销售产值		出口交货值		主营业务收入		利润总额	
	规模	增速	规模	增速	规模	增速	规模	增速
全国	49943.6	12.3	2723.7	11.1	50513.6	8.5	4065.3	5.6
上海	4173.6	7.0	—	—	5230.6	4.2	769.6	5.7
江苏	4567.5	22.6	315.7	7.5	4448.6	16.4	361.5	24.2
浙江	2845.2	13.7	528.5	8.5	2817.2	12.8	157.3	-0.8

资料来源：王振：《长三角地区经济发展报告（2013）》，上海社会科学院出版社 2013 年版，第 52 页。资料最初源自中国行业研究网（http：//www. chinairn. com. cn/）。

表 6 - 4　　　　　　　2014 年长三角地区汽车制造业主要经济指标

（单位：亿元,%）

地区	11 月		1—11 月		企业数（个）
	规模	增长	规模	增长	
上海	16.2	-6.0	197.7	8.0	515
江苏	30.2	9.1	338.4	12.0	1396
浙江	36.8	2.4	390.9	15.4	1594
安徽	11.0	-27.0	169.3	-3.5	752
长三角	94.2		1096.2		4257

资料来源：王振：《长三角地区经济发展报告（2015）》，上海社会科学院出版社 2015 年版，第 54 页。资料最初源自中国行业研究网（http：//www. chinairn. com）。

三 化学原料和化学制品制造业

我国化工原料和化学制品制造业保持较快增长势头，化工产品种类繁多，广泛应用于纺织服装、农业、建材等领域，2012 年 1—11 月，实现销售产值 59718.6 亿元，同比增长 12.2%。化工原料和化学制品制造业在长三角地区乃至全国都占据重要地位，2012 年 1—11 月，长三角地区该产业占全国销售产值的 33.02%，2011 年该产业占长三角工业产值的 9.59%。2012 年 1—11 月，江苏省实现销售总值 11835.7 亿元，同比增长 11.8%，占长三角地区份额达 60.0%，是长三角地区化学原料及化学制品制造业大省；浙江实现销售产值 4156.9 亿元，同比增长 4.4%；上海实现销售产值 2241.9 亿元，同比下降 1.6%。

表 6 – 5　　　　2012 年 1—11 月长三角地区化学原料及化学制品
制造业销售产值及其增长速度

（单位：亿元,%）

地区	11 月		1—11 月	
	规模	增速	规模	增速
全国	6033.4	15.8	59718.6	12.2
上海	205.8	1.5	2241.9	-1.6
江苏	1161.8	13.3	11835.7	11.8
浙江	432.9	16.9	4156.9	4.4
安徽	155.6	24.3	1488.2	18.1
长三角	1956.1	13.5	19722.7	8.9

资料来源：王振：《长三角地区经济发展报告（2013）》，上海社会科学院出版社 2013 年版，第 54 页。资料最初源自中国产业竞争情报网（http://www.chinacir.com.cn/）。

四 医药制造业

医药制造业在长三角地区制造业总产值中占比较低，2011 年仅为 1.58%，但是，医药制造产业是传统产业中的"朝阳产业"，随着我国人口老龄化加速、医疗体制改革的推进，医药制造业的产业地位不容忽视。医药产业与战略性新兴产业有一定的交叉,培育医药产业具有重要的战略意义。2012 年全国医药制造业发展迅速,实现销售产值 16628.3 亿元,同比增长 20.9%;实现出口交货值 1138.3 亿元,同比增长 9.5%;主营业务收入为 17083.3 亿元,同比增长 19.8%;实现利润总额 1731.7 亿元,同比增长 19.8%。

长三角地区医药制造业发展态势良好,2012 年 1—11 月,上海医药制造业销售产值为 445.9 亿元,同比增长 13.9%;出口交货值为 41.3 亿元,同比增长 18.9 亿元;2012 年全年实现主营业务收入 527.1 亿元,同比增长 13.7 亿元;实现利润总额 65.6 亿元,同比增长 14.0%。2012 年 1—11 月,江苏实现销售产值为 2013.7 亿元,同比增长 26.2%;实现出口交货值 181.1 亿元,同比增长 5.8%。2012 年全年浙江实现销售总值为 900.2 亿元,同比增长 14.8%;出口交货值为 264.1 亿元,同比增长 11.4%;主营业务收入 927.3 亿元,同比增长 12.9%;实现利润总额 106.7 亿元,同比增长 1.9%(见表 6 - 6)。

2014 年,上海医药制造业完成产值 621.1 亿元,同比增长 4.1%;江苏实现 3136.4 亿元,增长 13.7%。从出口交货值来看,2014 年 1—11 月,上海实现 40.5 亿元,增长 0.4%;江苏完成 186.9 亿元,增长 1.1%;浙江完成 245.6 亿元,增长 5%(见表 6 - 7)。医药制造业作为战略性新兴产业之一,两省一市的发展势头良好。

表 6 - 6　　　　2012 年长三角地区医药制造业主要经济指标

(单位:亿元,%)

地区	工业销售产值		出口交货值		主营业务收入		利润总额	
	规模	增速	规模	增速	规模	增速	规模	增速
全国	16628.3	20.9	1138.3	9.5	17083.3	19.8	1731.7	19.8
上海	445.9	13.9	41.3	18.9	527.1	13.7	65.6	14.0
江苏	2013.7	26.2	181.1	5.8	—	—	—	—
浙江	900.2	14.8	264.1	11.4	927.3	12.9	106.7	1.9

续表

地区	工业销售产值		出口交货值		主营业务收入		利润总额	
	规模	增速	规模	增速	规模	增速	规模	增速
长三角	3359.8	—	486.5	—	—	—	—	—

资料来源：王振：《长三角地区经济发展报告（2013）》，上海社会科学院出版社 2013 年版，第 55 页。全国、浙江为 1—12 月统计数据；上海销售产值、出口交货值为 2012 年 1—11 月统计数据，主营业务收入、利润总额为 2012 年 1—12 月统计数据；江苏为 2012 年 1—11 月统计数据。

表 6 - 7　　　　2014 年 1—11 月长三角地区医药制造业出口

交货规模及其增长速度　　　（单位：亿元,%）

地区	11 月		1—11 月	
	规模	增速	规模	增速
上海	4.0	2.9	40.5	0.4
江苏	17.2	- 1.9	186.9	1.1
浙江	23.1	16.9	245.6	5.0
长三角	44.3		473	

资料来源：王振：《长三角地区经济发展报告（2015）》，上海社会科学院出版社 2015 年版，第 54 页。资料最初源自中国行业研究网（http://www.chinairn.com）。

第二节　创新驱动传统制造业向战略性新兴产业转型升级[①]

一　传统制造业（传统产业）向战略性新兴产业转型升级的演进过程

（1）传统产业筛选期。一般情况下，传统产业在知识链、产业链、产品链、用户和分销渠道以及企业内部和外部的重要网络等方面

[①]　张银银、邓玲：《创新驱动传统产业向战略性新兴产业转型升级：机理与路径》，《经济体制改革》2013 年第 5 期。

与战略性新兴产业有交叉融合，或者技术易于延伸的行业，更容易培育和发展成战略性新兴产业。相对比较而言，重化工业易于向新材料、新能源进行产品升级，电子信息制造及服务行业易于向新一代信息技术产业升级，汽车能源及传统汽车行业易于向新能源汽车升级，传统装备制造业易于向新能源装备制造、智能装备制造业、高效节能产业升级，医药制造产业易于向生物产业升级。

（2）传统制造业转型与新兴业务培育期。在此阶段，传统业务依旧是企业的重要支撑和利润来源，通过高新技术嫁接、新技术研发、生产流程改进、产业链延伸等方式，改造传统工艺、嵌入新兴产业产业链。许多传统企业在转型中，新兴业务与传统业务联系紧密，例如，依托原有市场网络，捆绑销售新兴业务，移动通信行业的转型升级就是典型。电信和联通分别在我国南方和北方各省拥有固网与互联网优势，在取得国外成熟的3G技术与牌照CDMA2000（电信）、WCDMA（联通），主推与固网、宽带捆绑的融合套餐，带动3G业务发展，迅速扩大3G市场占有率。传统企业主要借助现有优势，培育未来新的增长点。

（3）传统业务摒弃与新兴业务发展期。在此阶段，新兴业务的增长率和销售份额在传统企业中的比重不断攀升，传统业务的投资收益率下降，企业将更多的生产要素投入新兴业务的研发、生产和市场培育。

长三角地区传统产业向战略性新兴产业转型，还主要处于演进的产业筛选期和传统产业转型与新兴业务培育期。许多传统企业在意识到需要转型升级时，正在制定新的发展战略和方案，规划建设和改进生产线，转型是迫于成本、市场等压力，新产品新业务的市场收益具有很强的不确定性。即使正在转型的传统企业，尤其是大中型国有企业，转型升级也面临诸多挑战。创新意味着知识积累和学习试错的过程，创新本质上更是一个企业技术、组织实践与市场需求的匹配过程。技术创新如果没有在技能、培训、分工和组织部门相互关系等方面进行适当的变革，进入新的技术领域可能导致更高的成本。[①] 传统

---

① ［美］戴维·莫利、查理德·纳尔逊主编：《牛津创新手册》，知识产权出版社2009年版，柳卸林等译，第106页。

企业会面临技术与产品市场的匹配、供应链、分销渠道、识别新的关键职能界面甚至是现有职能群体的怀疑和抵制等诸多的"陷阱"，导致企业无法实现向战略性新兴产业的跨越。

二　创新驱动传统产业向战略性新兴产业转型升级的机理

创新驱动过程分为前端驱动、中端驱动和后端驱动，共同作用于传统产业向战略性新兴产业演进过程中科技创新路线的每个相应环节，促进了知识积累、学习、创造及扩散，推进传统企业技术结构、生产方式、组织结构等变革，实现以传统业务为支柱向以新兴业务为核心的转变。如图6－1所示，前端驱动传统产业促进知识积累、学习和创造，中端驱动传统产业中的部分传统企业的新技术、新产品研发的成果转化，后端驱动传统产业向战略性新兴产业转型升级的整个过程。三个阶段是相互影响、相互作用的循环过程，在传统企业转型的初期，三个驱动阶段可以独立作用于转型的某个环节或阶段，当传统企业转型升级不断步入正轨，三个驱动阶段在空间上并存、在时间上继起。

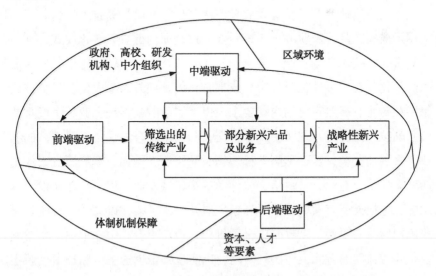

图6－1　创新驱动传统产业向战略性新兴产业转型升级过程

（一）前端驱动阶段

实施前端驱动战略的传统企业一般具备以下特点：一是现有知识结构与新兴产业技术知识具有相关性。二是具有创新投入的能力和基础或者得到政府等部门的资金政策支持。三是企业具有良好的创新文化环境。在此创新驱动阶段，主要是知识的学习、匹配、吸收、整合和创造的阶段，参与的主体包括企业、高校、研发机构、政府部门等，通过独立研发或共同合作，攻克关键技术，进行原始创新。传统企业个体将外部知识及技术需求纳入组织内部，消化吸收后传递到组织的知识库，结合企业自身的知识积累和外部关联主体知识及市场环境，寻找知识的匹配即合适的知识吸收对象，经过"匹配"过滤过程后，采取适当的原始创新模式（如独立型或合作型），整合新的创新资源，进行知识创造。前端驱动阶段风险高、收益不确定性强，政府的创新投入支持、政策法规、创新融资的渠道和市场对新产品的需求是重要的外部影响因素。

（二）中端驱动阶段

中端驱动阶段强调从知识生产到转化为生产力的过程，对传统企业来说，是应用研究及实验室发展环节所产生的战略性新技术、新装置的应用形成新产品或新业务。传统企业通过企业内部自行转化模式、支付专利费获得技术转让、产学研合作转化、依托孵化器转化等模式实现成果的转化。在成果转化过程中对成果转化的预期效用最大化，是科技成果顺利转化、高效转化的内在要求。以上假设的是传统企业单个或重要的系列技术的转化，现实中，学科交叉和技术融合加快，新兴产品的制造工序更加复杂，需要不同学科、领域的知识，例如，新能源汽车的生产就需要整合电学、材料学、软件学等多领域专业知识，企业在设计研发中若想把握所有领域的技术和新进展几乎不可能，以大学、企业、研究机构为核心要素，以政府、金融机构、创新平台、中介组织、非营利组织等为辅助的多元主体协同互动，以实现知识创造主体和技术创新主体间的深入合作和资源整合的协同创新尤为重要。[①]

---

① 陈劲、阳银娟：《协同创新的理论基础与内涵》，《科学学研究》2012 年第 2 期。

（三）后端驱动阶段

后端驱动阶段直接面向市场，实现新兴技术和产品的市场化和规模化，由于直接面向市场，驱动的创新形式也更加多样化。后端驱动阶段主要通过以下几种途径使传统产业向战略性新兴产业转型升级，如图 6－2 所示：一是在前端及中端阶段形成的新产品，通过商业模式创新，实现市场化。由于战略性新兴产业尚处于发展初期，市场不确定性与发展潜力并存，商业模式创新旨在对产品价值、客户价值、合作伙伴、收益方式、销售渠道等要素进行重构，以扩展新兴产品的市场空间，寻求产业链上各主体最佳契合。例如，"车电分离"商业模式创新对新能源汽车产业的积极促进作用。由于纯电动汽车的价格比其他汽车高出许多，其中电池的造价接近一半，如果整车造价由消费者承担，整个产业发展将受限。"车电分离"模式下顾客只需支付电池外车身价格，电池由运营商租赁给顾客，专业的电池运营商将电池进行维护和管理，在汽车电池寿命结束后，还可用于存储风能和太阳能，实现梯次利用。[①] 传统企业在不断转向战略性新兴产业业务时，必须不断融入和创新商业模式，才能实现新产品的市场化。二是通过技术创新、产品创新生产出满足市场需求的新兴产品。三是通过流程创新、引进、消化吸收再创新、技术改造，延伸或再造产业链及产品链，成为战略性新兴产业中间产品的供应商。例如，原玻璃深加工企业通过技术创新和流程再造等，发展薄膜太阳能电池基板的高档伏法玻璃、光伏光热玻璃，延长伏法玻璃产业链，进入太阳能光伏、光热、发电产业。四是以市场为导向，剥离传统制造业务，向高端服务转型。例如，1990 年年初，IBM 在受到微软、康柏等 IT 巨头挤压下几乎陷入困境并开始转型，剥离打印机、个人电脑等低利润业务，调整业务范围和创新经营理念向高端服务转型，现在已形成以高端软件、全球信息科技服务、云计划等业务为核心的服务体系。五是依托原有专利技术及高技术嵌入，由服务于传统产业向服务于战略性新兴

---

① 刘毅、谈力：《基于商业模式创新的新兴产业发展路径实证研究》，《科技管理研究》2012 年第 19 期。

产业转变。例如，从事焊接行业的传统企业，通过进一步融合现代微电子、数字控制、工业机器人、激光等技术服务轨道交通、海洋平台等产业建设，并开发生产用于战略性新兴产业的高温钢、深冷钢等各种高性能优质焊接材料。六是在实现与战略性新兴产业演化特征、运行模式和发展规律相匹配的组织创新。熊彼特（1950）将组织变革视为"创新性破坏"的主要因素，与开发新产品、新工艺以及开辟新市场等因素并列。组织创新是成功利用创新资源和新技术的前提，同时，新技术的引进对一个组织来说既是挑战也是契机，会带来一系列的管理实践改变，催生新的组织形式。传统企业在转向战略性新兴产业时，制度转型、管理创新、人员转型也是同步展开。

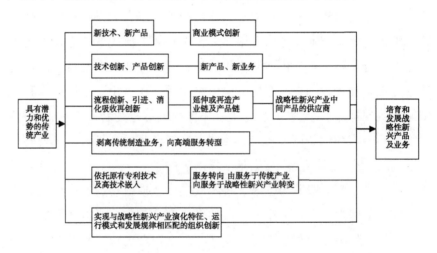

图 6 - 2　后端驱动传统产业向战略性新兴产业转型升级过程

（四）创新的生态系统

传统企业在创新驱动的作用下，相关产业和支撑机构（大学、科研机构、金融机构、咨询中介）在传统企业向战略性新兴企业转型升级过程中，为了获得和分享更多的创新资源而不断达成共识和合作默契，形成创新网络。创新的产出吸引更多的合作关联，企业外部关联又推动创新，创新网络的组织和协调能力不断加强，促进网络内生发展和创新，进一步形成一个良性的创新互动循环，最终演化为创新的生态系统。在这个系统形成过程中，产业的空间集聚非常重要。"传统产业集聚驱动的要素是运费成本、劳动力成本、市场、交通等一般性要素，而战略性新兴产业区域集聚的因子不仅包含一般性要素，关键是领先的研发与开发能力、高素质的人力资本、新兴产业的配套能力、完善的市场技术转化平台和区域政府制定的战略性新兴产业区域集聚的远景规划和发展模式"[①]。因此，在从传统产业集群向战略性新兴产业集群转型升级过程中，新的集聚因子的培育尤为重要。同时，不同传统产业集群转向不同的战略性新兴产业集群，又受到不同战略性新兴产业发展规律的影响，例如，形成的新能源产业集群，一般不具备成本竞争优势，政策驱动更显重要；新材料产业集群产业关联性高，要求整个产业上下游的协同；对于生物医药产业集群，科技创新是最大驱动力。

三　创新驱动传统产业向战略性新兴产业转型升级的路径[②]

（一）嵌入式

嵌入式的实现路径是指传统企业通过前端驱动、中端驱动和后端驱动嵌入产业链的相应环节，形成复杂交叉的路径。具体包括一是通过后端驱动嵌入向前端及中端驱动延伸。例如奇瑞汽车股份有限公司（简称"奇瑞"）发展历程，在奇瑞创建之初，基础能力薄弱，只能通过发动机、底盘、车身等部件的引进、消化吸收再创新突破技术"瓶颈"。当积累了一定的技术能力和市场基础后，通过集成创新、企业战略联盟，进一步突破发动机的技术"瓶颈"，2007年至今，奇瑞通过原始创新和集成创新，研发成功混合动力车和纯动力车。二是通过中端驱动嵌入向前端和后端驱动延伸。例如中国电信的转型历程，直接购买国外成熟的3G技术，通过业务融合等方式开拓新兴市场，同时，充分利用3G技术、云技术、点对点支付等技术，改变原

---

　　① 涂文明：《我国战略性新兴产业区域集聚的发展路径及实践模式》，《现代经济探索》2012年第9期。

　　② 张银银、邓玲：《以创新推动传统产业向战略性新兴产业升级》，《经济纵横》2013年第6期，第56页。

有的销售营业模式，并在管理上进行创新，带动整个企业的转型升级。传统企业从中端驱动嵌入的方式除了购买专利技术、设备、引进专业技术人员，还可通过并购、兼并新兴企业等方式。三是通过前端驱动嵌入向中后端延伸。这也就意味着，传统企业通过自主研发新技术、新产品，建立新兴产业链，相对来说，在我国，这种类型的传统企业案例不多，因为许多传统企业在发展初期都经历了技术和知识的引进阶段，但在传统企业发展到一定基础，原始创新在企业的发展中占据越来越重要的地位，企业在成果转化及国内外市场开拓中也不断创新变革，例如华为和中兴。

（二）融合式

融合式是指创新的每一个环节都渗透产业需求的考虑，同时在全产业链融入创新理念。嵌入式是传统企业根据自身发展阶段和行业特征，选择一条适合企业转型升级的路径，传统企业处于选择及探索阶段，融合式是传统企业向战略性新兴产业转型已步入正轨、不断深化创新驱动理念的阶段。传统企业的新旧业务与其他企业或产业部门围绕中间产品的生产交换横向、纵向、联盟形成动态网络组织，创新从产业链源头开始，以核心技术创新或工艺创新为基础，在原材料生产、模块加工、装配制造、营销渠道及售后服务各个节点的企业协同创新，实现创新链与产业链的有机融合。

（三）集群式

集群式是在创新驱动持续推动下，传统企业不断变革，战略性新兴产业空间集聚的过程。传统产业在向战略性新兴产业转型升级过程中，技术范式转换，空间载体的格局也随之演变。集群式路径主要通过两种途径：一是基于产业创新战略联盟驱动的集聚（涂文明，2012）。传统企业在拓展新兴产品和业务过程中，与产业上下游企业、大学、科研机构、机构组织等形成利益共同体，传统企业或者就近与空间临近且联系紧密的主体加强联系，或者在创新资源富集的区域设立分支机构和建设新兴产业生产线，实现区域资源的共享和优化配置。二是高新技术开发区升级型集聚（涂文明，2012）。截至2014年6月，我国已有108家国家级高新技术开发区，以升级为契机，不断吸引传统产业转型中的新兴产业部分向高新区集聚，提高高新区的创新能力。以四川自贡为例，自贡市是老工业基地城市，同时拥有自贡国家高新技术产业开发区，传统产业不断向战略性新兴产业转型升级，原有的企业区位空间导致发展受限所以亟待搬迁，在规划搬迁中，化工、机械等传统产业的战略性新兴生产线向自贡高新区集聚，不仅拓展了传统企业的发展空间，也促进了战略性新兴产业的集聚。

四 创新驱动传统产业向战略性新兴产业转型升级的实现策略

（一）选择适合的创新形式培育壮大新兴产品及业务

一是创新能力相对较弱，但已积累了一定的市场基础的制造型传统企业，适合引进消化吸收再创新，充分利用市场优势，加强商业模式创新和集成创新，改造提升传统工艺及技术，巩固现有市场基础，满足用户对新兴产品的需求。二是具有一些研发基础，与战略性新兴产业关系紧密的传统产业，适合技术集成、技术创新，延伸产业链，开发新兴产品及业务。同时，加强与战略性新兴产业核心企业联系，积极成为其主要供应商。三是已具有较强研发和资本实力的传统企业，就需要对整个科技创新链的各个环节加强投入，既要注重科技研发和成果转化，同时更需要探索战略性新兴产业的技术路径和市场推广模式，将科研优势转化为现实生产力。四是技术依赖型的服务性传统企业，需加强商业模式创新和市场创新等，不断向高端服务转型。例如中国电信的转型历程，直接购买国外成熟3G技术，利用市场网络优势，捆绑式业务推广，带动新兴产业业务增长。

（二）创新链与传统产业链有效融合

"创新链是指围绕某一创新目标（例如核心技术），以满足市场需求为导向，通过知识创新活动将相关的创新参与主体联系起来，实现知识经济化过程与创新系统优化目标"[1]。唐浩、蒋永穆（2008）将产业链动态演进由低到高分为配套协作链、循环生产链、供应关系

---

① 邢超：《创新链与产业链结合的有效组织方式——以大科学工程为例》，《科学学与科学技术管理》2012年第10期。

链等类型。① 两者有效融合的途径主要有三种形式，一是基于平台的有效融合。以平台企业为核心（其在创新链中处于调控者角色，并为配套企业构建共同创新平台），周边配套企业开发出与之相匹配的技术，此种形式最适合配套协作链。关键任务是提升平台企业的科技创新能力，积极向战略性新兴产业转型，建立共荣共生的协作沟通机制。二是基于专利池的有效融合。产业链发展到成熟阶段，形成错综复杂的关联形态，单个企业很难掌握所有的核心技术，通过专利池的方式融入创新链，可以获得大量的技术标准许可，加速创新扩散，也可避免不必要的知识产权纠纷。此种类型适合供应关系链。三是基于协议研发形式实现融合。企业加强与大学、科研院所或其他企业合作研发，提升产业链技术水平，此种方式适合各种类型产业链。

（三）集聚创新要素推进传统产业集群向战略性新兴产业集群转变

一是企业层面。传统企业的战略性新兴产业的布局规划充分考虑区域创新要素的影响，在创新资源富集的区域设立分支机构和建设新兴产业生产线，实现区域资源的共享和优化配置。加强与空间临近且联系紧密的企业的联系，积极融入新的创新体系。二是政府层面。政府在制定区域及产业发展规划时，充分考虑创新要素集聚因素，建立适合要素集聚的市场环境、基础设施、文化与制度。加大传统产业集群中平台企业的科技创新扶持力度，为配套企业转型升级提供优惠和便利，提升整个产业集群的战略性转变。以高新技术开发区升级为契机，不断吸引传统产业转型中的新兴产业部分向高新区集聚，提高高新区的创新能力。老工业基地城市老工业区搬迁改造中，传统产业的战略性新兴产业生产线向高新区集聚。

---

① 唐浩、蒋永穆：《基于转变经济发展方式的产业链动态研究》，《中国工业经济》2008 年第 5 期。

第三节　创新驱动制造业向智能化、服务化升级

一　创新驱动制造业向智能化升级路径

第三次工业革命初露端倪，"工业生产呈现数字化、智能化，生产制造快速成型，生产方式由大规模式生产向大规模定制，刚性生产系统转向可重构制造系统"[①]。美国等发达国家提出"再工业化"、"哪里发明，哪里生产"，一些制造业也不断向发达国家回流，此次发达国家的"再工业化"的制造业已不是传统的制造业，而是通过制造业的智能化重塑实体经济竞争力。我国必须意识到第三次工业革命将给经济带来的巨大变革，制造业必须顺应趋势，力争向智能化升级。

美国提出的"再工业化"、欧洲的新工业革命的核心是"机器人＋智能设备＋信息化"，形成新的"智能制造"，其变革的是人类的生产方式。各行业的现代化水平体现在使用什么样的工具和方式进行生产，例如，40％的机器人制造主要用于汽车制造行业，机器人的使用率直接影响着汽车行业的生产效率。如今决定生产方式的主要产业是装备制造业，第三次工业革命所伴随的技术革命需重点提升的是装备制造业的智能化水平。因此本小节重点讨论如何通过创新驱动装备制造业的智能化。

装备制造业包含金属制品业、通用设备制造业、专用设备制造业、交通运输设备制造业、电器机械及器材制造业、通信设备、计算机及电子设备制造业、仪器仪表及文化办公机械制造业，共七大类185个小类。这些"生产机器的机器制造业"属于复杂技术产业，智能化的创新过程需要了解机器的最基本构成，以及创新的方法。传统的机械产品一般由动力装置、传动装置和工作装置三部分组成，其创

---

① 徐梦周、贺俊、吕铁：《第三次工业革命的特征及影响》，《中国社会科学报》2012年8月8日。

新主要通过两种方法，一是创新工作原理或者说工作装置，二是创新运动的驱动和控制系统。"第一种创新，即工作原理创新是根本性的，例如3D打印技术；应用数控技术和智能技术进行机械的创新是第二种创新，其核心技术路线是：一方面，用伺服电机驱动系统取代传统机械中的动力装置与传动装置；另一方面，也是更为重要的，采用计算机控制系统对机械运动与工作过程进行控制，即增加一个'大脑'，然后在此基础上进一步应用智能技术不断提高产品的智能化程度"[1]。由此在不同的装备制造业中可分为关键基础共性技术的创新、核心测控装置与部件的创新和重大制造集成装备的创新。"在装备制造业智能化的过程中，需要突破的关键智能基础共性技术包括新型传感技术、先进控制与优化技术、系统协同技术、高可靠实时通信网络技术、功能安全技术、特种工艺与精密制造技术、识别技术等九大类，这些关键智能基础共性技术主要是为更好地'武装'机器的'大脑'奠定技术基础；核心智能测控装置与部件包括新型传感器及系统、智能控制系统、智能仪表、精密仪器、工业机器人与专用机器人、精密传动装置、伺服控制机构和液气密元件及系统等八大类，这些装置与部件的创新是为了改进机器的控制系统和动力系统；重大智能制造集成装备是在重点领域和行业技术集成创新"[2]。

　　装备制造业智能化重点在于原始创新、技术集成和集成创新。装备制造业属于知识技术积累性强的产业，原始创新重点突破关键共性基础技术，这些技术发达国家不会轻易转让给发展中国家，只能依靠自身的基础研究，基础研究需要研发试验的长期投入，具有很强的探索性和不确定性，也具有很强的"连锁效应"，政府的支持和投入必不可少，许多具有一定实力的企业建立研发实验室，政府、企业与高校科研机构构成创新联盟，共同攻克关键共性基础技术。

　　制造业大多属于复合技术产业，包含多个产品元件，涉及多领域知识体系，并且技术在应用中需要根据实际情况改进，技术集成就成

---

①　周济：《制造业数字化智能化》，《中国机械工程》2012年10月下半月第20期。
②　国家工业和信息化部：《高端装备制造业"十二五"发展规划》，2012年5月7日。

为制造业重要的创新方式。美国哈佛商学院 Marco Iansiti 教授在对美、日等国计算机和半导体行业的产品创新活动的实证研究基础上提出基于"技术集成"的产品开发模式。Iansiti（1995）指出："技术集成就是一种更有效的创新管理方法和规程，它把新、旧知识从基础科学到企业的每一个技术细节都联系起来。技术集成就是通过组织过程把好的资源、工具和解决问题的方法进行应用，它为提高 R&D 的绩效、性能提供了巨大的推动力，可使企业更加有能力应付不连续的技术变化。"① 我国企业在引进、消化吸收再创新过程中，已将技术集成灵活应用于产品创新之中。2012 年在上海"宝马展"（中国工程机械顶级商品展览会）上，山推工程机械集团有限公司推出一款超大推土机，命名为"开天神推"，其研发成功的核心是"技术集成"，机械综合运用电控的变速结构：闭锁离合器（比常规产品节能 20%），智能服务系统，模块化制造等多个先进技术集成，很好地通过技术集成实现了产品创新。

　　工业机器人的研发与应用、智能化数控机床制造，以及石油石化智能成套设备、自动化物流成套设备等重大智能制造集成装备都需要集成创新。集成创新概念建立在 Iansiti 和 Best 等学者提出的技术集成或系统集成的概念之上，一些学者将技术集成与集成创新等同。Henderson 和 Clark（1990）认为一种产品中既包括若干元件，也包括元件连接为整体的构建，这些元件知识构建成一个整体知识。"集成创新是在产品的市场概念和产品的可供技术资源之间通过选择和集成创造匹配性"②。它改变了产品的开发顺序，传统 R&D 模式是先生产元件，再生产产品；而集成创新是以定义产品构建为起点，再选择元件，在基础研究之上，最终确定最优方案。由此可见，技术集成是集成创新之前更基础的概念，技术集成强调的是多个产品元件技术提升和集成；而集成创新强调的是为达到一种整体构建的功能，有选择地组合技术元件，同样需要攻克诸多技术难题，甚至会创新产品的工作

---

① 周晓宏：《技术集成概念、过程与实现形式》，《科研管理》2006 年第 11 期。

② 慕玲、路风：《集成创新的要素》，《中国软科学》2003 年第 11 期。

原理。我国已在多个领域通过集成创新实现突破，例如清华大学承担10 兆瓦高温气冷试验反应堆试验工程项目，集成众多实验室的核化学工艺、稀土分离与应用、新材料、计算机与控制、功率电子器件、核技术能源系统分析等几十项技术形成模块式球床高温冷堆，1995年开工建设，2003 年 1 月满功率并网发电，成为当时国际少有的几个掌握此技术的国家（孟浩、何建坤等，2006）。

智能制造的集成创新涉及知识多、领域多、部门广，需要大学、企业、研发机构（核心要素）、中介组织、金融机构等多元主体协同互动、深入合作和资源整合，产生"1 + 1 + 1 > 3"的非线性效用（2012，陈劲的协同创新理念）。国内已有许多装备制造企业在与高校研发机构的合作中实现了技术突破，沈阳机床厂与同济大学合作共同研发智能数控装备，通过 5 年的努力，运用信息技术、运动控制技术、电子技术和机床技术的高度集成，2012 年 8 月成功研制出全球第一台智能化数控机床。

二　创新驱动制造业向服务化升级路径

当今我们所处的时代正由"产品主导"向"服务主导"转变，欧美制造商的60% 的收入来自服务收入，以美国通用公司（GE）为例，通过服务所创造的价值相当于海外工程承包总额的70%。服务主导的时代也为企业发展带来了难得的创新空间，服务创新驱动制造业发展的模式也应运而生。现今的服务已不同于以往，四个方面正发生着深刻变革：高端化、多样化、整体功能化、融合化。高端化是指从传统低附加值和低知识含量的服务，转变为高附加值和高知识含量的服务；多样化是指服务类别极为丰富，大量服务形态前所未有；整体功能化是指当前服务主要以解决方案的形式、完成一个完整功能为目标，而非单一服务功能；融合化是指服务与产品紧密结合，而非简单分开①，制造业的服务化被赋予了更新更多的内涵。

新技术革命、模块化生产与专业化分工为制造业的服务化创造更

---

① 蔺雷、吴贵生：《服务时代的创新机会与模式》，《清华管理评论》2013 年第 4 期。

多机会。新技术革命使制造业通过通信服务、广播、电子商务、现代物流等方式，为客户提供更多"软服务"提供了可能。产业链上各环节的专业化分工和模块化生产，带来更多服务外包机会，也激发大量的生产性服务的需求，如图 6 – 3 所示，制造业在产前、产中和产后所创造的服务市场远大于产品市场本身。

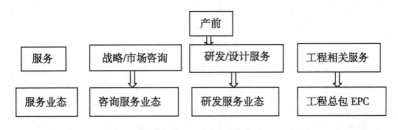

图 6 – 3 （a）　　制造业产前对应的服务形态

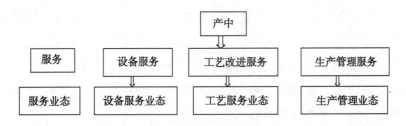

图 6 – 3 （b）　　制造业产中对应的服务形态

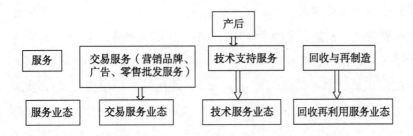

图 6 – 3 （c）　　制造业产后对应的服务形态

资料来源：蔺雷、吴贵生：《服务时代的创新机会与模式》，《清华管理评论》2013 年第 4 期。

　　（1）产品的服务升级模式。制造业通过不断完善产品的服务体系为客户提供更优质的体验。例如，沈阳机床在国内设立 19 家机床 4S 店，遍布全国 19 个主要工业城市，这些特许销售中心和特约服务中心用于满足国内特殊客户需求，沈阳机床的业务范围向生产性服务业延伸。国内鼓风机行业的领头羊西安陕鼓动力股份有限公司（简称"陕鼓集团"），自从2001年开始确立从制造向服务转型战略，不断进行服务升级。陕鼓集团与所有客户建立了远程控制中心，对大型成套机器设备随时监控、随时问诊、及时排除隐患，并为客户提供技术支持和故障诊断，在不停机的情况下为客户制订检修和更换备件的方案，大大提高了产品的使用效率，也在监控诊断中不断进行工艺和质量的提升。

（2）产品附加服务创新。这是指在原有主业基础上，向制造业产业链的前端研发、设计，中端管理、工艺服务和后端销售等服务环节延伸，开拓更多附加值高的服务业务。陕鼓集团积极发展与主业关联的新型服务业，并与国内外制造业巨头德国西门子、美国通用电气（GE）等多家公司建立良好的供应链协作关系，每年集团给供应链的合作伙伴提供50亿元左右的采购方案，随着市场扩大合作范围也在不断扩大。至今，陕鼓集团已实现了从单一售卖风机产品向为客户提供全套解决方案和系统服务转变。战略转型之后，集团的盈利模式由产品销售收入向提供高技术含量和高附加值的解决方案延伸，并从供应商的采购及业务分包中赚取管理和服务的溢价收益。

（3）产品与服务融合创新。是指为客户提供更优质的服务，促使产品的价值增值或倍增。不同于"产品的服务升级模式"，是为了使用户能够更安全、高质量地使用产品，而"产品与服务的融合"是通过创新服务方式，增加产品的原有价值，是一种需求创造。以苹果为例，苹果在买iPod播放器的同时诞生iTunes，便携的音乐服务使iPod实现个性化；在推出iPhone手机的同时附带App Store，随意下载的应用程序强大了手机的功能，也使用户对其产生了巨大的情感依赖。而同样为手机生产的三星公司，在全球建立众多的手机售后服务店，是为了保证用户能够正常便利地使用手机，主要为手机提供维修售后服务。

第七章

创新驱动长三角地区现代服务业发展

第一节 长三角地区现代服务业发展趋势及问题

一 长三角地区现代服务业发展趋势

（一）现代服务业呈现集聚发展趋势

长三角两省一市现代服务业集聚发展态势基本形成。上海在国内最早引入服务业集聚区概念，2004 年提出关于构筑现代服务业集聚区的设想，陆续出台相关支撑政策及措施，基本形成了以浦东新区陆家嘴金融贸易区为代表的 25 个现代服务业集聚区，初步统计，集聚区建成面积达到 3500 万平方米以上，完成投资超过 2000 亿元，吸引全球跨国公司总部近 200 家，集聚各类服务型企业 4 万余家。如表 7-1 所示，上海现代服务业集聚区涵盖金融、商贸、文化创意、物流、休闲旅游、科技服务、信息服务等一系列高端服务业，空间布局由浦东新区、黄埔区不断向外围扩展，基本形成了特色鲜明、分布均匀的空间格局。

江苏省现代服务业集聚区建设起步较早，2007 年出台了《关于加快建设现代服务业集聚区的意见》，"科技创新 20 条"等相关措施政策，激活集群创新要素，积极发展软件园、现代物流园、科技创业园、产品交易市场等六大类现代服务业集聚区。2012 年以来，江苏省省级现代服务业集聚区的营业收入已超过万亿元，带动就业百万人以上，昆山花桥国际商务城、江东软件城等 30 多个服务业集聚区的营业收入已超过百亿元，中国常熟服装城的营业收入已超过千亿元，科技服务集聚区每年新增专利授权数千项，集聚效应凸显。

浙江省现代服务业集聚区发展也紧跟其后，成为后起之秀。2008年浙江省政府出台《浙江省人民政府关于进一步加快发展服务业的实施意见》，提出引导推动现代服务业集聚发展，陆续出台政策培育浙江省现代服务业集聚示范区，先后三批共打造 100 个集聚区。服务业的渗透作用和关联效益助推浙江产业转型升级，产业结构从"二三一"向"三二一"优化。2015 年服务业增加值占 GDP 比重已达到 50%，物流业、金融业和邮政业增加值占服务业增加值的比重接近 30%，服务外包、电子商务等高端服务业占据全国可观份额。集聚效应不断凸显，第一批和第二批认定的 75 家省级服务业集聚区示范区中，海宁中国皮革城、乌镇国际旅游区、义乌国际商贸城等入驻企业已超过千家以上，浙江传化物流基地培育出 10 余家国家 A 级物流企业，现代服务业集聚成为浙江发展的强大引擎。

表 7-1　　　　　　　长三角地区部分现代服务业集聚区

地区	现代服务业集聚区	集聚产业或特点
上海	浦东新区陆家嘴金融贸易区	全中国首个国家级金融开发区
	浦东新区张江高科技创意文化和新兴服务业集聚区	网络游戏、动漫、数字内容、新媒体为张江文化产业园的四大重点领域
	黄埔区西藏路环人民广场现代商务区	集聚区涉外经济、总部经济、楼宇经济发达，主导产业为金融服务业、商贸流通业、文化创意业、航运物流业
	静安区南京西路专业服务商务区	金融、旅游购物、餐饮等总部经济
	徐汇区漕河泾高新科技产业服务区	技术服务、科技中介服务、商务配套服务
	普陀区长风生态商务区	主导产业为总部经济、金融服务业、文化旅游业
	闸北区苏河湾商业商务服务业集聚区	重点发展包括文化创意、金融服务、商贸服务、人力资源和信息服务五大支柱产业
	虹口区北外滩航运和金融服务集聚区	航运服务业、金融服务和邮轮服务业
	杨浦区江湾－五角场科教商务区	以知识创新区公共活动为特色，融商业、金融、办公、文化体育、科技研发及居住为一体的综合性市级公共活动中心
	宝山区宝山钢铁物流商务区	依托宝山钢铁产业，打造一个集商流、物流、信息流、资金流于一体的现代钢铁服务业集聚区

地区	现代服务业集聚区	集聚产业或特点
江苏	无锡国家软件园	积极打造中国传感信息和软件领军区
	南京新城科技园	软件及信息服务产业
	苏州工业园区	科教金融服务、现代商务、旅游
	雨花软件园	通信软件、信息服务、软件外包
	无锡工业设计园	工业设计、科技服务
浙江	宁波梅山保税港区物流园区	国际贸易、现代物流、休闲旅游
	义乌国际物流中心	商贸物流
	新加坡杭州科技园	软件研发、工业设计
	浙大网新软件园	信息服务、科技服务
	杭州山南国际设计创意产业园	文创产业、金融业

资料来源：上海市商务委员会（http：//www. scofcom. gov. cn/）、浙江省发展和改革委员会（http：//www. zjdpc. gov. cn/）、百度百科等网络资料整理而成。

（二）服务业新业态、新模式不断涌现

2013 年以来，随着长三角地区物联网、云计算、移动互联网、人工智能、大数据等新一代信息技术的升级发展，服务业新业态、新模式、新产业不断涌现。建立在云计算和互联网基础上的 ERP、CRM、OA、在线会议视频、在线教育等企业级 SaaS 服务和企业移动应用成为发展新亮点。围绕大数据研究、产品研发及创新，不断突破分布式存储、分布式内存计算等关键技术，不断衍生数据处理、数据存储、信息技术咨询等服务。移动互联网与商贸物流、金融、保险、餐饮、旅游、汽车等行业有机融合，形成一批国际化的数字内容平台、领先的第三方支付平台、O2O 服务平台，促进生态旅游、移动娱乐、移动餐饮、移动金融、远程教育、远程医疗、智能养老、智能社区、智慧城市、数字穿戴、数字家庭等服务模式不断发展，拓展居民消费新渠道。

二　长三角地区两省一市现代服务业发展特点

（一）上海现代服务业发展特点

（1）服务业经营绩效质量相对优于制造业

近几年来，上海服务业经营状况相对优于制造业。根据近几年发布的制造业 50 强和服务业 50 强的经营绩效数据对比分析，可揭示上海服务业的整体发展状况（见表 7-2）。从经营规模上看，2011—2014 年制造业营业收入分别为 17755 亿元、18257 亿元、19567 亿元、20011 亿元，服务业营业收入分别为 16130 亿元、17949 亿元、21116 亿元、23876 亿元，与上年相比增长率分别为 2.82%、7.2%、2.3%；11.28%、17.64%、13.07%。从近年数据来看，服务业增长势头迅猛，总量及增长率都超过制造业，成为上海经济增长的强大动力。制造业前 50 强排名靠前的行业，如表 7-3 所示，包括汽车、钢铁、食品、石化、高科技等行业，服务业前 50 强排名靠前的行业涉及金融、保险、贸易、运输等行业。服务业营业收入超过百亿元的企业有 30 家，其中包括 7 家已过千亿元，发展势头强劲。

从净利润上看，2011—2014 年，上海市制造业 50 强净利润分别为 1033 亿元、867 亿元、1005 亿元、898 亿元，增长率在波动中下滑，而服务业 50 强净利润分别为 1414 亿元、1684 亿元、1726 亿元，增长率在波动中有所上升，2014 年服务业 50 强企业净利润是制造业的 1.9 倍，经营态势总体良好。

从总资产来看，2011—2014 年，如表 7-2 所示，制造业和服务业总资产呈现双双快涨，制造业涨幅分别为 5.88%、7.92%、16.69%；服务业涨幅为 13.29%、15.91%、20.15%，其中 2014 年资产总额过万亿元的企业有交通银行和浦发银行，分别达到了 6 万亿元和 5 万亿元，服务业的总资产增长率快于制造业。

表 7-2　　　　　2011—2014 年上海市制造业 50 强与
服务业 50 强经营状况对比表

	制造业				服务业			
	2011	2012	2013	2014	2011	2012	2013	2014
营业收入（亿元）	17755	18257	19567	20011	16130	17949	21116	23876
营业收入与上年相比增长率（%）	—	2.82	7.2	2.3	—	11.28	17.64	13.07
净利润（亿元）	1033	867	1005	898	1348	1414	1684	1726
净利润与上年相比增长率（%）	—	-16.02	15.9	-10.64	—	4.87	19.09	2.49
总资产（亿元）	18982	20098	21689	25310	94626	107204	124264	149308

续表

	制造业				服务业			
	2011	2012	2013	2014	2011	2012	2013	2014
总资产与上年相比增长率（%）	—	5.88	7.92	16.69	—	13.29	15.91	20.15

资料来源：容庆：《2013/2014/2015 上海制造业 50 强与服务业 50 强比较分析》，《上海企业》2013/2014/2015 年第 12 期。

表 7－3　　　　　　　　2015 年制造业企业和服务业企业前 10 强

排序序号	制造业企业名称（中文）	服务业企业名称（中文）
1	上海汽车集团股份有限公司	交通银行股份有限公司
2	宝钢集团有限公司	绿地控股集团有限公司
3	上海烟草集团有限责任公司	上海浦东发展银行
4	益海嘉里投资有限公司	中国太平洋保险（集团）股份有限公司
5	光明食品（集团）有限公司	上海华信国际集团有限公司
6	中国石化上海石油化工股份有限公司	百联集团有限公司
7	上海电气（集团）总公司	上海东浩兰生国际服务贸易（集团）有限公司
8	上海医药集团股份有限公司	中国东方航空集团公司
9	上海华谊（集团）公司	中国海运（集团）总公司
10	上海复星高科技（集团）有限公司	上海市对外服务有限公司

资料来源：2015 上海制造业企业 50 强排名/2015 上海服务业企业 50 强排名，中国商情网（http://www.askci.com）

同时，上海市服务业经营绩效质量优于制造业。从表 7－4 指标来看，2013—2014 年经营绩效指标呈现下降趋势，制造业营收净利率分别为 6.12% 和 4.49%，下降 1.63%；资产周转率为 91.2% 和 79.06%，下降 12.14%；净资产收益率为 12.79% 和 9.01%，下降 3.78%；人均净利为 17.93% 和 13.66%，降幅达 23.81%，整体趋势不容乐观。与此相反，服务业前 50 强企业经营质量表现优异。2013—2014 年，营收净利率分别为 6.99% 和 7.23%，涨幅 0.24%；净资产周转率涨幅达 38.8%；人均营收涨幅达 14.41%，人均净利涨幅达 18.26%，人均纳税涨幅达 18.62%。由此看出，服务业从资产利用效应、成长性等各方面指标来看，表现比制造业好，将成为上海市经济发展的重要引擎。

表 7 – 4　　　　　2013—2014 年上海市制造业 50 强与
服务业 50 强经营质量指标

经营质量指标	制造业			服务业		
	2013	2014	增减幅度	2013	2014	增减幅度
营收净利率（%）	6.12	4.49	-1.63	6.99	7.23	0.24
资产周转率（%）	91.2	79.06	-12.14	15.79	15.99	0.2
净资产周转率（%）	208.98	200.78	-8.2	81.71	113.41	38.8
总资产收益率（%）	5.58	3.55	-3.03	1.1	1.16	0.06
净资产收益率（%）	12.79	9.01	-3.78	5.71	8.2	2.49
人均营收（万元）	292.99	304.51	3.93	256.89	293.91	14.41
人均净利（万元）	17.93	13.66	-23.81	17.96	21.24	18.26
人均纳税（万元）	34.37	36.2	5.32	12.46	14.78	18.62
营收纳税率（%）	11.73	11.89	-0.16	4.85	5.03	0.18

资料来源：容庆：《2015 上海制造业 50 强与服务业 50 强比较分析》，《上海企业》2015 年第 12 期。

（2）科技服务业发展潜力大、势头强

创新驱动需要知识型服务业发展，科技服务业是依靠科学知识和技术向社会提供专业化的服务，上海市拥有人才培养、技术开发、开放合作的显著优势，作为我国创新驱动发展的先头兵，在研究开发、检验检测、技术转让、科技咨询、科技金融保险、知识产权等领域涌现出一批服务主体，呈现稳步快速发展的趋势。据近几年《上海统计年鉴》数据及相关资料，2014 年上海科学研究和技术服务总产出达到 2241.2 亿元，同比增长 8.3%，相当于全市生产总值的 3.6%[1]；2013 年研究与实验发展经济内部支出为 776.78 亿元，相当于上海市生产总值的 3.6%；各类科技成果为 2490 项，专利授权量为 48680 项，各类技术合同项目达到 26297 项，项目成交金额超过 620 亿元，

[1] 纪婷婷、杨琳、张绍华：《"科创中心"——上海科技服务业爆发的支点》，《上海经济》2015 年第 7 期。

连续十四年排名全国第二；大中型工业企业外部科技活动经费支出接近 60 亿元，大中型工业企业技术改造、引进、消化吸收等其他技术活动经费支出超过 240 亿元，科技活动产出中新产品产值到达 6292.51 亿元，新产品销售收入为 7156.42 亿元。2014 年，上海市进出口技术合同成交额 272.97 亿元，较去年同期增长 28.12%，技术进出口规模不断扩大[①]。

（二）浙江省现代服务业发展特点

（1）现代服务业与特色小镇建设相融合

浙江省规划创建 100 个特色小镇，目前公布了首批 37 个省级特色小镇名单，小镇建设有序推进过程中，现代服务业相辅相成。以杭州西南的云栖小镇为例，所在区域约 8.2 平方千米，重点发展云计算、文化创意和云计算创意三大产业，截至 2015 年上半年，已落户各类涉"云"企业 180 余家，2014 年实现涉"云"产值 10 亿元以上[②]，云栖小镇成为以"云计算大数据产业"带动特色小镇发展的一个鲜活样本闻名天下。城西余杭的"梦想小镇"成为"科创中心"，吸引大批创新创业大学生及企业入驻。玉皇山南基金小镇成为"金融小镇"和"文创中心"，已入驻 160 余家基金公司，如清科集团、敦和资产等众多创投公司，2014 年园区营业收入超 50 亿元。特色小镇建设是平台，现代服务业发展是支撑，在浙江两者相容发展、相得益彰。

（2）电子商务成为浙江省现代服务业的发展亮点

据浙江统计信息网披露，2014 年，浙江服务业增加值为 1.9 万亿元，同比增长 8.7%，比 GDP 增幅高 1.1 个百分点，对 GDP 增长的贡献率达到 52.1%，2015 年上半年服务业增加值比重为 50%，杭州新兴服务业占全省比重较高，其中，2014 年电子商务增幅为 55%，

---

① 纪婷婷、杨琳、张绍华：《"科创中心"——上海科技服务业爆发的支点》，《上海经济》2015 年第 7 期。

② 陈周锡：《浙江服务业占 GDP 比重超 50% 外资嗅到投资机会》，《中国外资》2015 年第 11 期。

直接拉动了全省 GDP 增长。2014 年浙江省网络零售额达 5641.57 亿元，同比增长 47.64%；居民网络消费额为 3192.78 亿元，同比增长 41.15%；截至 2014 年年底，浙江省淘宝店铺约 147 万家，同比增长 5.7%，网络零售已成为重要的商业零售方式。① 2015 年阿里公布的 2014 年中国"电商百强县"中，浙江省有 41 个，"电商百强县"中排名前十位的浙江城市有金华 6 个，台州 6 个，嘉兴 5 个，丽水 5 个，宁波 5 个，杭州 3 个，绍兴 3 个。家喻户晓的世界互联网大会每年下半年在浙江乌镇举行，国新办已对外宣布："乌镇作为世界互联网大会的永久会址。"从电子商务在浙江的发展势头、带动作用、社会影响等可以看出，浙江省电子商务已成为现代服务业的亮点。

（3）呈现"浙东北强、浙西南弱"的空间分异格局。浙江杭州、海宁、宁波、绍兴、嘉兴、台州、温州等 10 余县市服务业发展迅速，而衢州、丽水等浙西南内陆区域服务业增长相对迟缓。2013 年杭州、宁波和舟山三市人均服务业增加值分别为 6.3 万元、5.4 万元和 4.4 万元，位居全省前三，而衢州和丽水的人均服务业增加值仅为 1.6 万元和 1.5 万元。② 浙东北地区集聚了浙江主要的信息技术、计算机、软件服务、科学研究等服务业行业，浙西南地区相对集聚的是零售、餐饮、住宿、居民服务等传统服务业，"十一五"和"十二五"期间，浙江省基础设施建设不断完善，交通运输等行业整体发展良好。

（三）江苏省现代服务业发展特点

（1）服务业占 GDP 比重稳步提高

2013 年，江苏省实现服务业增加值 26596 亿元，同比增长 9.8%，服务业增加值占地区生产总值比重达 45%；2014 年，实现服务业增加值 30396.5 亿元，首次超过 3 万亿元，比上年增长 9.3%，服务业增加值占地区生产总值比重为 46.7%；2015 年江苏服务业发展领跑经济发展速度，服务业增加值首超第二产业：前三季度服务业增加值超过第二产业增加值 423.35 亿元，服务业增加值占比高出第

---

① 《2014 浙江省网络零售业发展报告》，中国电子商务研究中心，www.100EC.cn。
② 徐文晔：《浙江服务业引领发展的新态势》，《浙江经济》2014 年第 18 期。

二产业占比0.9个百分点。①金融业、租赁和商务服务业税收增长较快,包括快递业在内的邮政业、保险业、物流业、软件业在近年增长速度领先。

(2) 服务外包保持增长势头

2013年江苏省服务贸易进出口额达710.06亿美元,同比增长37.5%,服务贸易占全省对外贸易总额比重为11.4%。服务业外包执行总额238.9亿元,同比增长42.3%。其中,离岸执行额137.7亿元,在岸执行额101.1亿元,分别增长40.8%和44.6%。截至2013年12月底,全省服务外包企业登记数为7434家,从业人数达96.2万人,分别增长13.9%和14.2%②。2014年服务贸易进出口额272.67亿美元,总量大幅回落,但是,服务外包合同总额372.8亿元,同比增长26.0%,其中,离岸合同额208.5亿元,增长25.0%。服务业外包执行总额311.3亿元,同比增长30.3%,其中,离岸执行额174.7亿元,增长26.9%。截至2014年12月底,服务外包企业登记数为8167家,从业人数达104.6万人,同比分别增长9.9%和8.7%。③

三 长三角地区现代服务业发展存在的主要问题

(一) 生产性服务业与制造业融合发展不足

在欧美等发达国家,生产性服务业在服务业比重达到70%以上,长三角地区的浙江及江苏与此数据差距较远,浙江仅为50%,据陈文鹤(2015)等学者对浙江省生产性服务业与制造业融合发展的实证分析结果表明,两者已出现了相互融合发展趋势,但整体水平较低,以信息、科技咨询等行业为代表的现代生产性服务业与制造业的

① 《2015年江苏服务业增加值首超第二产业》,2016年1月3日,新华网(http://www.js.xinhuanet.com/2016-01/03/c_1117650274.htm)。

② 《2013年江苏省服务业总体运行情况》,2014年10月27日,(http://xdfwy.cczu.edu.cn/59/d1/c6882a88529/page.htm)。

③ 《2014年江苏省服务业总体运行情况》,2015年3月13日,(http://www.sdfgw.gov.cn/art/2015/3/13/art_721_128561.html)。

融合水平偏低，而以交通运输为代表的传统型生产性服务业与制造业融合水平偏高。

（二）城市化对现代服务业发展的拉动作用不足

通过分析近十几年间长三角两省一市城市化水平和服务业增加值与 GDP 的占比关系可以看出，2000 年后，江、浙、沪三地的城市化速度不断加快，到 2014 年，上海的城镇化率达到全国最高，为 88.02%，浙江省和江苏省的城镇化率分别为 62.96% 和 62.85%，位居全国第六和第七，但是，服务业占 GDP 的比重并未保持同步增长。2014 年，上海市服务业增加值占 GDP 的比重才超过 60%，2015 年浙江省和江苏省服务业增加值占 GDP 的比重才分别达到 50% 和 48%，可见，城市化发展水平与现代服务业的发展水平还并不同步。城市化对现代服务业的拉力不足，主要原因是在 2013 年以前我国土地城市化速度远快于人口城市化，以江苏省为例，2005—2010 年，江苏 13 个省辖市市区面积从 2.1 万平方千米扩展到 2.7 万平方千米，增幅约 24% 以上，而市区人口增幅约为 17%。

（三）现代服务业发展的制度供给不足

首先，相对单一的市场主体制约了行业创新发展。长三角地区是现代服务业发展较迅速的区域，但是依然受到市场主体过于单一的影响。以江苏省为例，在交通运输、仓储、邮政、社会保障、公共管理等行业中，国有控股所占比重均超过 60%；在科技服务业、文化、体育、信息服务等行业中，提供服务的主体是研究院或者行政事业单位下辖机构，国有控股占比超过 50%，市场主体结构相对单一，会影响现代服务业的市场结构和良性竞争发展，不利于行业创新。其次，管理体制机制有待提高。现代服务业专业性和知识性强、差异性大，引导和管理难度相对较大，长三角地区作为改革的先行区，需不断探索现代服务业的体制机制创新。

第二节　创新驱动长三角地区现代服务业发展的机理

一　服务过程与服务供应链

（一）服务过程

（1）服务过程四阶段

服务过程是指与服务生产、交易和消费相关的过程。由于服务是无形的、不易存储、差异性大，服务过程很难进行清晰地划分，以服务增值为基础，一般学者们将服务过程分为以下四个阶段：

①服务设计阶段：顾客、服务供应商、竞争者、公共部门等可能的多个主体共同参与，识别服务变化趋势、描述消费者服务需求、筛选服务过程的关键技术、设计出能够满足消费者需求的详细控制性方案，将消费者的需求转化为实际可操作的服务。

②服务准备阶段：筛选出可行性强的服务设计方案，配置服务资源，具体包括原材料、服务生产设备及工具，与服务供应商建立供应关系。

③服务实施阶段：由于服务具有较强的不可分离性，顾客与服务提供商协同创造价值，服务在此阶段完成交付。

④服务评价阶段：顾客、供应商等可能主体共同参与服务的绩效评价，协同监控、测评整个服务过程的效果。

（2）服务过程的发展趋势

①从线性作业向订单式个性化生产发展。线性作业是各项作业或活动按照固定的程序进行，主要适用于模块化、标准化的大规模的持续性作业。在服务行业中的部分业务依然以线性作业为主，比如金融行业的柜台服务部分。但是，服务过程的一个重要的发展方向是订单式个性化生产过程，主要针对部分或特定顾客人群，设计能够满足其需求的服务，比如在金融行业中设计出满足不同类型顾客群体、企业的投融资和理财产品，在科技服务业中根据不同客户的知识和业务需

求，共同设计服务方案，实现价值共创。在现代服务业中，越是知识密集型的行业，订单式个性化生产的需求越大。

②从高接触度向低接触度发展。在服务传递及交付过程中，顾客与服务供应商的接触度随着互联网等信息技术的发展，接触度不断降低。从餐饮、批发零售这些劳动相对密集的服务行业到金融、保险、咨询、科技服务等资本、知识相对密集的服务业，互联网的普及改变了服务的方式，以前面对面地提供服务，现在更多凭借电子商务、网络平台完成交付和消费，在网络环境下，现代服务业已形成新的服务价值网络。

（3）影响服务过程的主要因素

①参与主体。服务过程的主要参与主体是企业、服务供应商、顾客、公共部门，企业能否协调各主体利益诉求、是否能够很好地调配服务资源、是否能够有效管理（尤其与顾客接触的一线员工），最终实现服务设计方案既定的绩效是关键。供应商参与服务过程有利于降低成本、提高服务质量，有利于充分利用供应商的专业技术，有利于提高企业服务创新能力。顾客是服务的对象也是服务创新的核心主体之一，顾客的需求及消费反馈有利于服务方案的设计、修正及实施。公共部门既可以促进服务行业的发展，也可能给行业造成制度约束，我国由于经济体制和市场经济不完善等因素，还有许多服务业并未完全放开，公共部门的导向对服务过程具有较强的影响力。

②技术环境。服务行业是技术渗透性较强的行业，技术革命对服务业的发展影响深远。例如，新一代信息技术对服务业的发展具有重要的意义，物流业在大数据、物联网的环境下，物流环节更加可控，物流服务更加精准，物流效率显著提高。电信行业在2G/3G/4G的不同技术水平条件下，为顾客提供完全不同的消费体验。金融业只要有网络环境，随时随地可以完成信息查询、转账汇款、个人理财等服务。

③其他支撑体系。包括有形的资源设备、无形的服务系统和服务管理。在服务过程中的服务环境和硬件设施都会对服务体验产生影响，服务提供的室内布置、装修、便于交易的物品、能够给顾客提供

便利舒适的其他服务设施，都会无形中提升顾客对服务质量的感知。服务系统包括在线服务系统、客服系统、排队系统等，也会影响顾客对服务质量的感知。高效的服务过程管理、积极的企业文化等为优质服务的提供产生正面影响。

（二）服务供应链

随着服务业的快速发展，服务供应链越来越受到学术界重视，服务供应链的整合对服务业的创新产生重要影响。迄今为止，服务供应链的概念还没有统一的定义，大体可以归纳为三种观点（宋丹霞，2009）。第一种观点是从产品服务化的视角进行定义服务供应链，具有代表性的是瓦阿特（Waart）和克雷姆佩（Kremper）（2004）认为，服务供应链是指在产品服务化过程中所涉及的服务计划、资源分配、配送、回收、分解等管理活动。第二种观点将服务的生产与交付过程有机整合，认为服务供应链的管理要从服务供给商到最终消费者的服务交付过程中，信息流、资金流、服务过程、服务流等进行管理。第三种观点侧重于将服务供应链理解为"整合所有服务资源的价值共创过程"（金立印，2006）。具有代表性的是宋华和陈金亮（2009）认为服务供应链是以服务为主导的集成供应链，在这种供应链中，一旦下游顾客向服务集成商提出服务请求，服务集成商就会立即响应，这样从顾客的服务请求出发，通过处于不同服务地位的服务提供商对顾客请求逐级分解，由不同的服务提供商彼此合作构成供应关系，同时服务集成商承担各种服务要素、环节的整合和全程管理。①这三种观点各有侧重，对本文研究创新驱动服务业的发展具有重要的意义，第一种观点从产品服务化视角定义，有利于深入研究制造业与服务业的融合发展；第二种观点从整个服务过程视角定义，有利于研究服务过程的不同环节或阶段的创新；第三种观点从价值共创视角定义，明确区分了制造业与服务业在价值创造中的差异，尤其对资本密集型和知识密集型服务业的研究具有重要启示。

---

① 简兆权、李雷、柳仪：《服务供应链整合及其对服务创新影响研究述评与展望》，《外国经济与管理》2013 年第 1 期。

从服务供应链视角分析对服务创新研究具有以下影响：一是服务业的创新研究要注重主体多元化。在整个服务供应链中涉及的利益相关者是多元的，不仅包括企业内部高管、研发部门、员工，还包括供应商、分销商、服务外包商、顾客和与提供服务的所有相关者；不仅包括企业主体，还包括公共部门。有关一线员工在创新中发挥的积极作用（伊森伍德，1986；埃杰特和帕金森，1994），员工具有创新的能力及潜力（维沃恩，2000；克里斯廷和哈里沃弗，2005），顾客参与服务生产过程及创新，为企业创造价值（苏德，1989；希普尔，2001；阿拉姆，2002）的相关研究已比较丰硕，为创新驱动服务业创新明确及扩展了创新主体。

二是知识的传递共享和价值共创是研究制造业创新与服务业创新的主要区别。特塞尔（2005）研究结果表明，制造业的创新活动更多地源于企业内部研发和产、学、研合作的创新活动，而服务业的创新更倾向于服务提供商与供应商、顾客的合作的创新活动。在创新知识的沟通、学习和交流过程中（诺纳凯和塔克奇，1995；森吉，1998；亨德里克斯，1999），个体拥有的知识向群体拥有转变，知识的传递和共享有利于企业创新。顾客的创意中23%具有商业价值（弗兰克和斯哈，2003），86%的企业认为可以从供应商获得相关知识（利波恩，2005），顾客或者供应商参与服务过程，共享知识、信息、创意等资源，是为了实现共同的利益（张红琪、鲁若愚，2010）。学者们的研究证明，在服务业的创新过程中知识的传递共享和共同创造价值起到重要作用。

三是服务供应链的整合也是创新的重要内容。传统的产品供应链强调的是信息流、资金流和物流"三流合一"，而服务供应链还增加了服务流和价值流（李红，2010），有效整合服务供应链的信息流、资金流、物流、服务流和价值流，才能提升产品质量、顾客满意度和市场占有率，最终提高服务的绩效。

二　创新驱动现代服务业发展的机理

创新驱动现代服务业发展是一个复杂系统的工程，笔者借鉴彼尔德比克（Bilderbeek）等提出的经典的四维度模型①，并将服务供应链和服务过程充分考虑其中，形成创新驱动现代服务业发展的机理图，如图 7－1 所示。创新驱动现代服务业发展分为三个重要组成部分：一是创新驱动服务业发展的背景环境；二是五维度的创新驱动过程；三是服务创造的信息流、资金流、物流、服务流和价值流"五流合一"。创新驱动服务业发展的背景环境是基础，五维度的创新驱动过程是核心，"五流合一"使服务创新成为时间、空间并存的动态过程。

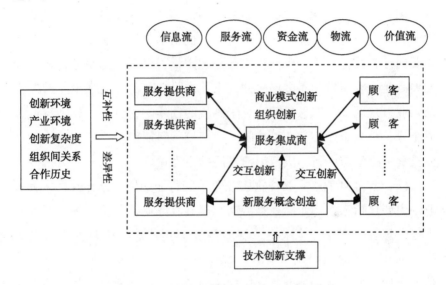

图 7－1　创新驱动现代服务业发展过程

（一）创新驱动服务业发展的背景环境

（1）创新环境。主要包括三个层面，一是政府对服务业创新发展的支持。政府制定积极的政策措施促进服务业的发展，例如，上海市人民政府办公厅印发的《关于促进金融服务创新支持上海科技创新中心建设的实施意见》、上海市人民政府关于贯彻《国务院关于加快发展生产性服务业促进产业结构调整升级的指导意见》的实施意见、上

---

① 彼尔德比克提出的经典服务创新四维度模型包括：新服务概念、新顾客界面、新服务传递系统和技术维度四个层面。

海市人民政府《关于促进本市生活性服务业发展的若干意见》、江苏省财政厅《关于促进金融业创新发展的若干意见》、浙江省人民政府办公厅《关于加快发展众创空间促进创业创新的实施意见》等，这些政策措施对释放服务业创新活力具有重要的引导和推动作用。二是完善的市场环境。市场创新主体的多元化有利于形成良性的竞争格局，激励服务行业不断创新，提高服务质量。在我国的服务行业，尤其是涉及国家经济命脉的行业并未完全开放，服务行业的市场主体相对单一。但是，长三角地区是现代服务业改革开放的先行区，2013年中国（上海）自由贸易试验区的成立是服务行业改革的重要举措，对于完善服务业的市场环境意义重大。健全的市场机制是配置资源的重要向导，质优价优、个性化服务分别定价，可以激励服务行业创新发展满足顾客多样化、多层次的需求。三是创新的社会环境。营造大众创业万众创新、容忍失败、勇于挑战的创新文化氛围，鼓励行业领军企业、小微企业、大学科技园区、高校、科研院所、社会组织、创业投资机构参与创新，成为创新发展的主力军。

（2）产业环境。主要注重服务业不同行业的产业差异性，在服务业中主要包括三类行业，一是劳动密集型服务业，主要有餐饮、批发零售、理发、维修等，以生活性服务业为主，这类行业主要面向生活，创新发展的空间相对有限。二是资本密集型服务业，主要有电信、金融、物流运输等行业，这类是创新知识和技术吸收能力较强的行业，创新驱动发展的潜力巨大。第三类是知识密集型服务业，主要包括咨询、科技服务业，这类行业注重知识和价值共创，是近年创新驱动服务业发展的研究热点，也是长三角地区重点扶持引导的行业。服务业内部行业的差异性决定了研究创新驱动服务业发展过程中，既要考虑到产业的共性，更要体现不同类型行业的创新差异。

（3）创新吸收能力。服务业不同行业的创新吸收能力存在一定的差异性，如前所述的服务业的行业分类，劳动密集型服务业的创新吸收能力相对较弱，资本密集型和知识密集型服务业创新吸收能力较强。这两类行业更加依赖技术革新，更加强调价值的共同创造，更加注重知识在不同主体间的转移和创造，是具有很大创新空间的行业，也是本章研究的重点。

（4）创新复杂度。创新复杂度分为高、中、低三个层次，高创新复杂度涉及的知识领域广泛、专有化程度强，创新难度大，影响相对广泛，例如大数据、物联网等领域对服务行业的渗透所带来的创新，所涉及的知识体系包括无线数字通信、高频技术、无线网络拓扑、感知层节点设计等数十个知识领域，没有专业人员的指导很难将新技术融入服务行业，融入创新之后对服务业的服务途径、服务效率的提高都会产生深远的影响。低创新复杂度涉及的知识领域相对有限，可以在行业内部，或者服务过程的某个环节的改进，就可以实现"微创新"，这种创新虽然影响范围相对窄，但是，与高复杂度的创新一样重要，这种创新有利于行业效率的持续提升，营造良好的创新氛围，有利于行业"突破性创新"的知识积累。

（二）五维度的创新驱动过程

（1）新服务概念。首先，新服务概念的核心是新思维或者服务要素的重新组合。在彼尔德比克的服务创新四维度模型中，也被称为"概念创新"，解释为解决问题的方法和思路创新。"新服务概念"已被赫斯克特（1997）、赫托格（2000，2010）、弗雷伊（2008）等很多学者采用。新服务概念最初也许就是一个新想法、新点子，或者是已有想法、点子的现实结合，或者是服务元素的重新组合，能够满足或创造顾客新的价值主张。例如，中国移动的"10086"是一个典型的服务元素重新组合形成的新服务概念，满足消费者对电信服务的各项需求。其次，新服务概念的目标是满足和创造顾客需求。概念创新的核心问题是企业提供什么新概念、新服务来吸引新老消费者。[1] 2013 年 6 月，阿里巴巴集团推出余额宝，让互联网金融这个新概念走进人们视野，推出"1 元理财服务"，让小额资金有了理财的渠道，据《中国证券报》报道，余额宝 2013 年 6 月 17 日上线当天，余额宝用户已达到 100 万，推出 1 个月，用户超过 400 万。据和讯基金报道，截至2015

---

① 束军意：《基于服务创新四维度模型的外资日化企业品牌建设策略分析》，《工业技术经济》2015 年第 7 期。

年年底，余额宝用户已增至 2.6 亿，规模增至 6207 亿元，成立两年多共创造了 489 亿元收益。阿里集团推出的"1 元理财服务"的新概念不仅满足了拥有小额资金用户的理财需求，而且推动了互联网金融的长足发展。再次，新服务概念的功能是所有服务创新活动的先导。概念创新给予顾客全新的服务认知，围绕新服务概念构建服务体系，实现服务价值创造。最后，新服务概念的灵感来源于多个主体。在整个服务供应链中，服务集成商与服务供应商的知识传递交流、服务集成商与顾客的沟通，企业内部员工、高管等之间的知识交流，将个体知识变成群体知识，产生新的灵感、新思维、新方法。

（2）技术创新。霍夫曼（Hofman）、赫托格和彼尔德比克（1998）将技术创新纳入服务创新的研究范畴之中，技术创新为服务业的创新发展奠定了基础，在服务支撑、服务平台和界面、服务交付系统等方面起到了重要作用。第一，技术创新的服务支撑功能。当前，云计算、物联网、大数据成为服务行业的热词，阿里集团小微金融服务项目管理专家叶东指出，余额宝深度应用互联网金融的三项最重要的技术是大数据、云计算与云平台，三者的配合最终促成产品的低成本、高安全、高稳定等性能。[①] 新信息技术创造了完善的劳动分工和新型的部门间价值链构造，分布式的知识开发又创造了对知识密集型整合服务的需求。[②] 第二，技术创新推进服务平台和界面的创新。戴维斯（Davis，1989）认为感知有用性和感知易用性是技术接受模型的两个主要决定因素[③]，也就是说，一个新兴事物越容易被掌握和接受，其传播和扩散的速度越快。技术创新的第二个功能是促进顾客更快更好地接受新服务，余额宝的操作界面相对简单，支付宝用户点击 3 次鼠标，非支付宝用户点击 4 次鼠标即可完成基金开户，促使余额宝上线当天的注册用户达到上百万。第三，技术创新提高服务交付系统效率。无论是传统服务企业，还

---

① 钟啸灵：《为什么是余额宝》，《IT 经理世界》2014 年第 379 期，第 92—94 页。

② 王甜、钟宪文：《基于动力模型的服务创新模式研究》，《科学学与科学技术管理》2005 年第 11 期。

③ 张瑾、陈丽珍：《余额宝的服务创新模式研究——基于四维度模型的解释》，《中国软科学》2015 年第 2 期。

是向服务业转型的制造企业，都在积极打造高效协同共创的新服务交付系统，满足消费者个性化、体系化的需求。京东商城等大企业在云计算、物联网大量投入，提高与顾客实时联动的能力，更有效、更快速地向顾客交付新服务解决方案和服务体验。

（3）交互创新。交互创新主要是服务供应链上供应商、分销商、顾客、公共部门等主体与服务提供商或服务集成商间交流、合作及相互影响，形成价值主张，寻求价值共创的过程。交互创新是比"参与创新"更加深化的概念，"参与创新"强调顾客、服务供应商等主体是创新的信息源，是单向的知识和信息传递，而交互创新强化顾客、服务供应商在创新中的功能和价值贡献，与服务提供商、服务集成商的地位平等，服务企业也会创造平台及条件，使各个主体能够实质性地参与服务创新设计、生产、实现和评价等价值创造和提升过程。在服务价值共创过程中，顾客、服务供应商、集成商等主体持续学习、体验、分享和创造知识及技能。在交互创新过程中，各创新主体相互依存、互惠互利，交互的内容是以满足和创造顾客需求为目的的知识和技术的传递，从而进行服务资源的动态整合。在当前顾客需求日趋个性化、互动化与体验化的全球网络环境下，交互创新越来越重要。借助于越来越强大、越来越便捷的节点（以 PC、平板电脑、智能手机等为代表的各种各样的智能终端在全球的加速普及）、连接（以3G/4G 为代表的宽带移动技术的快速成熟与网络融合趋势的不断加强）和内容（借助于数字信息技术使传统媒体内容的数字化与整合化）等 ICT 革命所带来的三大助推力①，顾客、服务供应商、集成商等主体交互创新实现价值共创提供更多可能性，服务企业不断推出在线服务体验、自主服务等，构建开放、分享、共创的创新平台。

（4）组织创新。为顾客创造价值的新服务解决方案无法脱离服务企业的组织层面，为了实现新的服务体验和解决方案，企业的组织构建、人事安排、业务流程甚至企业文化都可能会做出重大调整和创

---

① 刘飞、简兆权：《网络环境下基于服务主导逻辑的服务创新：一个理论模型》，《科学学与科学技术管理》2014 年第 2 期。

新，来促进服务业的持续创新。20 世纪 90 年代，IBM 公司为了向服务主导逻辑的供应商转变，对公司的整个组织构架、企业文化、业务流程或惯例等都进行变革，才实现成功转型。阿里巴巴集团为进军互联网金融领域，从 2011 年开始就对组织构架进行频繁调整，尤其是 2013 年组织结构调整对阿里集群互联网金融影响最大，即调整集团现有业务构建和组织，成立 25 个事业部，事业部的业务发展由各事业部总裁负责；原支付宝 CEO 彭蕾担任阿里集团 CPO，负责新拆分的共享平台事业群、金融事业群、国内事业群、国际事业群，四个事业群的金融业务（张瑾、陈丽珍，2015）。

（5）商业模式创新。商业模式创新的核心是新的盈利模式及利益分配模式。切斯布拉夫认为业务模式的转变对创新绩效尤为重要。在顾客、服务提供商、服务集成商等多主体共同创造服务价值的情境下，为了实现新的服务解决方案，维持可持续的服务创新网络组织，必须设计出切实可行、积极稳妥的利益分配分享机制，使各利益相关者的付出与收益相匹配。核心企业必须营造一种分享、交流、合作的价值共创文化，即使一部分利益相关者短期获利较少，也能推动整体价值共创的利益最大化。苹果公司基于 iPhone 推出的 App Store（软件应用商店），之所以大获成功，其中重要的一个因素是 30/70 利益分配模式，苹果公司仅分得软件收益的 30%，而第三方开发商获得 70% 的利益分成，极大地激发了开发商的创新积极性。

（三）服务创造的"五流合一"

供应链中包括信息流、物流和资金流，服务创造中还包括服务流和价值流。"服务流包括两个内涵，一是下游的服务需求在网络上的信息传导；二是各个节点连续的服务行为。价值流，是指连续的价值创造和增值过程。价值不再是从下游向上游的简单扩散，而是各个阶段的主动创造和汲取，依据服务物流通道，形成独特的价值流。顾客的服务需求快速在服务供应链网络各个环节流动，并引起供应链的柔性变革和快速响应。"① 在服务创造中实现的是动态的"五流合一"。一是信息流。现

①　李红：《服务供应链运营管理分析》，《九江学院学报》（自然科学版）2010 年第 3 期。

代服务业拥有最庞大的信息资源，以百度为代表搜索引擎拥有全国最大的消费者行为数据库，只需要运用适当工具分析，就可以帮助企业定位目标顾客的地域分布及偏好，正是技术创新所带来的巨大改变。服务行业多主体交互创新促进不同主体的个体信息资源转化为群体组织信息资源，加速了信息在供应链不同环节间的传递和扩散。二是资金流。现代服务业企业在互联网环节下，可聚集的资金来源更加广泛，有利于资金周转流动的顺畅。三是物流。物流作为服务业中的重要行业，是为顾客提供无缝衔接体验的关键环节，因此，京东、苏宁等企业自建物流体系。四是服务流。为了给顾客提供高效的服务解决方案，各服务提供商与服务集成商之间形成密切联系，从服务设计、准备、实施和评价都贯穿着主体间的交换创新，企业的组织创新和商业模式创新。五是价值流。在创新驱动服务业发展的价值流中，不是价值从下游向上游扩散的简单价值流，而是服务过程中，各主体积极创造价值，形成复杂的价值流。例如，顾客交互创新实现价值方案形成价值增值，各个供应商满足不同的服务需求形成价值增值。新服务概念创造、技术创新、组织创新、交互创新和商业模式创新又融合于服务创造的"五流"之中，形成动态的过程。阿里巴巴当之无愧是融合全流程服务链创新的行业标杆。通过构筑电子商务集团、智能物流骨干网、蚂蚁金融服务集团三大支柱，以阿里云和大数据平台为支撑①，成功营造"五流合一"的产业生态。

三　创新驱动长三角地区现代服务业的差异性分析

服务业有多种分类，笔者根据研究需要，依据要素密集度将服务业分为劳动密集型服务业、资本密集型服务业和知识密集型服务业。劳动密集型服务业主要包括批发零售、维修、餐饮等行业，这类行业主要是面向生活的服务行业，以企业创造价值满足顾客需求为主，创新的复杂度相对较低。资本密集型服务业主要包括电信、金融、保

---

① 程建润：《互联网对服务业带来的十大影响》，中华人民共和国工业和信息化部网站，2015 年 1 月 26 日。

险、运输、仓储等行业，这类行业需要大量的资本进行前期投入，新兴技术的吸收能力强，既满足生活需求也满足生产需求，正由企业创造价值为主逐渐转向共同创造价值。知识密集型服务业主要包括咨询、研发等科技服务业，主要面向生产提供服务，以价值共创为主。长三角地区服务行业门类齐全，三类服务业集聚，但如前面章节所述，两省一市存在发展的差异性，上海主打以科技服务业为主的高端服务业，浙江电子商务和物流是亮点，江苏确立未来重点培育和发展新一代信息传输服务业、信息技术服务业等高端服务业。由此可见，长三角地区服务业发展的导向是从劳动密集型服务业转向资本密集和知识型服务业。

　　创新驱动不同类型的服务业侧重点存在差异。劳动密集型服务业的创新驱动发展，需要充分利用技术创新的新成果，强化交互创新，创新服务模式；资本密集型服务业创新空间巨大，需充分利用新概念创造、技术创新、组织创新、交互创新、商业模式创新等多种创新模式，不断催生新业态、新形态，满足消费者个性化需求。知识密集型服务业是长三角地区培育发展的新热点，这类服务业更多的是"一对一"的个性化解决方案，尤其强调交互创新在其中所起的作用。由于篇幅有限，无法对创新驱动长三角地区所有服务业进行分析研究，考虑产业发展方向、区域产业优势和产业发展问题，选取长三角科技服务业、电子商务、物流和产业融合发展，在后续章节展开分析。

第三节　创新驱动长三角地区科技服务业发展

一　科技服务业概念与特征

（一）科技服务业概念

　　国外有关科技服务业研究起步较早，我国科技服务业始于 20 世纪 80 年代，是伴随产业结构调整和创新驱动发展推向深入，逐渐发展并引起重视的新兴行业。目前我国还没有对科技服务业的内涵和外延作统一的界定，1992 年原国家科技委员会颁布的《关于加速发展科技咨询、科技信息和技术服务业意见》将科技服务业定义为"科技咨询、科技信息和技术服务业的统称"。2014 年国务院出台《关于加快科技服务业发展的若干意见》，指出科技服务业发展的重点领域为"研究开发、技术转移、检验检测认证、创业孵化、知识产权、科技咨询、科技金融、科学技术普及等专业科技服务和综合科技服务"。由此可见，并没有对科技服务业进行严格定义，只是罗列出一些重点行业。随着互联网等技术进步和变革促进服务业创新要素重组，不断衍生新兴业态和模式，科技服务业的内涵及外延也在不断扩展。

国外研究中对"科技服务业"的提法并不多见，与之相对应的是知识密集型服务业。在研究范围上，知识密集型的研究领域更宽泛，不仅包括研发服务、科技中介这些科技服务业，还包括金融、通信、软件设计、工程设计等行业，借鉴知识密集型服务业的研究成果能够更好地揭示科技服务业的本质问题。"贝特托（Betterton，2002）认为知识密集型服务业是指那些通过知识积累、创造和扩散等活动并且提供特定服务以满足客户要求的企业，卡托里特赞（Czaritza，2003）指出知识密集型服务业是在制造业或其他产业更新知识和设备、购买投资产品过程中，提供互补性知识和服务以实现创新的产业。沃恩（Wong）等指出知识密集型服务业是研究如何将知识融入创新系统中的服务业"[1]。通过定义揭示知识密集型服务业的活动本质是如何通过知识创新实现产业发展的。国内学者对科技服务业的界定与国外知识密集型服务业的概念具有一定相似性，笔者认为包含三类，前两类是借鉴蒋永康（2010）等将科技服务业的定义分为"目的论"和"手段论"，"目的论"认为"科技服务业是为促进科技进步和提升科技管理水平提供各种服务的所有组织或机构的总和"。"手段论"认为"科技服务业是以技术和知识向社会提供服务的产业，其服务手段

---

① 王吉发、敖海燕、陈航：《基于创新链的科技服务业链式结构及价值实现机理研究》，《科技进步与对策》2015 年第 8 期。

是技术和知识，服务对象是社会各行业"①。还有一类是"特征论"，魏江等最早在国内对知识密集型服务业开展研究，根据知识密集型服务业高知识度、高技术度、高互动度和高创新度，提出知识密集型服务业是指那些知识密集度高，依靠新兴技术与专业知识，具有较明显的客户互动特征的商业性公司或组织。② 笔者认为，科技服务业是运用现代新技术、新方法、新的服务方式，以促进科技进步和产业创新为目的的知识创造、积累和扩散活动。科技服务业不同于其他服务业，它的服务手段是抽象的技术、知识、管理方法等，服务的对象是科学技术的生产、传播及应用部门，服务的目的是为企业或机构提供生存发展的动力。

（二）科技服务业分类

科技服务业涵盖的范围广泛，学术界从服务对象、科技服务业功能、科技活动过程及内容、服务生产方式等维度，对其展开分类。例如，马福祥（2005）将科技服务业分为五类：一是主要为科技资源的有效流动、合理配置提供服务的科技服务结构，例如，技术中介机构；二是以现有中小企业为服务对象的技术创新综合服务业机构，例如生产力促进中心；三是为中小企业创业发展提供空间和其他服务机构，例如科技孵化器；四是使科技服务规范化、标准化、为科技服务机构提供培训等服务业机构，例如行业协会；五是利用科技文献、科技信息和科技管理经验提供咨询服务的机构，例如科技评估中心。③魏江（2007）对知识密集型服务业的分类也值得借鉴，从服务生产方式维度出发将知识密集型服务业分为三大类：标准化生产方式，例如金融产品开发；模块化生产方式，例如软件解决方案；定制化生产方式，例如研发服务、工艺设计等。李晶、黄斌（2011）的"功能论"分类法，认为我国《国民经济行业分类目录》是从不同的功能

---

① 蒋永康、梅强、李文远：《关于科技服务业内涵和外延的界定》，《商业时代》2010年第6期。

② 魏江、陶颜、王琳：《知识密集型服务业的概念与分类研究》，《中国软科学》2007年第1期。

③ 马福祥：《江苏科技服务业发展战略研究》，硕士学位论文，东南大学，2005年。

角度对科技服务业进行界定与划分的，提出科技服务业包括服务于创新的研发服务业、服务于生产的工业设计创意服务业、服务于社会的信息咨询服务业、服务于创业的创业服务业。[①] 沈金荣等（2015）遵循科学技术的产生、扩散、应用的活动内容，将科技服务业分为科技研发服务，例如各类重点实验室、企业技术中心；科技中介服务，例如生产力促进中心、行业协会、创新联盟等；科技应用服务，例如中试基地、大学科技园、孵化器等（见图7-2）。这些分类方法为本书研究创新驱动长三角地区科技创新服务业发展提供思路和框架。

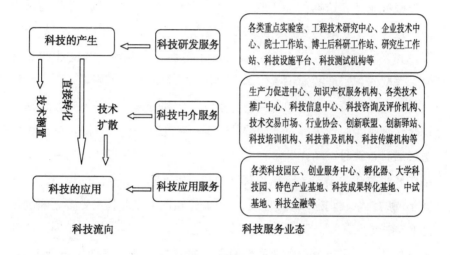

图7-2　科技服务业分类

资料来源：沈金荣、董海燕、顾欣等：《科技服务业分类研究综述》，《科技与创新》2015年第8期，第2页。

（三）科技服务业特征

学术界已有一些学者对科技服务业和知识密集型服务业的特征进行总结，李红（2005）总结了知识密集型服务业呈现的七大特征：①蕴含密集的知识资产，②高素质驾驭知识资产的知识工作者，③高度依赖新技术，④提供"知识服务"的角色定位，⑤高交互性与网

---

① 李晶、黄斌：《科技服务业新分类及发展形势分析》，《企业科技与发展》2011年第23期，第20—26页。

络学习，⑥高度创新，⑦强渗透与强辐射性；魏江等（2007）认为其具有高知识度、高技术度、高互动度和高创新度；刘开云（2014）认为科技服务业具有服务业广泛性、智力密集性和正外部性；沈金荣（2015）提出科技服务业包括服务的系统性、服务的专业性、知识智力密集型三大特征。笔者根据科技服务业的本质和对区域经济发展的带动性，结合研究需要重点强调科技服务业"三高一强"特征：

（1）高度隐性知识。温德拉姆（P. Windrum）和汤姆林森（M. Tomlinson）（1999）① 提出知识密集型服务业产品包含高度的隐性知识，科技服务业具有这样的显著特征。它不同于制造业提供的可编码化产品，这种知识一般需要长期的知识积累才可能创造及产出，且不易清晰表达和有效地转移扩散，具有较强的个体性、默会性、情境性和文化性。驾驭知识资产的知识工作者需要长期的知识学习和积累才可能胜任此行业工作，每个人的知识背景、系统结构和传递方式等不同，这种知识转化为现实生产力针对不同的群体绩效存在较大差异。隐性知识可以通过语音、符号、动作等多种方式表达及传播，接受者或沟通者的知识结构和吸收能力不同，感知和获得的知识也不同。在不同的情境下，如在不同的地域及沟通环境和特定任务下，知识工作者和接受者之间的传递和创造效果不同。同时，科技服务业还受到文化地域性的差异。这种特征也就决定了科技服务业的转移及扩散比制造业及其他服务业要难，在创新发展中必须克服行业自身特性障碍。

（2）高交互性。马尔勒（Muller）和泽克（Zenker）曾指出交互性和客户相关性是知识密集型服务业的最主要共同特征之一。② 科技服务业一般为企业、政府部门、其他机构提供个性化、差异化的问题解决方案，需要服务提供商与顾客间频繁的交流与互动。交互过程中

① P. Windrum, & M. Tomlinson, "Knowledge – Intensive Services and International Competitiveness: A Four Country Comparison", *Technolgy Aanlysis & Strategic Mangement*, 1999, 11, pp. 391 –408.

② E. Muller, A. Zenker, "Business Services as Actors of Knowledge Transformation: the Role of KIBS in Regional and National Innovation Systems", *Research Policy*, 2001, 30（09）, pp. 1501 –1516.

不仅是知识的传递过程，也是知识获取过程，科技服务业一些是特定性行业服务，例如基础研究或关键技术领域只针对特定行业服务，一些是广泛性服务，如科技推广及孵化，由于差异性行业都存在专有性知识，知识只有在交互过程中才能实现价值共创。服务提供商与顾客沟通越深入、联系越密切，越容易交付最佳的解决方案。因此，在本小节的研究中要重视科技服务业与不同行业领域间的交互创新。

（3）高创新性。服务业往往被认为是创新迟缓，并且技术创新对服务业生产率的提高和规模增长的贡献较小，而且服务业只是技术的被动使用者，而不是创新者，这种观点对于普通服务业是正确的，但是对于知识密集型服务业则是错误的（温德拉姆和汤姆林森，1999）①。高创新性是科技服务业最突出的特性，它是知识的吸收者、整合者、传递者和转移者，不仅是创新源，而且有利于创新的传播及扩散。

（4）强辐射性。主要包括地域的强辐射性和行业的强带动性。伴随着互联网、大数据、云计算等新一代信息技术的快速发展，科技服务业这种以智力及知识为服务主体的业态，辐射半径得到极大的扩展。科技服务机构提供线上线下服务，满足不同类型客户随时随地的需求。长三角地区中上海的科技服务业发展条件和基础优越、发展势头最迅猛，可以辐射带动长三角地区创新体系和产业提升。同时，科技服务业不仅可以带动制造业和农业发展，而且不断催生新形态和新业态。科技服务业为第一、第二产业提供直接和间接的知识服务，提供行业的质量和效益。在专业化分工不断深入的全球化格局下，服务外包催生出研发外包、生物CRO，创新要素的重新整合，催生科技博客、创客、众包等商业模式。

二　科技服务业在创新体系中的功能

科技服务业由于其服务内容、对象、目标的特殊性，决定了它与

---

① 刘顺忠：《对创新系统中知识密集型服务业的研究》，《科学学与科学技术管理》2005年第3期。

其他产业及创新体系有着千丝万缕的联系，也就是说，科技服务业自我创新或内部创新是不够的，还需求在整个系统中实现创新。因此，创新驱动科技服务业的发展不仅要考虑其自身的特性，还需要考虑其在整个大系统中的功能及定位。笔者结合各学者研究精华，总结出三大功能：创新源功能、桥梁功能、平台功能。

（1）创新源功能。创新源功能是指科技创新机构在与顾客交流中，扮演着创新源头的功能。在创新体系中创新源主要有四类：企业、高校和科研院所、科技服务中介以及大众。企业是创新的主体，通过内设研发机构、内部创新和集群创新实现创新价值；高校和科研院所是知识积累和基础研究的核心；大众或者顾客创新营造全社会创新氛围；科技服务业属于重要的科技服务中介之一，不仅包括自身知识积累，吸收新技术、新知识，开发新技术、新方法，创造符合行业和市场要求的适合技术、生产方法、知识应用模式，而且是外部企业重要的创新源，随着研发外包的兴起，科技服务业将承担更多的研发活动。科技服务业还是集群创新的重要创新源，生产新知识，再将知识传播给其他企业。

（2）桥梁功能。斯特姆布拉奇（Strambach，2001）在研究知识密集型服务业的知识生产和知识转移时指出，知识密集型服务业扮演获取知识、生产新知识和扩散新知识三大功能。[①] 魏江等（2007）提出创新桥梁有四层含义：传统桥梁、"蜜蜂式"桥梁、"红娘式"桥梁和区域内外部桥梁（或称为"网关式"桥梁）。传统桥梁是线性的知识转移；"蜜蜂式"桥梁是像蜜蜂交叉授粉一样，将观点经验从一个企业带到另一个企业，并在不同企业间构筑虚拟桥梁；"红娘式"桥梁是提供一个"端口"帮助企业与大范围内的专业服务连接；"网关式"桥梁是构筑区域通往外部的桥梁。[②] 斯特姆布拉奇观点的核心

---

① S. Strambach, *Innovation Processes and the Role of Knowledge – intensive Business Services*, Heidelberg：Physica, 2001.

② 魏江、朱海燕：《集群创新系统的创新桥梁：知识密集型服务业》，《浙江大学学报》（人文社会科学版）2007 年第 3 期。

揭示了科技服务业的本质是知识的流动性活动，魏江的观点告诉学者们，知识的流向可以是多样的，可以是线性、网状或者"一对多"，也可以是对内外"接受者"和"发散源"。

（3）平台功能。在科技应用服务业中包括的科技园区、大学科技园、中试基地、孵化器、创新服务业中心、科技成果转化基地、创新驿站等，伴随着科技进步和产业创新，还不断催生出创意小镇等，这些为创新创业提供空间、资金、技术、创意、人才等要素，是知识交流和转化的重要平台，越来越得到地方政府、企业、创业达人的青睐。平台功能还包括科技服务业为顾客、企业搭建与金融、保险等行业的沟通平台，完善创新链和服务链。

三　创新驱动长三角地区科技服务业的路径

（一）长三角地区科技服务业发展的主要问题

一些学者已对长三角地区科技服务业发展的现状及问题进行研究，但是面临的重要问题就是科技服务业的概念、分类及统计标准不统一，因此，这类研究迄今并不多见。石忆邵、刘玉钢（2009）通过上海市经济普查数据总结出，科技服务业发展迅速、潜力大，技术市场交易额稳步增长，技术扩散能力明显增强，但存在发展区域不平衡、规模和后劲不足、科技中介机构的认同度低、人才匮乏等问题。我国科技服务业发展的主要问题是规模小和"断链"服务（田波，2013）。笔者认为，科技服务业发展迅速且潜力大是我国转向创新驱动发展新阶段的必然，发展区域不均衡是科技服务业自身的特征及要求所决定，科技服务业的发展需要高创新要素集聚、高对外开放度、高产业集聚性，即使是发达国家也无法实现发展的区域均衡。发展规模小说明科技服务业还处于产业发展演进的初级阶段，表现出来的后劲不足是由于体制机制各种约束，无法跨越发展中的障碍。存在"断链"服务，主要是科技服务业的桥梁功能和平台功能没能得到充分发挥，无法实现知识从获取集聚、整合创造到扩散转移的顺畅流动。因此，研究创新驱动长三角地区科技服务业发展中，主要解决问题背后的本质：如何创新才能实现科技服务业的创新源功能、桥梁功能和平台功能的有效发挥；如何更好地实现知识的获取集聚、整合创造和扩散转移；如何在强调个性化和差异化的科技服务业中实现供需匹配；如何更好地发挥科技服务业在长三角区域创新系统的作用，这些是本小节要解决的关键问题。

如图 7 - 3 所示，创新驱动科技服务业发展包括三部分内容：一是服务业本质活动，包括知识获取集聚、知识整合创造和知识转移扩散；二是创新驱动科技服务业功能的有效发挥；三是以创新促进科技服务供给的匹配，具体如下文所释。

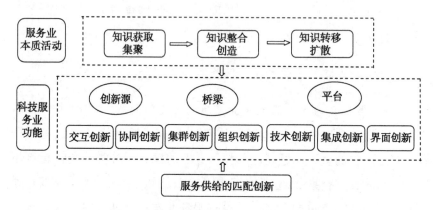

图 7 - 3　创新驱动科技服务业发展过程

（二）基于功能有效发挥的创新维度

（1）有利于创新源功能发挥的创新形式

交互创新。科技服务业的重要特点之一是高度知识隐性，且具有知识的专属性和高度关联不易标准化和重复使用的特点，越是不易表达、不易显性的知识越需要交流。顾客、供应商等主体的知识是否能够顺畅地从个体知识转变为群体知识，直接影响着科技服务业作为创新源功能的发挥。服务提供机构与顾客或供应商在创意产生、新概念开发、创新方案设计、服务生产和服务评价等环节的互动交流更有利于创新实验室、研究中心、科技测试机构的研究开发新技术、新产品。科技服务业在交互创新中知识生产过程是：首先获取新的显性和隐性知识，然后将新知识和已有知识基础重新组合，转化为可以编码的知识，提供新的服务将新知识扩散给用户①，这三个阶段循环往复，时间及空间上并存。

协同创新。科技服务业作为重要的创新源有其自身的知识积累和创造的限制，与高等院校、科研院所等机构协同创新，构筑产、学、研联盟，有利于知识集聚和创造，2001 年成立的浙大网新集团是业界较成功的范例。网新集团是依托浙江大学综合应用学科优势组成的科技咨询服务集团，截至 2016 年 2 月，已经形成下设浙大网新科技股份有限公司、浙江众合科技股份有限公司、浙江浙大网新科技产业孵化器有限公司等 13 家企业的集团。近年，网新集团不断扩展协同创新的主体和内容，已形成"科技 + 金融 + 运营"的全方位管理和服务，在科技服务、创新研究、智慧园区等领域取得显著成效。通过共建实体的技术创新合作，支持商业模式创新，贯穿人才培养合作和创新管理，网新集团与浙江大学在技术、管理以及人才培养上展开全方位的产、学、研合作。② 在产学研合作中，汇集计算机、工程技术、生物科技、能源工程等多学科多领域的浙江大学就是强大的知识创新源，网新集团根据调查获得的企业项目及业务需求，有针对性地与浙大形成创新团队，促成知识集聚，再整合知识、创造适合顾客需求的解决方案，有效实现了科技成果的产业化。

（2）有利于桥梁功能发挥的创新形式

集群创新。集群创新系统中主要包括企业是创新的主体；高等院校担负着知识积累传承和前沿知识技术开发的重任；科技服务业不仅是创新源，更重要的是创新的桥梁和节点，承担着对内对外牵线搭桥形成创新网络的任务。知识在集群中生产、被吸收、整合和扩散，科技服务业要充分融入集群创新系统之中，密切与集群内企业的合作，同时，加强与集群外创新主体的联系，成为集群获得外部知识和技术

---

① 刘顺忠：《知识密集型服务业在创新系统中作用机理研究》，《管理评论》2004 年第 3 期。

② 陈劲、杨晓惠、郑贤榕等：《知识集聚：科技服务业产学研战略联盟模式——基于网新集团的案例分析》，《高等工程教育研究》2009 年第 4 期。

的桥梁。

组织创新。组织创新在科技服务业有效发挥桥梁功能中起到重要的催化作用。科技服务业在信息技术快速发展的背景下，可采用线性、"蜜蜂式"、"红娘式"和网关式多种形式的桥梁功能，服务对象又多种多样，服务内容更多的是个性化的解决方案，因此，随着服务企业功能和对象扩展，组织结构要随之变革。例如，尝试搭建无边界的创客平台，一方面是顾客、供应商、高等院校多主体的研发平台，一方面是基于互联网的顾客交互平台，开放式技术研发、开放式设计，采用合作式创投基金和众筹等方式融资，形成新型开放的组织结构。

（3）有利于平台功能发挥的创新形式

界面创新。界面创新是指以建立良好的交互关系为目的，锁定顾客并满足顾客特定需求的创新。服务企业提供不同的接触界面就意味着不同的创新方向与运作模式。① 第一类是面向顾客或供应商的服务本身，如在线服务、自主服务。顾客等相关主体接触的对象是服务人员或服务终端，为顾客展示、宣传、解答服务产品。创新的方向是多渠道、多样化的沟通界面，例如可借鉴中国移动的"10086"。第二类是感知环境及体验。例如企业网站、中介网络平台、企业服务环境或者零售行业的亚马逊在线书店、淘宝在线购物等。服务企业在顾客活动的不同关键接触点优化顾客体验、加速双方交流。第三类是构筑中介平台，形成创新生态网络。科技服务业企业不一定提供金融、保险、信息通信等服务，但可以为顾客、企业搭建交流的信息平台，促进形成完整的服务链和创新链。这类界面的创新方向主要通过商业模式创新和组织创新。以上提及的网新集团采取的"科技＋金融＋运营"的服务方式就是商业模式创新的范例，网新集团还下设浙江中网银新投资管理有限公司完善创新生态系统。

技术创新。在大数据、云技术和互联网等新一代信息技术的强大

---

① 刘小峰、程书萍、盛昭瀚：《不同驱动力下的服务创新及其竞争优势分析》，《科技与经济》2012 年第 6 期。

支撑下，科技服务业充分吸收和改进新技术为行业所用，有利于界面创新和桥梁功能的发挥。例如，运用大数据的采集、存储、处理、分析等功能，构筑交流平台、搜寻目标客户、分析潜在顾客需求，运用电子技术处理模块式订单等。一些内容已在创新驱动科技服务业创新发展中论述，在此不再详述。

集成创新。集成创新一般是指集合多技术、多要素的组合创新。在促进科技服务业的平台功能发挥时，主要是集合多主体、多创新要素，搭建创新平台。2015年6月和2016年1月浙江省分别发布第一批省级特色小镇名单，也正在培育更多个特色小镇，这些小镇中不乏智能小镇、互联网小镇、创意小镇等，还有已经成型的杭州云栖小镇、余杭梦想小镇等，这些虽然不是学者们都认同的科技服务业，因为其中有政府主导和推动的成分，但这些集合多主体力量的创新结果已经成为科创中心。因此，凡是能够促进知识集聚、创造和扩散的创新要素集合及创新都是重要且值得尝试探讨和研究的内容。

（三）基于供需服务匹配的创新维度

科技服务业提供的一般是个性化或差异性的问题解决方案，因此，供需服务匹配问题是创新的重要创新环节之一。如图7-4所示，创新驱动供需服务匹配的过程分为三部分：一是服务供给部分，包括专项服务业，例如科技研发；集成服务，例如服务套餐；中介服务，例如技术转让。二是服务需求部分，主要包括专属服务需求和公共服务需求。三是匹配过程创新，供需匹配的内容主要包括匹配质量与效率、认为分派效率和质量、服务认知度、服务价值、服务速度，创新形式主要包括产品创新、流程创新、界面创新、管理创新和技术创新。服务匹配创新过程是从需求侧获取服务需求或者从供给侧搜寻需求，然后进行服务分派，对服务匹配和服务推送、供给侧和需求侧进行系列创新，实现服务的成本更低、效率更高、速度更快、质量更优的目标。在这个过程中，最关键的部分是匹配过程创新，具体包括促进服务匹配的创新和促进服务推送的创新。

（1）促进服务匹配的创新。为了提高匹配和任务分派的效率和质量，积极对服务产品的形式及内容进行创新，例如推出综合性个性化

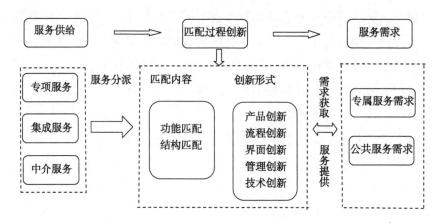

图 7 - 4　科技服务业供需服务匹配创新过程

资料来源：根据赵馨智、刘亮、蔡鑫《工业产品服务系统的匹配策略——基于能力
需求/供给匹配视角》（《科学学研究》2014 年第 7 期）相关图修正而得。

的服务方案；对服务流程进行创新，例如采用集 IT 设施、云计算、
运营管理于一体的新兴管理系统；对服务界面进行创新，如对顾客界
面升级换代，模块化服务实现远程化、自动化、批量化操作。加强技
术创新的吸收及应用能力，提高匹配的调整优化度。

（2）促进服务推送的创新。为提高服务认知度和推送速度，运用
多领域技术创新，如支持移动、固定网络系统，便于顾客交付的平
台；完善从派单到定制化服务、查询、统计等全业务功能。加强服务
营销力度，积极引导顾客参与服务设计，进行商业模式重构等。

（3）供给及需求侧管理创新。运用服务外包、众包、顾客参与创
新、服务能力投资、产学研协同创新等方式，提高供给的创造能力。
运用 Web、服务预测方法、服务数据挖掘、服务网络规划、产品创
新、服务深化等方式，提供需求表达的准确度、表达传递速度和需求
创造能力。

（四）创新生态系统中科技服务业功能演进

"创新系统"概念演进经历多个阶段，自从 20 世纪初熊彼特提出
"创新"概念以来，"创新"一词不断赋予新内涵，研究也逐渐深入。
1985 年朗德沃率先提出创新系统（system of innovation）概念，1987
年弗里曼首次在《技术政策与经济绩效：日本的经验》中使用"国

家创新系统"（National Innovation System），1992 年库克（Philip Cooke）率先强调"区域创新系统"的重要性。国家创新系统将日本经济推向繁荣，但 1990 年日本陷入"失落的十年"，而美国的硅谷却在持续创新并蓬勃发展。安纳利·萨克森宁（2000）等学者提出"创新生态"概念，2003 年美国总统科技顾问委员会（PCAST）概括性地提出"创新生态系统"（Innovation Ecosystem），但至今还没有统一的概念界定。李万（2014）等认为创新生态系统是指一个区间内各种创新群落至今及与创新环境之间，通过物质流、能量流、信息流的联结传导，形成共生竞合、动态演化的开放、复杂系统。① 区域创新生态系统有了空间限制。

　　创新范式研究经历了三个阶段，由最早提出的封闭式或线性创新，转向以国家创新体系为主的开放式创新，再发展到如今的创新生态系统，研究的理论基础、创新主体关系、创新战略重点、价值实现载体和创新驱动模式都在不断演进和丰富完善，科技服务业在创新系统中的功能及作用也在不断演进，如表 7 - 5 所示。在封闭式创新范式下，强调企业单体的自主研发，科技服务业的作用并不显著；在开放式创新范式中，强调政府、企业、科研院所产、学、研协同创新，科技服务业作为创新主体之一，在其中主要发挥桥梁功能；在创新生态系统范式中，强调多主体共生共创，将用户或顾客、科技服务中介作为与企业、科研院所、政府同等地位的创新源，相互之间既存在竞争性也存在互补性，共同实现创新知识积累、整合创造和扩散过程。

　　由此可见，科技服务业自身的创新无法脱离整个创新生态系统，创新生态系统是其赖以生存发展的环境，在生态系统中充分吸收创新知识，并成为知识创造主体、知识传播节点和桥梁。

---

　　① 李万、常静、王敏杰等：《创新 3.0 与创新生态系统》，《科学学研究》2014 年第 12 期。

表 7-5 三代创新范式比较

	封闭式创新	开放式创新	创新生态系统
理论基础	新古典经济理论和内生长增长理论	国家创新体系	演化经济学及其新发展
创新主体关系	强调企业单体内部	产学研协同	产学研用"共生"
创新战略重点	自主研发	合作研发	创意设计与用户关系
价值实现载体	产品	服务+产品	体验+服务+产品
创新驱动模式	需求+科研双螺旋	政府+企业+学研 需求+科研+竞争 三螺旋	政府+企业+学研+用户 需求+科研+竞争+共生 四螺旋
科技服务业功能	功能无法有效发挥创新促进作用有限	作为创新中介、发挥桥梁功能	作为创新源之一,与其他创新主体有机共生,充分发挥平台、桥梁功能,实现价值共创

资料来源:在李万《创新 3.0 与创新生态系统》中"三代创新范式的比较"基础上添加"科技服务业功能"相关内容。

第四节 "一带一路"战略下跨境电子商务及物流业的创新发展

一 "一带一路"战略对长三角地区跨境电商和物流业发展带来的机遇

2013 年 9 月习近平主席在哈萨克斯坦提出"丝绸之路经济带",同年 10 月在印度尼西亚提出共同打造"21 世纪海上丝绸之路",2015 年 3 月在海南博鳌亚洲论坛上,中国国家发展改革委、外交部和商务部联合发布《推动共建丝绸之路经济带和 21 世纪海上丝绸之路的愿景与行动》(以下简称《愿景与行动》),这表明中国主动、深入融入全球经济体系,引领世界经济发展的战略更加明晰。《愿景与行动》中指出:"共建'一带一路'旨在促进经济要素有序自由流动、资源高效配置和市场深度融合，推动沿线各国实现经济政策协调，开展更大范围、更高水平、更深层次的区域合作，共同打造开放、包容、均衡、普惠的区域经济合作架构。"尽管在《愿景与行动》中将新疆和福建列为"丝绸之路经济带"和"21世纪海上丝绸之路"的核心区，打造西安内陆型开放新高地以及重庆、成都、郑州、武汉、南昌、合肥等内陆开放型经济高地，加强上海、天津、宁波、广州、深圳等城市建设，但是并不意味着这些省份和城市具有排他性的地位，实际上，所有地区都可以参与"一带一路"的建设。①长三角地区上海、宁波被"一带一路"列为重点建设区，其实，整个长三角地区都可以凭借良好的产业基础，依托"一带一路"探寻发展之路。"一带一路"战略影响是深远的，既有地缘政治效应，也有动态及静态的贸易效应，对于长三角地区而言，对电子商务和物流业的发展影响最深远。

（一）助力跨境电商突破时空限制，实现井喷发展

2013年8月国务院办公厅转发了商务部等9个部委《关于实施支持跨境电子商务零售出口有关政策的意见》，上海、重庆、杭州、宁波、郑州、广州和深圳等城市先后成为国家跨境电商进口服务试点城市，上海"跨境通"、杭州"跨境一步达"和宁波"跨境购"已探索出发展新路子。据商务部电子商务和信息化司的相关报道，2014年我国跨境电商平台企业达5000余家，跨境网络零售交易额4492亿元，同比增长44%，进口同比增长60%，出口同比增长40%；2016年跨境电商进出口贸易额预计达到6.5万亿元，2018年增长至8万亿元。浙江在阿里巴巴速卖通、杭州全麦、杭州子不语等大型跨境电商平台的带动下，2014年跨境电商进出口额仅次于广东，占全国20%，跨境电商出口销售额约63.5亿美元。上海海关公布2015年上海口岸跨境电商销售额突破4亿元，同比激增10.2倍，江苏的跨境电商也发展迅速，江、浙、沪已成为我国跨境电商的核心区之一。长三角地

---

① 刘卫东：《"一带一路"战略的科学内涵与科学问题》，《地理科学进展》2015年第5期。

区在服装鞋帽、家居纺织等轻工业跨境出口上占有优势，生产基地带动的产业集群效应突出。"一带一路"发端于中国，贯通中亚、东南亚、南亚、西亚乃至欧洲部分区域，东牵亚太经济圈，西系欧洲经济圈，覆盖约44亿人口，经济总量约21万亿美元，分别占全球63%和29%①，将为我国电商带来新机遇，2015年以义乌电商跨境销售目的国为例，出口国由美国、俄罗斯等国迅速扩展到法国、西班牙、南非等100多个国家和地区。

（二）推动物流企业走出去，打造中国版"物流互联网"

"一带一路"战略设想必将推进交通基础设施、干线通道、互联互通等关键环节，"从'一带一路'的路线图来看，相当于打造一个中国版'物流互联网'，将参与各国的运输体系连接起来，构建海陆空一体化的物流通道，实现全球物流一体化"②，为物流业发展创造前所未有的机遇。国际贸易的增长必然推动人口流动和商品流动，物流需求也会大幅增加，促进我国境内加快物流基础设施建设，打通通往国外的物流节点，构建多式联运的综合运输网络体系。"一带一路"上多是发展中国家，物流企业可通过跨国并购等方式，获得国际物流资源，扩展国际业务，是物流业深度融合、走出去的重要机遇。

二 长三角地区跨境电子商务与物流业创新发展机理

学者们已有关于电子商务行业或者物流业创新的许多研究，但是，大都注重行业自身的创新发展，实际上，这两个行业是密切关联的，是"你中有我，我中有你"，将两者结合探讨融合发展创新的研究在国内并不多见。现如今，产业发展的边界越来越模糊，电子商务行业中的"大佬"自建物流系统，物流行业不断将业务触角延伸到其他行业，行业间的融合发展创新研究尤为重要。在"一带一路"战略下跨境电商与物流业创新发展过程包括两个自我创新体系，一个

---

① 龚雯、王俊荣、王珂：《新丝路：通向共同繁荣》，《人民日报》2014年6月30日。

② 罗明、张天勇：《"一带一路"背景下我国物流业发展面临的机遇与挑战》，《物流技术》2015年第34卷10月刊（下半月）。

是电子商务行业的创新，一个是物流业的自身创新，同时两大行业系
统之间又是协同共促实现创新。"一带一路"战略将促进经济要素跨
区域流动，极大地扩展了行业发展的空间，在跨区域经济合作中也将
得到国家强有力的政策支撑，推动传统电子商务企业的业务范围从国
内扩展到国际，跨境电商将保持快速增长势头。跨境电商业务量增
加，对物流配送系统提出更高的要求，推动物流行业的创新发展。物
流效率和成本是跨境电商体验中的重要环节和组成部分，行业之间需
要通过协同创新、交互创新等实现价值共创过程，如图 7－5 所示。

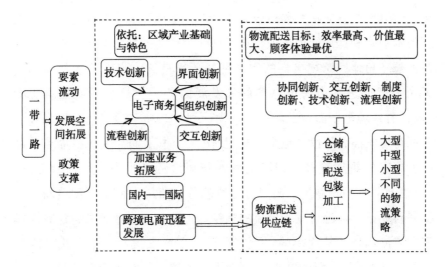

图 7－5 跨境电商与物流业创新发展过程

（一）"一带一路"战略下跨境电商的创新发展

"一带一路"战略对电子商务行业的最大影响是将电商国际目标
市场从以前的以欧美国家为主，扩展到中亚、南亚、西亚等地区。在
"一带一路"战略下，跨境电子商务作为外贸增长的强大引擎，纷纷
得到地方政府的支持。以浙江省为例，2015 年 3 月出台了《浙江省
跨境电子商务发展三年行动计划（2015—2017）》，给予浙江中小企
业政策支持，将通过举办中国浙江跨境电子商务交易博览会暨高峰论
坛、积极培育省级跨境电子商务园区、推进跨境电子商务公共海外仓
建设、试行跨境电子商务企业备案登记制度、建立全省跨境电子商务
监测统计体系、加快跨境电商人才培养等方式促进行业发展，扫清发

展过程中的制度障碍。

　　跨境电商行业自身也顺应技术革新潮流，引领行业创新发展。跨境电商行业发展符合创新驱动现代服务业发展的基本规律，技术创新和制度创新是跨境电商行业发展的强大支撑，新概念创造、交互创新、界面创新、商业模式创新和组织创新是核心内容。近年大型电商企业凭借其雄厚的资金实力不断引入新技术开发新服务，例如阿里巴巴在 2009 年 4 月建立首个"电子商务云计算中心"，2010 年上线基于云计算平台的创新产品，2012 年正式投入运营云应用，2014 年又推出 ODPS 中小企业大数据服务支持[①]，说明长三角地区电商企业的新技术吸收和运用能力很强，技术创新为行业发展形成了强有力的支撑。长三角地区跨境电商的制度创新环境良好，2015 年上海市出台了《关于促进本市跨境电子商务发展的若干意见》和浙江省出台《浙江省跨境电子商务发展三年行动计划（2015—2017）》，浙江和上海的跨境电商发展速度也位居全国前列。新概念创造是电商企业持续吸引顾客的重要途径，跨境电商的新概念创新也表现得异常活跃，"一达通"的贸易融资、阿里巴巴贷款等，跨境电商不断创造新产品扩展新业务，促进行业资金流的顺畅。跨境电商企业越来越注重与顾客的交流沟通，从简单的"顾客评价"不断发展为"个性化定制"，不断尝试在交互中为顾客提供创新性的解决方案。界面创新是交互创新的基础，各大跨境电商网站在不断更新升级，使用更便捷的交易、交流和支付界面，以提升顾客体验。商业模式创新决定了服务提供商与相关利益者的关系，跨境电商在不断尝试适合自身发展的模式，例如网盛生意宝通过"小门户＋联盟"模式，将各行业网站的资讯、企业与产品数据库、流量、广告等核心资源进行有效整合[②]；全球速卖通，实现集信息的展示、物流、支付、客户关系管理于一个平台的交易系统，在交易成功额的基础上收取佣金。组织创新与新业务扩

---

　　① 申静、耿瑞利、谷明：《中国 B2B 电子商务业的服务创新能力评价》，《情报科学》2016 年第 2 期，第 4 页。

　　② 同上。

展、商业模式创新息息相关，以上提及的阿里巴巴为打开互联网金融业务进行的组织结构调整就是很好的范例。

（二）"一带一路"战略下跨境电子商务物流创新发展

物流包括仓储、运输、配送、包装、加工等多个供应链环节，跨境物流是物流业务中的一部分，还包括海关、商检环节，由于跨国界的政治经济环境的差异性，比传统物流更加复杂，成本和过程更难以控制。跨境电子商务模式包括 B2B、B2C、B2B2C、C2C 等多种模式，一般情况下，中小型 B2C 跨境业务多采用国际邮政、国际快递、第三方物流或第四方物流模式，大中型跨境电商一般采用自建海外仓或边境仓、租用海外仓，或者与本土物流公司合作等方式构建物流网络体系。跨境物流比国内物流更难控制物流成本，顾客体验具有很强的不确定性。基于跨境物流的特点，协同创新、交互创新、制度创新、商业模式创新和技术创新是重点。

协同创新。跨境物流行业自身主要存在仓储、运输、海关、商检、配送等功能缺乏协同，国内物流、国际物流与目的地物流缺乏协同（冀芳、张夏恒，2015）。跨境物流的运作流程一般包括境内物流、出境清关、国际物流、目的国清关与商检、目的国物流、目的国配送等；若再细化，则包括接单、收货、仓储、分类、编码、理货、分拣、转运、包装、贴标、装卸等，还会涉及支付、报关、纳税、售后服务、退换货物流等。[1] 而且运输经过多节点和多种运输方式，由于跨境物流这种主体的复杂性和全球化，环节多样性等特征，为实现共同的价值创造，必须加强合作意识和协同创新。在国内、国际和目的地物流协同问题上，物流企业积极与本土物流公司合作，解决物流中的"最后一公里"等配送难题。在一些政局不稳定，国家经济环境特殊的国家，不仅需要物流企业的合作，更需要政府的沟通和支持。

交互创新。在物流供应链上涉及多个供应商，跨境电商又因文

---

[1] 冀芳、张夏恒：《跨境电子商务物流模式创新与发展趋势》，《中国流通经济》2015年第6期，第18页。

化、习俗差异更不易满足顾客需求，因此，顾客、供应商与物流提供商充分交流、信息共享，在物流创意产生、新概念开发设计、项目筛选、经营试验、商业化等物流服务创新中提出想法和意见，有助于缩短服务投放周期，满足不同区域背景下顾客的需求。为了实现交互创新，交互平台的搭建非常重要，例如，大力发展第四方物流，为第一方、第二方和第三方提供物流信息系统和供应链管理等活动。

制度创新。在跨境物流中两个重要的环节影响物流效率和成本，一是海外仓建设成本高、专业性强；二是海关通关和检验的效率，这两个环节的制度创新和政策支持尤为重要。首先，在跨境物流中对于企业而言成本最高的就是海外仓的建设，海外仓能够解决跨国物流成本较高、海关与商检、物流时效、本土化，以及退换货等问题，只有实力雄厚的企业才会建立海外仓，例如阿里巴巴旗下的速卖通，2015年上线海外仓服务，拥有美国、法国、德国、俄罗斯、印尼等9个海外仓，长三角地区大部分跨境中小企业没有这样的实力，因此，政府在此方面在不断尝试和提供支持，商务部2015年发布的《"互联网＋流通"行动计划》中指出将推动建设100个电子商务海外仓；浙江省发布的文件中指出2015—2017年三年间将建成60个海外仓（其中含浙江点库、杭州全麦等），为跨境电商企业提供一站式仓储配送服务，将零散的国际间运输转化为大宗运输，有效降低物流成本，缩短物流周期，提升顾客体验，这些创新行为有利于长三角跨境电商及物流发展。二是跨境电子商务通关制度的创新。2014年海关总署增列跨境贸易电子商务监管代码"9610"和发布第56号公告——《关于跨境贸易电子商务进出境货物、物品有关监管事宜的公告》，旨在通过对跨境贸易电子商务进出口商品的规范监管，引导和促进跨境电子商务有序发展[①]；上海等城市也建立了便利化通关平台，但是，这还远远不够，小批量、多变化、高频度的跨境电商物流不仅增加了海关监管的难度，也降低了商品通过的速度，发展与海关联网的跨境电子商务

---

① 李海莲、陈荣红：《跨境电子商务通关制度的国际比较及其完善路径研究》，《国际商务——对外经济贸易大学学报》2015年第3期，第113页。

服务平台，加强信息化水平，利用跨境贸易电子商务大数据，构建建立通关且符合贸易安全的海关管理体系。

商业模式创新。我国跨境电商物流商业模式主要有以下五种：一是以阿里巴巴为代表，凭借互联网、大数据、云计算整合物流资源；二是以亚马逊为代表，建设遍布全球的 FBA 仓，提供集仓储、库存、配送一体的多样化物流服务；三是以京东为代表，用整合资源＋自建物流体系扩展跨境电商物流体系建设；四是小而美的跨境电商物流商业模式；五是跨境电商物流联盟模式。[①] 这些物流模式都是充分建立在自身发展特点和资源整合基础之上的，伴随着新业态发展，还将有更多样的物流模式，例如加快保税仓、物流平台、物流生态圈等建设，将会有更多新模式层出不穷，推动国际物流体系建设。

技术创新。在跨境电商及物流业发展中，技术创新不可或缺，形成强大的技术支撑。云计算、数据挖掘技术、传感技术、自动立体仓库、GPS、RFID 等技术不断渗透物流的仓储、运输、配送、包装等环节，提升物流效率，降低物流成本。例如，云物流可以充分整合物流资源、信息和能力，提供满足客户需求的物流方案。在海外仓和保税仓的建设过程中，充分获取大数据资源，准确预测客户需求，精确操作、调拨分配，有效提升运行效率。

（三）跨境电商与物流业的创新融合发展

跨境电子商务与跨境物流需要协同发展，蒂姆·欣德尔（Tim Hindle）提出，在有形资源共享、战略协调、技能共享、垂直整合等方面可以协同创新。[②] 跨境电子商务在快速发展，跨境物流必须适应其发展趋势，整合供应链在仓储、包装、运输路线等方面通力合作，共享信息和服务平台，实现协同发展。一些实力雄厚的跨境电商，如阿里巴巴等，不满足于物流体系提供的服务，在海外自建海外仓；长

---

① 曹旭光、王金光、刘希全：《跨境电子商务的物流商业模式及其创新途径》，《对外经贸实务》2015 年第 10 期，第 94—95 页。

② 邱国栋、白景坤：《价值生成分析：一个协同效应的理论框架》，《中国工业经济》2007 年第 6 期，第 88—95 页。

三角地区以外的其他跨境电商如京东等，自建海外物流系统，能够更好地控制海外物流环节，并为中小跨境电商提供物流服务。

第五节　科技服务业与制造业融合创新发展

国内外已有很多有关生产性服务业与制造业融合互动发展的研究，顾乃华（2006）将生产性服务业与制造业的关系总结为"需求遵从论""供给主导论""互动论"和"融合论"四种，"融合论"是当今研究的主流，同时，学者们基于分工、竞争力、价值链等多视角研究生产性服务业与制造业互动发展的机制。[①] 生产性服务业促进制造业升级的过程，首先是生产性服务环节从制造业中有效分离，其次生产性服务业与制造业价值链动态匹配融合促进制造业服务化[②]（白清，2015），经历了剥离独立、交叉互动、融合三个阶段（周静，2014）。但是，服务业从制造业剥离之后，如何实现与制造业融合的研究并不多见，而且在我国工业化中期阶段，一般是制造型的企业先迅速发展并形成规模，服务业是在需求拉动和供给能力提升的基础上才得到快速发展。对于生产性服务业而言，一般经历的是从计划经济体制转轨，转向市场经济体制竞争格局，比如金融行业发展；对于制造业而言，是经历独立生产、服务延伸、互动融合三个阶段，我国的制造业服务化大都还处于服务延伸阶段。对于长三角地区来说，生产性服务业与制造业融合互动是发展的迫切要求，孙久文（2010）、王硕（2013）、陈晓峰（2014）、曹东坡等（2014）、崔木花（2014）等从理论及实证探讨了共生发展的机理、路径、融合测度及比较，但是，笔者认为研究还需要进一步深入，以长三角地区在全国创新驱动发展的特殊地位来看，生产性服务业中的科技服务业与制造业融合发

---

①　顾乃华、毕斗斗、任旺兵：《生产性服务业与制造业互动发展：文献综述》，《经济学家》2006 年第 6 期，第 36—40 页。

②　白清：《生产性服务业促进制造业升级的机制分析——基于全球价值链视角》，《财经问题研究》2015 年第 4 期。

展是提升区域创新能力的重点，因此本小节重点探讨科技服务业与制造业的融合发展，而不是面面俱到。

科技服务业与制造业融合创新发展包括两个核心部分：一是科技服务业创新发展向高端化攀升；二是制造业不断强化知识创造、传播和扩散作用，发挥创新源、创新桥梁和创新平台功能，不断服务化的过程。无论是科技服务业还是制造业融合的中间桥梁都是促进创新源、桥梁和平台功能的发挥，如图 7-6 所示。

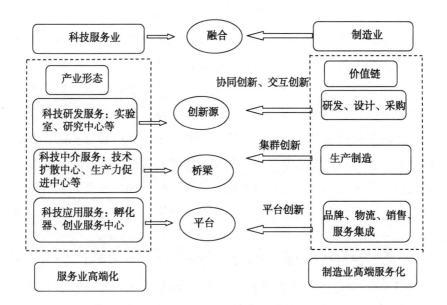

图 7-6　科技服务业与制造业融合创新发展过程

一　促进服务业高端化

如本章第三小节所述，科技服务业通过交互创新、协同创新、集群创新、组织创新、界面创新、技术创新、集成创新促进科技服务业创新源功能、桥梁功能和平台功能发挥，促进知识快速获取集聚、整合创造和转移扩散。由于科技服务业提供的是差异化和个性化的解决方案，供需间为了更好地匹配，需要产品创新、界面创新、流程创新、管理创新和技术创新。科技服务业不仅自身行业创新，而且与制造业、农业等行业联系紧密，相互行业的创新成果为科技服务业发展提供更多知识积累，为科技服务业创新发展形成强大的推力。科技服务业创新发展过程，其实就是促进制造业行业创新驱动过程，之前章节已解释，在此不再详细论述。

二　促进制造业高端服务化

从制造业的价值链来看，包括研发、设计、采购、关键零部件及技术、组装、生产制造、品牌、销售、物流等服务集成，从产业链来看，包括上游生产行业、中游生产行业和下游生产行业，每个行业的内部产业链存在差异，但是，每个行业的价值链都包括研发设计等环节，也就意味着，制造业可以将研发设计环节做大做强，承接研发外包服务，充分发挥企业创新主体作用，不仅服务于本企业、提升本企业的竞争实力，同时，为相关企业或中小企业提供研发服务。企业在空间上的集聚形成产业集群，集群创新有利于知识的转移扩散，在集群中每个企业是重要的节点，也是知识传递的桥梁。当制造企业发展成大型或跨国公司时，就具有搭建创新平台的功能。也就是说，制造业可通过协同创新、交互创新、集群创新和平台创新逐渐实现高端服务化。

协同创新和交互创新。企业是创新的主体，提供产前、产中和产后的科技服务是重要的服务拓展方向。制造企业加大产、学、研力度，积极与高校、科研院所合作，提升研发实力。制造企业在产、学、研合作、与科技服务业交流中，交互创新有利于知识的传播扩散和创造。制造业扮演着科学技术或知识的接受者角色，同时，在交互中提供新思想，在学习中积累新知识，例如，"大型银行与为其建立新邮件系统的企业的沟通过程中，建立了服务过程准备、共同定义、生产、运行四阶段服务包模型"①。

平台创新。科技服务业可以通过建立孵化器、创业服务中心等方式促进创新，在互联网时代，制造企业也可以通过平台模式创新，起

---

① 朱海燕、魏江、周泯非：《知识密集型服务业与制造业交互创新机理研究》：《西安电子科技大学学报》（社会科学版）2008 年第 3 期，第 4 页。

到同样的功能。以海尔集团的无边界企业为例,海尔搭建了一个创客平台,提出"人单合一"变革模式,人是员工或创客,将每个人和他的用户价值连起来达到共赢的目的。海尔将一个大企业转化为2000多个小微企业的联合体,让每一个小微企业成长为向社会提供服务的专业化公司,每个员工是一个终端,每个小微企业是一个终端,每个端口又寻找自己的客户及资源(刘旭、柳卸林、韩燕妮,2015)。以海尔的家电研发为例,原来的研发人员现在变成了接口人,海尔有1150多名研发接口人对接全球5万多研发资源,每个接口人的发展方向是创建小微公司,独立创业。[①] 海尔集团将搭建合作创新平台,将员工转化为创客,裂变出2000家以上的小微企业,就相当于一个孵化器、创新创业中心,值得长三角地区大型或跨国公司借鉴。

---

① 刘旭、柳卸林、韩燕妮:《海尔的组织创新:无边界契约行动》,《科学学与科学技术管理》2015年第6期,第131—132页。

第八章

创新驱动长三角地区文化产业发展

第一节　长三角地区文化产业发展概况

一　长三角地区文化产业发展基本情况

（一）文化产业增加值

由表 8 - 1 可知，2006—2010 年长三角地区文化产业增长迅速。长三角地区由 2006 年的 1520.35 亿元增长到 2010 年的 3216.56 亿元，5 年间实现 112% 的增长；上海市由 2006 年的 581.38 亿元增长到 2010 年的 973.57 亿元，5 年间增幅 67%；浙江由 501.72 亿元增长到 1056.09 亿元，增幅 94%；江苏由 437.25 亿元增长到 1186.9 亿元，增幅 123%。结合图 8 - 1 所示，江苏省"十一五"期间文化产业增加值增长迅速，成为后起之秀；上海市整体增长平稳；浙江省正努力实现赶超。

表 8 - 1　　　　　　　　长三角"十一五"文化产业增加值

增加值 （亿元）	2006	2007	2008	2009	2010	"十一五" 增幅
上海	581.38	683.75	780.11	847.29	973.57	67%
浙江	501.72	595.93	735.4	807.96	1056.09	94%
江苏	437.25	587.35	795.3	1065	1186.9	123%
总量	1520.35	1867.03	2310.81	2720.25	3216.56	112%

资料来源：胡惠林：《中国经济区文化产业发展报告》，上海人民出版社 2012 年版，第 345 页。

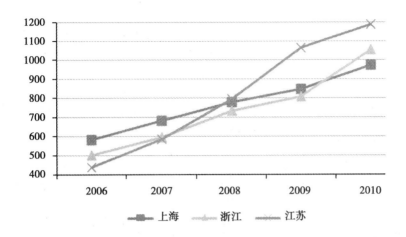

图8－1　长三角经济区文化产业增加值（亿元）

（二）文化产业贡献度

表8－2显示，2010年文化产业增加值增长最快的是浙江，为31%；文化产业增加值占GDP比重上海最高，为5.67%，高出江苏、浙江1—2个百分点；文化产业增加值占第三产业比重也是上海最高，为9.9%，高出江苏3个百分点，高出浙江1个百分点。从"十一五"期间各地区文化产业贡献度趋势来看，上海文化产业增加值增速较平稳，年均14%左右；5年间文化产业增加值占GDP的比重都在5.5%左右，2009年和2010年上升到5.63%和5.67%；5年间文化产业增加值占第三产业比重从2006年的10.6%下降到9.9%。"十一五"期间，江苏省文化产业增长迅速，保持在两位数增长，2006—2010年间的增长率分别为28%、34%、35%、34%和11%，2010年的增速有所放缓；文化产业增加值占GDP的比重不断上升，由2006年的2.0%上升到2010年的2.9%；文化产业占第三产业的比重有所波动，从2006年的5.5%上升到2009年的7.8%，又下降到2010年的6.9%。浙江省"十一五"期间，文化产业增加值增长率波动较大，5年间分别为13%、19%、23%、10%和31%；文化产业增加值占GDP比重由3.2%逐渐上升到3.8%；文化产业增加值占第三产业比重由8.0%上升到8.8%。由此可见，"十一五"期间长三角地区

文化产业在各省市经济增长中的贡献度逐渐增加。

表 8 – 2　　　　　　　**2010 年长三角两省一市文化产业增加值**

与对经济增长的贡献

地区	文化产业增加值（亿元）	文化产业增加值比上年增长	文化产业增加值占地区生产总值比重	文化产业增加值占第三产业比重
上海	973.57	14.9%	5.67%	9.9%
江苏	1186.9	11%	2.9%	6.9%
浙江	1056.09	31%	3.8%	8.8%

资料来源：上海市数据来自上海市统计局：《上海文化统计概览》，2005—2011 年；江苏省数据来自胡惠林：《中国经济区文化产业发展报告》，上海人民出版社 2012 年版；浙江省数据来自浙江省人民政府网站 2011 年 8 月公布的统计数据。

（三）文化产业消费情况

表 8 – 3 显示，"十一五"期间上海人均文化娱乐消费支出高于江苏、浙江，而江苏和浙江的消费支出额差距不明显。但纵观"十一五"期间，两省一市的人均文化娱乐消费支出都呈现增长态势，上海由 2006 年的 1207 元增长到 2010 年的 2195 元，江苏由 746 元增长到 1302 元，浙江由 894 元增长到 1352 元，上海市文化消费增长相对强劲，江苏和浙江的文化消费潜力需进一步挖掘。

从表 8 – 4 可知，2010 年长三角各地区文化娱乐消费支出中文化娱乐服务支出略大于文化娱乐用品支出，上海文化娱乐服务支出为 1139 元，江苏为 744 元，浙江为 822 元。文化娱乐服务支出的增长速度也快于用品支出，上海市 2006 年文娱服务和用品支出分别为 504 元和 703 元，到 2010 年分别为 1139 元和 1056 元；江苏省 2006 年文娱服务和用品支出分别为 341 元和 405 元，到 2010 年分别为 744 元和 558 元；浙江省 2006 年文娱服务和用品支出分别为 445 元和 449 元，5 年间文娱服务增长迅速，2010 年为 822 元，文娱用品支出增长缓慢，为 530 元；由此可见，文娱消费主要靠文娱服务（主要包括）支出拉动。

表 8 - 3　　　　　长三角"十一五"城镇人均文化消费支出

人均文化娱乐消费支出（元）	2006	2007	2008	2009	2010
上海	1207	1405	1709	1948	2195
江苏	746	973	1049	1124	1302
浙江	894	960	1017	1114	1352

资料来源：胡惠林：《中国经济区文化产业发展报告》，上海人民出版社 2012 年版，第 347 页。

表 8 - 4　　　　2010 年长三角各地区城镇人口人均文化消费支出

（单位：元）

地区	文化娱乐用品	文化娱乐服务支出	文化娱乐消费支出
上海	1056	1139	2195
江苏	558	744	1302
浙江	530	822	1352

资料来源：胡惠林：《中国经济区文化产业发展报告》，上海人民出版社 2012 年版，第 351—360 页。

表 8 - 5 显示，上海人均文化消费比最高，并呈现逐年增长态势，从 2006 年的 8.18% 增长到 2010 年的 9.46%。江苏省人均文化消费比在"十一五"期间波动较大，从 2006 年的 7.74% 增长到 2007 年的 9.08%，2008 年后又呈现下降趋势，2010 年为 6.46%。浙江省人均文化消费比在"十一五"期间增长稳定，从 2006 年的 6.7% 增长到 2010 年的 7.57%。

表 8 - 5　　长三角"十一五"城镇人均文化消费占人均消费支出比

（单位：%）

	2006	2007	2008	2009	2010
上海	8.18	8.4	8.81	9.28	9.46
江苏	7.74	9.08	8.76	5.92	6.46
浙江	6.7	6.81	6.71	6.68	7.57

资料来源：胡惠林：《中国经济区文化产业发展报告》，上海人民出版社 2012 年版，第 348 页。

二　长三角地区两省一市文化产业发展特点

（一）文化产业发展重点

表8-6显示，长三角两省一市文化产业发展各有侧重，上海市重点发展文化创意产业，2013年出台文化创意产业①规划，明确重点发展十大产业，经过近年的发展，形成了上海新文化传媒、河马动画等众多文化品牌。江苏省重点发展四大优势支柱产业，已形成江苏广电、凤凰出版传媒等多个品牌。浙江省重点发展八大文化产业，几乎涵盖文化产业文化产业的核心层、外围层和相关层②，已形成以影视传媒、文化会展为主的品牌群。

表8-6　　　　　　　　　长三角地区文化产业发展简表

地区	重点	文化品牌
上海	重点发展文化创意产业中的媒体业、艺术业、工业设计业、时尚产业、建筑设计业、网络信息业、软件业、咨询服务业、广告会展业、休闲娱乐业	上海新文化传媒投资集团、文广新闻传媒集团、上海世纪出版集团、河马动画、盛大网络等
江苏	创意设计业、演艺业、娱乐业、动漫业	江苏广电、凤凰出版传媒集团等
浙江	文化创意、影视服务、新闻出版、数字内容与动漫、文化会展、文体休闲娱乐、文化产品流通、文化产品制造	浙江广电、华数数字电视传媒、浙江华策影视、横店影视城、阿里巴巴、中国国际动漫节、中国国际钱江（海宁）观潮节、中国网络音乐节、舟山群岛·中国海洋文化节、舟山·国际沙雕节、中国金华·国际黄大仙文化旅游节等

资料来源：浙江省文化产业发展规划（2010—2015）、江苏省"十二五"文化发展规划、上海市文化创意产业发展"十二五"规划。

---

①　文化产业与文化创意产业分类。

②　根据国家统计局2004年《文化及相关产业分类》对文化产业的划分，文化产业核心层包括新闻、书报刊、音像制品、广播、电视、电影、文艺表演、文化演出场馆、文物及文化保护、博物馆、图书馆、档案馆、群众文化服务、文化研究、文化社团、其他文化等；文化产业外围层包括互联网、旅行社服务、游览景区文化服务、室内娱乐、游乐园、休闲健身娱乐、网吧、文化中介代理、文化产品租赁和拍卖、广告、会展服务等；文化产业相关层包括文具、乐器、玩具、纸张、印刷设备、电影设备、工艺品的生产和销售等。

（二）上海市文化产业发展特点

上海市文化产业发展速度平稳，文化服务业占比较高。表8－7显示，2009—2011年上海市文化产业保持10%左右的增长率，2011年文化服务业占文化产业的71.2%，文化相关产业占28.8%。在文化服务业中，广播电视、文化艺术、网络文化、文化休闲一直保持较好的增长势头，2011年分别增长35.1%、15%、14%和21.8%，网络文化和文化休闲娱乐在文化服务业中占比最高，2011年分别占文化产业的15.71%和19.08%，成为上海市文化产业的核心支柱产业。

表8－7　　　　2008—2011年上海市文化产业各行业增加值情况

行业	2009		2010		2011		
	增加值（亿元）	比上年增长（%）	增加值（亿元）	比上年增长（%）	增加值（亿元）	所占比重（%）	比上年增长（%）
总计	847.29	9.5	973.57	10.5	1098.97	100	11.1
文化服务业：	549.18	13.4	703.29	22.9	782.57	71.20	10.3
新闻服务、出版发行和版权服务	65.68	14.3	89.94	31.5	92.36	8.40	1.8
广播、电视、电影服务	43.41	6.4	53.22	17.7	72.55	6.60	35.1
文化艺术服务	22.71	5.2	26.52	12.1	30.76	2.79	15
网络文化服务	130.29	19.9	150.16	10.6	172.65	15.71	14
文化休闲娱乐服务	149	16.3	170.71	10	209.78	19.08	21.8
其他文化服务	138.09	8.2	212.74	47.9	204.46	18.60	-4.8
文化相关产业：	298.1	3.3	270.28	-12.4	316.4	28.79	13.2
文化用品、设备及相关文化产品生产	189.76	-3.5	146.58	-24.9	172.78	15.72	14.6
文化用品、设备及相关文化产品销售	108.35	19.1	123.7	9.6	143.62	13.06	11.5

资料来源：上海市文化事业管理处和上海文化研究中心联合发布的《2012：上海文化产业发展报告》。

上海市文化产业发展的特征：一是文化与发展优势融合。上海是我国的经济、金融、贸易中心，在文化产业发展过程中，充分依托现有优势，推进文化与科技、文化与金融、文化与贸易融合。上海在全国率先召开文化科技融合推进会议，并发布《上海推进文化和科技融合发展行动计划（2012—2015）》，积极打造动漫公共技术服务平台、多媒体公共服务平台、数字内容公共服务平台等公共技术平台，催生一批具有影响力的新业态、新模式文化科技企业。上海积极扶持文化产业融资担保机构，建立"文化企业上市后备资源库"，建立首个私募型文化产业投资基金，鼓励企业发展中小文化企业担保服务，开创了金融资本与文化产业紧密合作的共赢模式，金融业成为文化产业发展的助推器。依托国际贸易中心建设，文化产品和服务贸易连年顺差，文化贸易正成为服务贸易的重要组成部分。上海在全国建立的首家国家对外文化贸易基地发展良好，推动了艺术品保税展示交易、文化设备保税租赁、文化服务外包等文化贸易新业态的探索发展。①

二是积极参与国际文化交流。上海是我国对外开放的前沿阵地，借此上海积极打造国际文化大都市品牌，举办国际性文化会展和赛事，打造国际性文化交流交易平台。积极与台湾、香港等地区进行国际化文化产业项目合作，例如迪士尼乐园项目、中华艺术宫、东方梦工厂等项目的开工、落成和选址，推进了上海文化产业的集聚集约发展。三是营造城市文化氛围。良好的城市文化氛围会为文化消费集聚更强的"人气"，上海市积极更新城市规划理念，完善城市综合服务功能，挖掘深厚的特色文化底蕴，积极促进文化业态与城市发展更好融合，形成独具特色的文化生产和消费地。

（三）江苏省文化产业发展特点

江苏省文化产业发展主要呈现出两个特点：一是全省区域发展差异大，苏北的发展较慢，苏南发展迅速。江苏北部靠近山东、安徽和河南，整体经济实力较弱；江苏南部靠近上海，经济发展基础较好，又充分利用上海文化产业发展的正外部效应，文化产业规模大、发展快。二是出版发行、广播电视和休闲娱乐等核心层产业始终占比较高，与科技融合的网络游戏、网络出版、动漫等文化业态发展势头良好。"2010 年统计年报资料显示，江苏文化产业核心层增加值为

---

① 上海市文化事业管理处和上海文化研究中心联合发布的《2012：上海文化产业发展报告》。

255.64 亿元，增长 23%；外围层增加值为 331.68 亿元，增长 37.7%；相关层增加值为 599.55 亿元，增长 16.3%，文化产业结构不断优化"①。"2011 年江苏文化产业投入进一步大幅跃升，文化项目总投资近 722 亿元，比 2010 年增长 44%，借助数字、网络等高新技术提供文化产品和服务的新兴业态，以及网络电视、手机电视等新兴项目占全部签约项目的近 60%"②。

（四）浙江省文化产业发展特点

浙江文化产业发展呈现出以下特点：一是龙头企业带动，民营资本主导。浙江省的华谊兄弟、华策影视（民营）、浙报集团、宋城集团（民营）、宋网科技、横店集团（民营）等多家龙头企业极大地带动了相关产业的发展。据悉，"浙江已有民营文化企业 4 万余家，投资总额达到 1300 亿元以上，影视节目制作机构中民营企业占 90% 以上；印刷企业中民营企业占 99% 以上"③。二是发挥区域文化特色，打造文化平台。杭州积极发展数字娱乐、动漫游戏，打造"国际动漫之都"；义乌借助小商品发展基础，打造"义乌文博会"；宁波依托其为国画大师潘天寿的故乡，打造"中国文具生产基地"、举办"潘天寿文具设计大赛"；丽水融合山水、木玩、民俗文化，打造"山水童话休闲城"；嘉兴依托其知名"嘉兴粽子"产品，配合戏曲、龙舟打造"中国嘉兴端午民俗文化节"。

（五）长三角地区文化产业发展存在的问题

长三角各地区在文化产业发展中亮点纷呈，还有很多提升空间。一是体现原创能力的产品不足。内容创作是文化产业发展的灵魂，各地区积极建设文化园、上大项目，但是文化要素及创意成果产业化的能力还是较弱，这些园区和项目缺乏持续生命力。二是行业壁垒、区域壁垒并未完全打破。文化产业涉及许多相关产业，若要发挥文化产业的带动力，必须打破行政、行业、所有制等多重壁垒，让文化产业

---

① 胡惠林：《中国经济区文化产业发展报告》，上海人民出版社 2012 年版，第 362 页。
② 叶朗：《中国文化产业年度发展报告》，北京大学出版社 2012 年版，第 358 页。
③ 同上书，第 356 页。

充分渗透、融合，形成跨行业产业链。三是文化产业运营经验不足，高层次人才缺乏，都成为制约文化产业发展的障碍。

第二节　创新驱动文化产业发展的机理及路径

一　文化产业的显著特点

文化产业是"一个集合型的概念，它指称与文化娱乐、传媒和创意等领域相关的许多行业或者领域，如新闻出版（含漫画）、音乐、游戏、影视（含动画）、艺术品与工艺美术品、主题公园等"①。文化的内核是个体和人群的人生观、价值观、审美观和思维方式，外延是语言、文字、风俗、习惯、建筑、宗教、礼仪、服饰等表现形式，文化产业的内核层是以知识产权保护的内容的价值，外围层是文化制造业，通常称为的文化产业只是对其外围层的描述。文化产业不同于制造业，制造业生产的产品直接改变人们的生活方式，而文化产品影响人们的审美观、价值观，也就是说，文化产品满足的是人的精神需求，同时具有精神属性和经济属性。

（1）同时具有经济属性和精神属性。文化产品的生产消费具有一般商品的经济属性，但是，文化产品的消费受到意识形态等社会环境的多种制约，与物质商品相比具有更大的不确定性。文化产品的消费对消费者的影响是长久的，潜意识地影响人的价值观、人生观和生产生活方式。

（2）文化产业的核心领域是内容产业，具有很强的创新性。"核心领域的文化产业即内容产业的价值主要以知识产权为主，而其外围层部分则属于制造业或文化制造业，它的价值来源主要是物质资源"②。内容创意是文化产业整个价值链的核心，内容的创新本身就是创新的过程，需要大量具有想象力和创造力的人才的思想创作，内

---

① 陈少峰、张立波：《文化产业商业模式》，北京大学出版社 2012 年版，第 1 页。
② 同上书，第 3 页。

容的多元化、多维度性直接影响文化产业的外围层面的展现维度和延伸辐射程度。

（3）较强的融合性。文化产业能够与工业、旅游、教育、体育等多个产业融合发展，拓展了文化产业外延，也带动了相关产业发展。例如，文化产业与工业产品融合，成为创意设计产业，提升产品的内容深度、品牌价值、个性特色。创意设计与汽车、软件、电器、轻纺等产业的融合发展，可促进产业向价值链的设计高端延伸。文化产业与旅游、体育相融合，通过节庆活动、会展文博推广，增强地区旅游业活力和内涵，营造良好的社会文化氛围。

二　内容创新是文化产业发展的基础

文化产业是内容为王的产业，内容生产是文化产业的起点，文化产业的内容生产不仅包括内容的积极向上，弘扬人性的真善美，而且包括内容的多维度展现。文化产品内容的积极性会直接影响人的行为方式、认知观念和社会氛围。2013 年 9 月 19 日《人民日报》刊发《比坏心理腐蚀社会道德》（文化世象·警惕不良文化趋向）一文，批判了电视剧《甄嬛传》所宣扬和传播的价值观，认为该片看完之后告诉观众这样一个道理：在残酷的斗争中，只有比对手更阴险毒辣，权术和阴谋比对手更高明，才能立于不败之地，带有强烈的比坏心理。这种对生活理解的偏激和狭隘很容易使观众把不正确的生存理念带入生活中。同时，文章对比表扬了《大长今》的理念和精髓：在残酷的环境中，要始终坚持自己的道德立场和做人原则，正义终将战胜邪恶。笔者同样作为文化产品的消费者，切身体会着文化产品的内容对消费者的思想、行为的影响。两部同是宫廷剧，但是，观后给观众的感受是完全不同的，笔者也在不同的时期，陆续观看了影片，看完《大长今》感觉自己充满力量，剧中主人公的乐观、认真、执着、好学和善良让我感觉生活中到处是阳光和温暖，努力坚持正确的自我，就能从中获得快乐和成就。看完《甄嬛传》有些失落，因为我感觉我不擅长权术、不会伪装自我，怀疑自己的努力是否会值得，让我在很长一段时间怀疑自己的处世方式和价值观。因此，积极向上、宣扬真善美的内容创新是文化产业的基础。

再以韩剧《大长今》为例，宣扬不挠不挠和坚韧不拔等精神的同时，展示了韩国的服饰文化、医药文化、餐饮文化等文化创新要素，在从艺术细节到文化情节的内容生产中形成历史文化、知识科学、艺术陶冶、生活咨询等多维度的文化传播效应。多维度的文化传播效应为相关产业的发展提供了文化元素，有益于产业的延伸和文化产业链的形成，由此可见，内容创新是文化产业的原动力。

内容创意与知识产权保护。内容创意是文化产业的核心生产要素和财富资源，对内容创意的知识产权保护是不断激发创作者创新活力和动力的根本。"根据《2011 美国版权产业报告》，2010 年美国版权产业的核心内容产业增加值占整个版权产业增加值的比重高达 57%，占国内生产总值的 6.4%；中国大陆版权市场的分账比例仅为 2%—3%，与日韩版权方（90%）、欧洲和美国版权方（70%）的分账比例相比相去甚远"①。可见，我国在文化产业核心环节内容创意的保护及激励严重不足。

三　科技创新是文化产业发展的支撑

科技创新是文化产业发展的强大支撑，历史上科学技术推动文化产业发展经历了金属活字印刷、电子技术和互联网三次媒介革命②，常莉（2010）总结从 20 世纪 50 年代至今，科学技术的进步不断改变着文化产品的形态，也影响着文化产品的辐射范围，进入 20 世纪 90 年代，数字技术的发明及在文化产业的应用更是对文化产业的制造、衍生品形态等方面产生革新性变化。"当前，在现代科学技术创新的推动下，正在进行一场史无前例地以多媒体技术、互联网技术和数字技术为中心的文化产业革命，文化被产品化并借助技术手段得以大量

---

① 田蕾：《价值链视角下的文化产业与科技创新融合分析》，《新闻界》2013 年第 13 期。

② 常莉：《基于技术创新视角的文化产业发展研究》，《科学管理研究》2010 年第 8 期，第 25 页。

复制传播，文化创意获得新的强有力的表达形式，科学技术为文化产业发展提供了强大的支撑"①。

科学技术主要从文化产业的内容创意、生产制造、营销渠道、传播方式、消费交流体验等多环节影响渗透。其一，科技降低了创作者的进入门槛，有利于创意人才的培养和创新创意思想的充分释放。现今的内容创作主体已不仅仅是传统的"小说家""文学家"，而是趋向大众化和青年化，任何人都可以通过微博、博客、社交网络等媒介表达自己的思想，也出现网络小说撰写人、新闻撰写人、评论人等多种形式的内容创作主体，便利的表达与分享渠道极大地挖掘了大众的创造热情。

其二，科技极大地提高了文化产品的生产效率和效果。文化产业的生产制造是从内容创意到文化产品的转变，科技促进了制造工艺的升级，增强了产品的感染力。例如，《阿凡达》《狄仁杰之神都龙王》等国内外著名的3D电影，通过运用高技术含量的动画特技，简化了影片制作工艺，更能充分表达创作者的灵感和意图，给观众前所未有的试听感受。

其三，科技极大地扩宽了文化产品的营销渠道，扩大了文化产品的辐射范围。除了传统的线下营销推广模式以外，搜索引擎、网络资源合作等新媒介的应用，突破了传统营销模式的地域空间限制，降低了推广成本，扩大了受众人群的范围。

其四，文化的传播"依托新一代信息的创新和发展，新一代移动通信、下一代互联网、物联网、云计算等的广泛应用，文化设施和设备的智能化，将极大地改造传统文化的创作、生产、传播和营销等各个环节，增强文化产业的创造力、传播力和影响力"②。通过虚拟的网络平台模糊文化创作者、制造者、文化企业之间的界限，促进跨区域的文化组织融合。新一代信息技术改造传统文化产业的输出方式，

① 常莉：《基于技术创新视角的文化产业发展研究》，《科学管理研究》2010年第8期，第25页。

② 胡昱：《以新一代信息技术推进文化产业创新》，《求知》2012年第2期。

拓展营销渠道，扩大文化产业的受众市场。3D 技术、卫星技术等在制造文化产品过程中的应用，将加快文化产品的输出速度。以网络文学为例，传统的文学创作是作者独自完成，通过以书商为主要渠道销售传播，而现今，借助新一代信息技术，读者阅读文学作品的方式、了解作家的渠道、文化企业的盈利模式、组织形式甚至作家的创作过程都发生了巨大的变化。读者通过手机、网络阅读作品，通过 BBS 跟帖多人创作"接龙小说"，网络作家与网站建立密切的互动关系，低门槛写作，与网络运营商共享广告、版权等收益，网络作品"一次写作，多次开发"，促进了产业链的延伸和发展，网络文学蓬勃兴起。

其五，扩展了生产者、分销商与用户的交流方式。用户通过互联网购买文化产品，例如图书等，产品的信息可通过网络聊天工具及时获得，购买后体验通过"用户评价"与其他购买者共享，也向生产者和分销商传递消费者的消费体验。

四　商业模式创新是文化产业的关键

商业模式的核心是盈利模式，有效的商业模式是文化产业发展的关键，文化产业的生产环节和利益主体相对复杂，商业模式的创新直接影响企业运作的成败。文化产业的商业模式创新需要把握以下几点：一是注重价值链和产业链的延展。文化产业涉及多个利益主体，以核心内容创作为主体，充分挖掘和利用内容创作的价值，形成一体化的产业链。例如，在影视领域，韩国将内容创作、明星、广告代言、旅游形成一条产业链，许多影视公司将热播电视剧的偶像做成明星塑像，作为旅游景点等。二是围绕核心产业或产品寻求跨行业合作。文化产业的融合性和渗透性强，一个核心产业可以带动一片相关产业的发展。例如，可口可乐与魔兽世界游戏的捆绑营销实现双赢。三是关注产业发展动态和需求变化。例如，互联网时代的到来，创意、品牌营销活动等必须足够吸引眼球才不会在信息爆炸的社会所淹没，文化产业的经营就需要在商业模式创新中充分考虑到能够充分吸引消费者的眼球；在互联网时代，虚拟空间代替部分物理空间，博客写作代替传统写作，这些改变都需要商业模式的创新。四是充分利用技术变革。科技创新会给文化产业带来新的商机，也会改变传统的盈利模式，例如，苹果公司的手机音乐的商业模式就是紧跟技术的变化，实现了业务盈利的延伸。

全产业链的商业模式是文化产业最典型的商业模式，实现全产业链的最优空间形式是集聚。文化产业的全产业链结构不同于制造业行业的"全产业链"模式，例如，中粮集团构建的以消费者为导向，涵盖从田间到餐桌、从农产品原料到最终消费品的"全产业链"，是基于产业链上各环节的分工为前提，为提高生产效率进行的整合。"而文化产业的全产业链结构，是一种同一内容资源在空间和时间维度都重复延伸使用的结构，它强调的是融贯性和扩展性；在空间上，文化产业的全产业链以创意内容为轴心，既可以实现纵向伸展，使上下游各产业要素有机地连接为一体，又可以实现横向打通和协同，使各个向周围辐射的产业内在地沟通起来，实现内容资源重复开发的价值增值；在时间上，它以顾客需求为导向，使创意内容时刻跟随或者引导顾客生活方式以及消费方式的变化，保持文化产品生产过程的时效性和动态性"①。以影视为例，包括影视创作、影视拍摄、影视制作服务、影视内容产品的延伸开发、影视体验、影视人才经纪等多个模块，以影视内容为核心连成有机整体。文化产业的全产业链模式体现的是文化创新的"一意多用"。我国有许多通过全产业链商业模式创新取得业内成功的案例，例如《中国好声音》的成功，很大程度上取决于其商业模式的创新。灿星制作购买荷兰版权，造就《中国好声音》，但两者的盈利模式却不尽相同。灿星制作与浙江卫视达成协议，节目收视率在一定标准之上，双方将共同参与广告分成，极大地激发了节目制作者的热情。公司积极打造全产业链，把选手签约、签约后的商业演出等后向关联产业囊入旗下，成为企业未来盈利的来源。

文化产业的全产业链商业模式的组织方式是多样的。实力雄厚的文化企业可通过谋求全产业链布局，实现一体化发展。而美国的文化

---

① 陈少峰、张立波：《文化产业商业模式》，北京大学出版社2012年版，第178页。

产业链是一种开放、协作又紧密联系的价值链经营模式，例如，美国电影产业的生产、发行与放映等环节是强行分离的，具有很强的专业分工，但是产业链各环节又是联系紧密的。两种方式是根据企业发展战略、实力及产业政策环境而选择的，我国国内的一些文化企业努力掌控全产业链，而美国在注重全产业链塑造的同时，注重专业化分工。前者促使大型文化企业的形成，后者更促进中小企业的成长。

第三节　上海张江文化产业园区：文化与科技融合

上海张江文化产业园区位于上海浦东新区张江高科技产业园区，占地 20 多万平方米，是上海文化产业园区、国家级文化产业示范园区。截至 2012 年上半年，园区内汇集了动漫、数字、网络游戏、新媒体等文化类企业 380 家，张江文化产业园区的动漫产业总产值占上海的 70%，网络游戏产业总产值占全国 20% 的份额，数字内容产业总产值占全国的 10%。在网络游戏领域，已形成以盛大网络、九城、网易等企业为龙头，众多网络游戏、手机游戏、休闲游戏的开发商、运营商云集的格局，盛大网络、九城等企业已在海外上市。在动漫领域，张江动漫科技先后已承接包括国家 863 项目、创新基金等十多项科研项目，为多部影视动漫作品提供制造服务，形成炫动传播、河马动画等多家知名动漫企业。在数字内容领域，云集上海方正、中文在线、世纪创荣、盛大文学等多家内容企业，是国内数字内容企业集聚度较高的园区之一，已形成涉及内容生产、技术研发、出版平台、系统服务到终端制造的数字内容产业链。在新媒体领域，PPLive、土豆网、沪江网、火星时代等一批新兴企业集聚于此。

"文化 + 科技"是张江文化产业园区的主要模式。"文化园区依托张江高科技园区（高科技园区的核心产业是新一代信息技术和生物产业），依靠领先的软件和芯片产业，充分发挥互联网、3G/4G 通信网等全球媒体优势，选择重点发展动漫、影视、新媒体、数字内容等与信息技术紧密相关的产业。始终围绕相关科技产业集成的基础，坚持以数字出版产业为核心，将动漫、网络游戏、新媒体等产业融合于数字出版产业中，相伴相依、联动发展，引导、鼓励上下游企业跨领域、跨业态合作"①。为了使科技与文化更好地融合，张江文化产业园区积极构建科研平台，包括服务平台、技术平台、投资平台和运营平台，已建立数字出版技术研发平台、动漫研发公共服务平台和影视后期制作公共服务平台，极大地促进了文化企业科技研发的发展。新一代信息技术的迅猛发展，科技成果迅速渗透文化产业，不断催生出新的业态和产业链。例如，世纪出版、新华传媒、盛大文学等企业在加快数字出版产业发展的同时，积极与电子阅读器科技企业成功对接，逐步形成"数字出版转档、内容平台搭建、电子阅读器终端设计制造与销售"的新型产业链②。

　　"文化＋科技"模式下金融与服务是张江文化产业园快速发展的支撑。上海市相关政府部门专门设立了文化产业投资基金，在此基础上充分利用上海国际金融中心的优势，多渠道吸引外资、民间资本及社会资本参与，逐步建立融资担保、风险投资和产业基金三位一体的投融资平台支持张江文化科技创业产业发展。张江构筑的公共服务平台重点扶持"内容生产"，加强原创内容的知识产权保护，完善法律咨询等服务体系建设，加快原创内容的孵化和生产。

①　《科技＋金融＋服务的张江文化产业新模式》，《领导决策信息》2012年第9期。
②　《2010年上海文化产业发展报告》，上海政府网。

第九章

创新驱动长三角地区产业结构
升级政策支撑体系

　　针对不同的产业发展阶段和创新所面临的突出问题，需制定不同层次的创新支撑体系，既包括完善长三角地区创新体系和环境，也包括针对重点行业、关键领域技术、关键环节的政策，将产业发展阶段及特征与创新目标和工具有机结合，才能提高创新驱动产业结构升级的整体效率。

第一节　创新驱动长三角产业结构升级的
政策体系研究

　　长三角地区科技创新水平和创新能力均处于国内领先地位，近年来，长三角不断加大科技投入，创新氛围日益浓厚，企业创新意识不断加强，以企业为主体的产、学、研合作机制基本形成，高校科研院所的知识创新地位不断强化，技术产权市场等中介服务体系进一步完善，并建立长三角大型科学仪器设备协作公用网、上海研发公共服务平台、江苏省工程技术文献信息中心等多层次多产业领域的公共服务平台，为产业结构升级营造了良好的创新环境。但是在产业结构升级过程中，依然面临诸多"瓶颈"，"多数产业的核心技术与装备基本依赖进口，电子信息、装备制造、生物医药等产业技术依存度均在60%以上，产业空心化现象严重"[①]。虽然近年长三角地区研发投入

---

　　① 张仁开：《"十二五"时期推进长三角区域创新体系建设的思考》，《科学发展》2012年第9期。

增长，专利授权增加迅猛，但是，授权的专利中绝大多数是实用新型和外观设计，发明专利所占比例很低，远远低于国际水平。从第三章的实证结果来看，专利授权量增长快、规模大，但是对产业结构升级的推动作用并不明显，也就是说并未完全转化为产业发展动力。笔者结合创新驱动过程和产业结构升级的影响因素，认为长三角地区需进一步加强知识创新体系、技术创新体系、中介服务体系和创新环境支撑体系建设，为创新驱动长三角产业结构升级营造良好的创新环境。

一　知识创新体系

知识创新的主体主要是高校和科研院所，上海、江苏和浙江地区名校云集，共有各类研究与开发机构 390 多家，约占全国总数的 10.26%，普通高等学校 251 家，约占全国总数的 13.16%，为知识创新奠定了良好基础。充分发挥高校和科研院所的创新源和知识库作用，在重点区域有步骤地联合建设一批高水平、资源共享的基础研究和前沿技术研究基地；加快区域技术联盟建设，推进高校科研成果的跨区域转化；加强高校、科研院所之间的合作交流，建立信息共享机制，根据研究领域与特色联合开展科学研究和人才培养。

不断增强区域对知识创新的投入。在重点产业集聚区加大对新兴产业的基础性研究，建立具有特色的以科学研究为基础的区域创新环境。"美国西海岸的硅谷和东海岸的 128 号公路是全球最重要的两个高科技产业集聚区，也是美国创新经济的"发动机，"根据 2011 年公布的马萨诸塞州创新经济指数，大波士顿地区基于科学的生物和材料的创新，使得马萨诸塞州的科学能力超过了瑞典、芬兰、以色列等国家"①。这些产业集聚区重视对新兴产业的基础科学研究，成为知识创新的重要力量。

培育并增强企业的科学研究能力。国际性的跨国公司如杜邦、雀巢等都拥有自身强大的科研实力，一般都拥有两类科研院所，一类属

---

① 陈劲、赵晓婷、梁靓：《基于科学的创新》，《科学学与科学技术管理》2013 年第 6 期，第 6 页。

于国际发展趋势和需求的文科性的研究院所，主要研究与本企业所有相关行业的发展态势，研判本领域未来发展趋向，筛选本领域未来发展的技术等需求。一类是工程性研究院所，主要将已筛选出的本领域未来发展趋向与本领域的研究规律、技术发展轨迹等相结合，再筛选出可行性的研究项目进行深入研究。这样的研究构架不仅注重关键核心技术的突破，也注重市场需求、未来发展趋势，有利于知识、技术的顺利转化。长三角地区企业应重视对企业科研能力积累，地区政府应加强企业研发的支持。

二 技术创新体系

积极构建以企业为主体，以高新技术开发区、产业集聚区为载体，跨区域产、学、研合作创新的区域技术创新体系。一是联合开展共性关键技术攻关。围绕长三角产业和经济社会发展的重大需求，选择共性关键技术联合攻关，掌控产业高端。以战略性新兴产业领域为切入点，瞄准太阳能光伏产业的低能耗、低成本的多晶硅生产技术、准单晶铸锭技术、高转换率、长寿命晶硅电池技术、薄膜电池的制造关键工艺、高倍聚光化合物太阳能电池产业化生产技术等高端技术突破，大力发展光伏生产专用设备，掌握光伏发电并网及储能等相关核心技术；高端装备制造领域中的智能制造、海洋工程、大飞机制造等重点培育行业的关键共性技术的突破，例如，智能基础共性技术、核心智能测控装置与部件和重点智能制造集成装备的核心技术；海洋可再生能源开发装备、化学资源开发装备和矿产资源开发装备的前期研究和技术储备；航空发动机等关键核心技术。

二是发挥产业集群、高科技园区的创新集聚功能，共建协同创新平台。积极提升集群和园区的创新要素，吸收高素质人力资本，扩展资金来源渠道，建立有利于知识创造、成果转化的创新平台。鼓励开发区之间、园区之间通过多种方式共享技术资源，推动高新技术开发区或园区的产业升级。加强集群的跨区域联动，促进园区内企业与高校、科研院所等建立研发联盟，将集群打造成为区域协同创新的平台和载体。

三　中介服务体系

长三角地区两省一市共同培育一批运行规范化、发展规模化、服务专业化的科技服务机构，积极培养具有较高专业化素质的从业人员队伍，推进中介服务机构的跨区域联合服务。完善长三角地区科技中介服务机构体系建设，加强直接参与技术创新过程的生产力促进中心、工程技术研究中心建设，加快为创新主体提供咨询服务的管理咨询、投资咨询、科技咨询、情报信息中心的市场化运营。依托上海技术交易所、江苏区域技术市场等科技服务机构，健全网上技术市场，将有形市场与无形市场相结合，促进区域科技成果交流和转化、科技资源有效流动和合理配置。加强科技中介服务从业人员的培养和引进，提高从业人员素质和水平，完善中介服务机构从业人员认定制度，建立科技中介服务业职业资格标准体系，不断提升高校和科研院所内科技人员对科技成果转化的能力，给予具有中介作用的科技人员应有的奖励和收益。推进区域性科技行业协会和学会建设，策划和举办各类科技合作论坛、科技成果交易会等多种形式的科技交流活动。

加快为中小企业服务的科技中介服务体系建设。在中小企业科技创新的决策阶段、研发阶段、新产品试验和推广等阶段，积极建立为中小企业服务的体系。国家在促进中小企业技术创新过程中制定了相关政策措施，为中小企业提供政策咨询服务，让其充分享受政府政策支持。大力发展中小企业融资、贷款担保机构，建立并完善创业风险基金，鼓励社会资本支持创新创业活动。积极开展技术开发推广服务，将科技成果辐射、扩散和应用到中小企业创新活动中，充分发挥行业协会对中小企业创新的服务作用，鼓励政府采购及大型国有企业采购中运用中小企业科技创新成果。

四　创新环境支撑体系

建立健全科技创新政策法规体系。推进两省一市之间政策法规的统一和协调，建立完善区域性科技创新政策体系。"在国家科技部等相关部委的指导下，联合制定《长三角区域科技合作项目管理办法》、《长三角区域科技资源相互开放与共享具体办法》、《长三角区域跨地区产学研合作实施意见》等相关政策"①，优化长三角地区创新资源配置，协调各地区的协同创新行为。

完善区域性科技公共服务平台，营造创新创业良好氛围。鼓励两省一市联合建设如长三角集成电路工程研究中心等创新载体，共建一批具有国际竞争力的研究实验基地、重点实验室、中试基地、信息库、信息网、数据中心等，促进区域资源的整合和共享。共同营造敢于创新、包容失败的社会环境，联合开展科普活动，推进两省一市科普资源共享，提高公众尤其是青少年的科技创新意识。

第二节　创新驱动战略性新兴产业发展的政策选择

创新驱动战略性新兴产业发展主要通过技术创新抢占行业制高点、基于市场轨道的创新开拓国际国内市场、基于区域集聚的产业链构建实现，相应的政策侧重技术主导政策、市场主导政策和产业政策。

一　技术主导政策

技术主导政策一般是指一国或某区域用以引导、促进和干预产业技术进步的政策。在我国出台和地方应用较多的政策主要包括用于加强战略性新兴产业关键核心技术和前沿技术研究、推进重大科技成果产业化、企业技术创新和产业创新支撑体系建设方面的政策。这些政策在促进长三角地区战略性新兴产业的关键核心技术研发、创新成果顺利转化起到重要的作用，但是，许多战略性新兴行业的技术创新和成果转化等方面依然存在障碍。主要由于产业的关键知识和技术的分散化，以往的政策思路需要不断提升以适应产业的科学技术发展需求。例如，"在重大装备领域，中国企业与国外的差距很大程度上不

---

① 张仁开:《"十二五"时期推进长三角区域创新体系建设的思考》,《科学发展》2012 年第 9 期。

在于总成技术的能力差异，而在于基础材料和控制系统自主开发能力的缺乏，而基础材料和控制系统的突破又不是总成企业、材料企业或软件企业能够独立解决的"①。这就需要加强三方面的技术政策：一是加强产、学、研合作支撑新兴产业发展。政府在促进产学研合作中不应是"拉郎配"，政策重点应是完善研究型大学和科研机构的共性技术开发，提高企业技术路线选择和对复杂创新项目管理的能力。二是促进产业链的合作创新，从关注产业链的某个技术环节创新拓展到重视产业链上所有重点技术环节创新。在确定产业的技术路线基础上，各创新主体充分沟通，将关键突破点分解落实到各研发机构、产业技术联盟、企业等相关主体，形成共同支撑产业发展的技术链。三是加强区域政策的协调。长三角地区在制定战略性新兴产业中的主导产业中，需进一步加强区域之间的产业协作，建立产业协同机制，避免产业雷同和恶性竞争。

二　市场培育政策

对战略性新兴产业的市场培育政策，主要通过政府补贴、示范工程、政府采购、消费者偏好引导、支撑企业进入等方式。长三角地区在国家对战略性新兴产业市场培育和推广过程中做了许多尝试，例如，新能源汽车产业的价格补贴、重点领域的示范工程等。但是，在政策工具的使用过程中还存在许多不足。以政府采购为例，首先在采购对象、采购时机、采购流程设计等方面还存在不足，导致运用政府采购政策促进产业创新的效果有限。其次，政策工具使用的单一。促进某一战略性新兴产业发展，必须综合利用多种政策工具才能形成合力，政府采购、示范工程这些政策工具，地方政府都做了相应尝试，而促进消费者体验、培育领先市场、推动来自需求方的创新等方面的运用还不足。因此，在制定培育战略性新兴产业市场的政策时需注意：一是充分考虑行业差异，根据不同行业发展的阶段，适时采用市

---

① 吕铁、贺俊：《技术经济范式协同转变与战略性新兴产业政策重构》，《学术月刊》2013 年第 7 期。

场培育政策。二是综合运用多种政策工具，着眼于产业链特定环节的特定需求制定具有针对性政策。三是不能忽视对科技型中小企业在战略性新兴产业中的作用，需要制定专门政策加以扶持。战略性新兴产业独特的技术特征，使得大企业已不是产业竞争力的唯一载体，尤其是3D打印机为代表的个性化制造，将大大促进小微制造的发展，也促使产业组织结构不断向网络化和平台化方向发展（吕铁、贺俊，2013）。科技型中小企业、小微企业群体将在高技术领域起到越来越重要的作用。但是，科技型中小企业在发展中会遇到产品供需矛盾、产品性能和质量的认证等一系列问题，就需要制定专门的市场培育和推广政策，对中小企业科技型产业给予支持。

三　产业政策

战略性新兴产业的产业政策主要分为支撑战略性新兴产业发展和促进战略性新兴产业向相关产业渗透两方面政策。其一，在推进核心技术突破的同时，需进一步注重产业配套技术、相关设备、基础设施、技术规范、产业集聚等产业政策的制定。"突破性技术创新并不必然带来战略性新兴产业的繁荣，只有通过研发设计、主体生产、零部件配套，以及相应的制度和技术标准的体系化构建和价值整合才能赢得实质性的产业主导权"[①]。以光伏产业为例，长三角地区的一些龙头企业已掌握了前沿的核心技术，但是，光伏产业并网困难，导致使用效率不高。其二，促进战略性新兴产业的核心技术向相关产业渗透。战略性新兴产业具有强外部性，新兴产业的核心技术很容易渗透到相关产业，形成新的需求引致，推进整个产业结构升级。例如，战略性新兴产业的新材料技术已逐渐广泛应用于纺织工业促进其工艺创新和原料创新，工业机器人技术应用于汽车制造，极大地变革了汽车生产工艺、提高了产业生产效率、降低了生产成本。因此，在制定产业政策时，不仅仅要注重单个产业的发展，更要关注战略性新兴产业

---

① 程郁、王胜光：《培育战略性新兴产业的政策选择——风能产业国际政策经验的比较与借鉴》，《中国科技论坛》2011年第3期。

的通用技术在相关产业的渗透和融合。例如，制定相关政策促进不同行业之间的联合研发。

第三节　创新驱动长三角制造业升级的政策选择

一　制造业创新吸收的政策支持

传统制造业一般属于中等技术制造业和低技术制造业，对这些行业的创新吸收和再创新经常被忽视。虽然高技术产业，尤其是战略性新兴产业对产业结构具有很强的提升作用，但就算是发达国家新兴产业占国民生产总值的比重也是相对较小，传统制造业对新技术的吸收、再创新能力也是缩小与国际重点领先行业差距的重要领域。新兴技术在传统制造业的广泛应用将大大提高产业的生产效率，同时，传统制造业在创新吸收中也进行流程创新、工艺创新、集成创新等再创新推动整个行业的提升。

由第四章的分析可知，长三角地区的传统制造业依然是产业的重要支撑力量，对传统制造业的创新支持非常重要，主要从以下几个方面加强：一是加强对传统制造业的技术改造投入，增强产业技术研发能力，对技改项目和企业给予更多的技术扶持政策、金融支持政策、财税优惠政策。二是"落实各项配套措施政策，加快新兴技术与传统产业的有机融合，加大运用先进适用技术和高新技术改造提升传统产业，通过不断采用和推广新技术、新工艺、新流程、新材料，对现有企业生产装备、生产工艺进行改造"①。三是推进跨行业的产业技术联盟形成，组织实施一批具有战略意义的重大科技项目攻关，推进传统产业的信息化、高端化。

---

① 张银银、邓玲：《创新的产业差异与产业结构升级研究》，《经济问题探索》2013年第6期。

二　复杂技术行业的创新政策

复杂技术行业主要是涉及技术领域多的行业，例如装备制造业，一些高端装备制造业被列为战略性新兴产业，而其他装备制造业也是产业提升的重点。复杂技术行业具有以下特点：一是综合性强，涉及多个技术领域和行业。二是涉及的利益相关部门多。这些产业的技术创新不是各相关技术的简单叠加，产品创新是数个知识、技术领域的融合和协同，需要多个企业、多产业、多部门的协同合作，不仅仅是一些传统制造业的创新吸收、使用先进的技术设备。因此，在制定支撑复杂技术行业创新发展时，需要注意以下几点：一是合理规划行业技术发展路径，复杂行业所涉及的产业领域都有其原有的技术发展路径和技术方案，融合后的技术路径将囊括各产业技术，但必须有所侧重，例如以广电有限电视网络为依托建立网络融合还是以电信通信网络为依托。[①] 这就要求在制定产业政策、行业规划过程中，明确技术路线，有侧重地支持利益相关者联合创新。二是平衡多个利益相关者的利益。复杂技术行业的创新支持可以采用加大研发投入、税收激励、促进产学研融合等供给侧创新政策，或者通过政府采购、制定标准和规制等需求侧创新政策，都要充分考虑产业部门之间、企业与企业间、中央政府与地方政府之间的利益权衡，才能保证政策和项目的顺利实施。

第四节　创新驱动文化产业的政策选择

一　文化科技政策

文化科技政策是结合文化政策和科技政策的精华，运用经济、行政、法律等多种手段，合理配置文化科技资源，为文化与科技有效融

---

① 于一鸣：《中国大社会技术系统创新治理理论研究》，《科技管理研究》2012 年第20 期。

合创造良好的环境。长三角地区需从以下几个方面着手：一是加强文化科技投入。增加对公共文化科技创新技术的研发投入，加强对文化科技集聚区的专项资金投入。已设立的创新基金中，加大对文化科技产品研发设计的支持。二是建立完善促进文化产业发展的产学研创新体系。积极推进文化企业、科技型企业、文化科技企业的建立产业技术联盟，充分利用长三角地区高校和研发机构所提供的知识创新，加强文化产业理论和实践研究，为知识创新、技术创新和文化创意有序联结创建连接通道、搭建桥梁，积极构建产、学、研创新体系。三是尽早出台适用于地区文化科技企业的财税政策，完善金融政策，提高政策实施的强制力。"积极探索适用于地区文化科技企业的'营改增'配套政策、财政补贴政策，避免'营改增'推行后大型文化科技企业税负不降反升问题"[①]。完善文化科技成果评估体系，支持金融机构创新金融产品，引导银行信贷投向文化产业，创新跨区域、跨行业的重大文化产业项目的社会融资机制，建立完善的文化产权交易所，加快专业评估机构和文化产业融资担保机构发展。在一些文化产业发展基础较好区域，适当纳入政府官员绩效考核体系，提高文化科技政策的实施力。

二 加强知识产权保护

文化产业是以内容为王的产业，加强知识产权保护是文化产业发展的基本保障。一是加大文化产业知识产权保护的执法力度。对未取得经营许可的文化产业企事业单位、涉及知识产权侵权的行业，加大查处力度，有效维护市场秩序和企事业单位的合法权益。二是加强文化产业知识产权保护宣传，建立与国际接轨的制度环境，开展知识产权保护的相关培训，提高知识产权保护意识。三是加强中介服务机构建设。积极促进有利于文化产业创新活动、知识和技术的传播应用、专业人才培养等相关中介服务机构的发展，整合区域文化创新资源，

[①] 龙莉、蔡尚伟：《科技政策创新助推文化产业发展——我国文化科技政策的问题与对策研究》，《西南民族大学学报》（人文社会科学版）2013 年第 6 期，第 188 页。

构建基础设施、创业投资、知识产权等信息共享平台。

第五节　结论与研究展望

一　研究结论

本研究综合运用区域经济学、创新经济学、产业经济学等学科理论和方法，充分借鉴国外创新驱动产业结构升级的经验，在对创新、创新驱动、产业结构升级的现有相关成果进行梳理与整合的基础上，构建了创新驱动产业结构升级的理论框架。以长三角地区产业结构升级的创新驱动力不足为问题导向，结合国内外产业结构升级发展动态，明确长三角地区产业结构升级的方向，探讨创新驱动长三角地区产业结构升级的路径。基于以上研究，选择在长三角地区产业结构升级中起到核心重要作用的产业部门，分章探讨创新驱动战略性新兴产业、制造业、现代服务业和文化产业发展的机理及路径，最后提出相应的政策支撑体系。主要结论如下：

（1）结合相关研究成果，辨析了创新驱动产业结构升级与产业创新、创新驱动具体区域产业结构升级与区域创新系统、创新驱动与绿色发展、循环发展、低碳发展之间的关系，明确了研究范畴。首先，正如洪银兴所说，创新驱动的实质是科技创新，科技创新的终端是产业创新，那么创新驱动产业结构升级与产业创新就属于包含与被包含的关系。其次，创新驱动具体区域产业结构升级是在具有区域特色的产业结构环境下，发展方式的转变；由于创新活动是非均衡或随机地分布于世界各地，知识生产过程具有独特的地理空间特征，区域创新系统强调创新活动在空间上的集中化趋势。但是，两者之间也联系紧密，在具体区域范围内，创新驱动产业结构升级在空间上的最终演化形态中，区域创新系统是最典型的形式。最后，需求影响创新驱动的方向，在资源环境约束下，市场对环保、低碳的需求，以及政府通过各种途径的引导，创新驱动的方向才可能与绿色发展、循环发展和低碳发展的目标相一致。

（2）对创新驱动内在本质探究。创新驱动是运用知识、技术、商业模式等创新要素对资本、劳动力、物质资源等有形要素进行新组合。创新驱动是系统工程，具有系统性、动态性、差异性特征，结合科技创新路线，创新驱动过程包括前端驱动、中端驱动和后端驱动；前端驱动阶段是知识的创造和积累，政府及跨国性企业的研发机构大规模投入是主力，主要创新形式为原始创新、知识创新；中端驱动阶段重点在科技成果转化，需要不同创新主体的协同，以及各种转化媒介的介入搭桥，主要创新形式是集成创新、协同创新等；后端驱动阶段直接面向市场，企业和产业集群发挥重要作用，创新的形式更加多样化，包括引进消化吸收再创新、商业模式创新、市场创新、组织创新等。创新驱动与要素驱动（劳动力、物质投入）、投资驱动、市场驱动之间既相对独立，又紧密联系。通过要素驱动、投资驱动和市场驱动区域经济发展是许多国家及地区都难以逾越的阶段，创新作为驱动力需要一定的知识、技术、人力资本的积累和社会环境的相适应，当生产要素、投资、市场等驱动力面临资源环境制约、通货膨胀压力、市场低迷等问题时，创新驱动将成为区域突破发展"瓶颈"的重要动力。转向创新驱动发展，也并非否定要素、投资和市场驱动，而是要素和投资由创新来带动。

（3）创新驱动产业结构升级主要从以下几个层面分析：一是创新作为驱动要素直接影响产业结构升级，此时创新的形式主要表现为科技创新和技术创新，科技创新催生"明星产业"，促进产业结构主导产业更替，传统产业基于产业特征对新技术吸收再创新，又派生出许多新兴产业，传统产业不断向高端化升级。二是创新作用于影响产业结构升级的其他因素间接驱动产业结构升级，新产品可以创造市场需求，通过需求拉动产业结构升级；技术创新、组织创新等创新方式可以提高劳动力、资本、资源的利用效率，促进产业效率的提升。三是开放环境下需充分运用开放式创新推动产业结构升级。四是创新驱动不同产业结构升级，促使创新型产业在空间上集聚，最终形成多个创新型网络及区域。

（4）提出创新驱动产业结构升级的四条主路径：基于技术轨道、

基于市场轨道、全产业链创新、集群创新驱动产业结构升级。首先，通过创新实现产业的赶超，从价值链高端切入是首要路径。价值链的两个高端一端是技术研发和设计、一端是营销网络和服务，从高端切入并创新才有可能实现产业升级。演化经济学家佩雷斯提出"两种机会窗口"，"第二种机会窗口"是在新技术体系处于早期阶段，所有国家在此技术领域处于同一起跑线，新兴国家如若通过新技术的激进创新，就可以在新技术体系中占据技术革命的制高点，实现产业的升级和赶超。其次，由于先进制造业在全球形成了配套协作的产业链格局，若想在竞争激烈的国际环境中立足，必须构建产业链上、下游的创新网络，实现全产业链创新，以更有效地控制成本和价值创造最大化。最后，长三角地区已经形成了多个特色鲜明的产业集群，以产业集群为载体促进产业集约化发展，更有利于知识、技术的创造、转移和共享。

（5）本书基于创新的产业差异，分别从创新驱动战略性新兴产业、制造业和现代服务业发展三个重点领域，探讨不同产业的创新驱动路径。认为长三角地区战略性新兴产业培育发展必须从价值链高端切入，一个高端是研发与设计，一个高端是营销与服务，这就形成了创新驱动战略性新兴产业的两条路径：技术创新抢占价值链制高点和基于市场轨道的创新开拓国内国际市场。战略性新兴产业也具有传统产业的基本特征，即空间集聚、具有鲜明的产业链和价值链，因此，基于区域集聚的产业链构建和技术创新也是发展的重要路径。创新驱动长三角地区制造业产业结构升级主要包括从传统制造业向战略性新兴产业转型升级，以及制造业向智能化、服务化升级两条主路径。创新驱动传统产业向战略性新兴产业转型升级主要有三条路径：嵌入式、融合式和集群式。创新驱动长三角制造业向智能化升级是产业发展的国际形势所趋，第三次工业革命初露端倪，工业生产呈现数字化、智能化，生产制造快速成型，生产方式由大规模式生产向大规模定制，刚性生产系统转向可重构制造系统。美国提出的"再工业化"、欧洲的新工业革命，其核心是"机器人＋智能设备＋信息化"，形成新的"智能制造"。创新驱动长三角地区制造业智能化的重点是原始创新、技术集成和集成创新。创新驱动长三角制造业向服务化升级是制造业"新的利润增长点",是其焕发活力的重要途径。制造业可通过产品的服务升级模式、产品附加服务创新、产品与服务融合创新,在制造业的产前、产中和产后创造服务市场,激发并满足服务需求。创新驱动长三角地区现代服务业发展,需充分发挥新服务概念、技术创新、交互创新、组织创新、商业模式创新的作用,促进信息流、资金流、物流、价值流和服务流的统一。科技服务业的创新重点是促进功能有效发挥和供需服务匹配,强化在创新生态系统中的作用。创新驱动文化产业发展的思路:内容创新是文化产业发展的基础,科技是文化产业发展的支撑,商业模式创新是文化产业发展的关键。

(6) 长三角地区完善良好的创新环境是促进产业结构升级的基础,基于创新驱动产业结构升级的具体产业差异性,又需制定具有针对性的政策。战略性新兴产业重点在制定技术主导、市场培育和产业政策;制造业重在制定促进创新吸收和复杂技术行业的创新政策;文化产业加强知识产权保护、文化科技政策的制定。

二　研究展望

对创新驱动长三角地区产业结构升级问题展开了初步研究,还存在以下待完善和拓展之处:一是创新驱动发展战略是十八大中的新提法,国内学者对技术创新、自主创新等领域已有许多研究成果,但是有关创新驱动发展的概念、特征及研究体系并未达成共识。二是创新驱动产业结构升级的研究方法有待拓展。因本论题的研究涉及多学科、多领域,还并没有权威的学者对此问题形成较强说服力的研究成果,欧美等国外学者更侧重具体产业的微观研究,虽值得借鉴但研究方法及工具有待提升。三是创新驱动具体产业的升级研究有待进一步深化。不同的产业存在较大的创新差异,本研究虽充分意识到这一点,也在书中尽量充分地体现,但是由于受专业知识、时间和精力所限,研究方法和理论深度还有较大提升空间。四是我国及长三角地区正处于转型发展的快速期,发展的国际国内环境和自身条件不断变化和调整，长三角地区的创新驱动要素和产业结构变动也处于动态发展中，需要时刻关注发展动向，在实践调研中不断完善和丰富。在未来的学习和研究中，将针对研究的不足，认真探索具有说服力的研究方法，更深入地探究问题的核心本质和内在规律，跟踪国内外研究最新进展和区域发展实践的最新动态，不断拓展和深化研究成果，使本领域的研究体系更完备、研究成果更具有应用价值。

参考文献

[1] Jarunee Wonglimpiyarat. , "Does complexity affect the speed of innovation?" *Technovation*, 25 (2005).

[2] Rinaldo Evangelista, Antonio Vezzani. , "The economic impact of technological and organizational innovations. A firm-level analysis", *Research policy*, 39 (2010).

[3] James H. Love, Stephen Roper, John R. Bryson. , "Openness, knowledge, innovation and growth in UK business services", *Research policy*, 40 (2011).

[4] Alexandre Trigo, Xavier Vence. , "Scope and patterns of innovation cooperation in Spanish service enterprises", *Research policy*, 41 (2012).

[5] Elpida Samara, Patroklos Georgiadis, Ioannis Bakouros. , "The impact of innovation policies on the performance of national innvovation systems: A system dynamics analysis", *Technovation*, 32 (2012).

[6] Lluis Santamaris, Maria Jesus Nieto, Ian Miles. , "Service innovation in manufacturing firms: Evidence from Spain", *Technovation*, 32 (2012).

[7] Dong-Young Kim, Vinod Kumar, Uma Kumar. "Relationship between quality management practices and innovation", *Journal of Operations Management*, 30 (2012).

[8] Nina Rosenbusch, Jan Brinckmann, Andreas Bausch. , "Is innovation always beneficial? A meta-analysis of the relationship between innovation and performance in SMEs", *Journal of Business Venturing*,

26 (2011).

[9] Mario I. Kafouros, Nicolas Forsans. , "The role of open innovation in emerging economies: Do companies profit from the scientific knowledge of others?", *Journal of World Business*, 47 (2012).

[10] Crossan M. M. , Apaydin M. , "A multi - dimensional framework of organizational innovation: A systematic review of the literature", *Journal of Management Studies*, 2010, 47 (6) .

[11] Borgh, M. , Cloodt, M. , Romme. A. G. L. , "Value creation by knowledge - based ecosystems: Evidence from a field study", *R&D Management*, 2012, 42 (2) .

[12] Koeing, "Business ecosystems revisited", *Management*, 2012, 15 (2) .

[13] Yin, R. K. , "Case Study Research: Design and Methods", *Sage Publications*, 2014.

[14] Barney J. , "Firm resources and sustained competitive advantage", *Journal of Management*, 1991, 17 (1) .

[15] Hwang, V. , Mabogunje A. , "The new economics of innovation ecosystems", *Stanford social innovation review*, 2013, 8 (6) .

[16] Adner, R. , "Match your innovation strategy to your innovation ecosystem", *Harvard Business Review*, 2006, 84.

[17] National Research Council. , "Rising to the Challenge: U. S. Innovation Policy for the Global Economy", Washington, DC: The National Academies Press, 2012.

[18] Iansiti, M. , Richards G L. , "Information technology ecosystem: structure, health, and performance", *The Antitrust Bull*, 2006, 51: 77.

[19] Martin, R. , Sunley P. , "Path dependence and regional economic evolution", *Journal of Economic Geography*, 2006, 6 (4) .

[20] Granovetter, M. , "Economic action and social structure: The problem of embeddedness", *American Journal of Sociology*, 1985.

[21] Dierickx I., Cool K., "Asset stock accumulation and sustainability of competitive advantage", *Management Science*, 1989, 35 (12).

[22] Kapoor, R., Lee J. M., "Coordinating and competing in ecosystems: How organizational forms shape new technology investments", *Strategic Management Journal*, 2013, 34 (3).

[23] Maussang, N., Zwolinski P., Brissaud D., "Product – service system design methodology: from the PSS architecture design to the products specifications", *Journal of Engineering Design*, 2009, (20) 4.

[24] Sampson, S. E., Froehle C. M., "Foundations and implications of a proposed unified services theory", *Production and Operations Management*, 2006, 15 (2).

[25] Evans, S., Partidario P., "Industrialization as a key element of sustainable product – service solutions", *International Journal of Production Research*, 2007, 45 (18/19).

[26] Gummesson, E., Mele C., "Marketing as value co – creation through network interaction and resource integration", *Journal of Business Marketing Management*, 2010, 4 (1).

[27] Grnroos, C., "Service logic revisited: Who creates value? And who co – creates?", *European Ausiness Review*, 2008, 20 (4).

[28] Gummesson, E., Mele C., Polese F., "Key dimensions of service systems in value – creating networks", *International Journal of Quality and Service Sciences*, 2011.

[29] Hauknes, J., Knell, M., "Embodies knowledge and sectoral linkages: An input – output approach to the interaction of high-and low-tech industries", *Research Policy*, 2009, 38 (3).

[30] Sundbo, J., "Customer-based innovation of knowledge-services: The importance of after-innovation", *International Journal of Services Technology&Management*, 2008, 9 (3).

[31] Cooper R. , G. , "Third generation new product process", *Journal of Product Innovation Management*, 1994, 11 (1).

[32] Storey, C. , Kelly, D. , "Measuring the performance of new service development activities", *Service Industries Journal*, 2001, 21 (2).

[33] Hislop, D. , "The client role in consultancy relations during the appropriation of technological innovations", *Research Policy*, 2002, 31 (2).

[34] Hertog, P. , D. , "Knowledge intensive business services as co-producers of innovation", *International Journal of Innovation Management*, 2000, 4 (4).

[35] Aurich J. C. , Fuchs C. , Wagenknecht C. , "Life cycle oriented design of technical Product-Service Systems", *Journal of Cleaner Production*, 2006, 14 (17).

[36] Moreno A. , Cappellaro F. , Masoni P. , et al. , "Application of product data technology standards to LCA data", *Journal of Industrial Ecology*, 2011, 15 (4).

[37] Zhao Y. A. , Pandey V. , Kim H. , et al. , "Varying lifecycle lengths within a product take-back portfolio", *Journal of Mechanical Design*, 2010, 132 (9): 10.

[38] Nijssen E. J. , Hillebrand B. , Vermeulen P. , et al. , "Exploring product and service innovation similarities and differences", *Research in Marketing*, 2006, 23 (3).

[39] Gadrey J. , Gallouj F. , Weinstein O. , "New modes of innovation: How services benefit industry", *International Journal of Service Industry Management*, 1995, 6 (3).

[40] Skaggs B. C. , Youndt M. , "Strategic Positioning, human capital and performance in service organizations: a customer interacting approach", *Strategic Management Journal*, 2004, 25.

[41] Kristensson P. , Magnusson P. R. , Matthing J. , "Users as a Hid-

den Resource for Cr eativity: Findings from an Experimental Study on User Involvement", *Creativity and Innovation Management*, 2002, 11 (1).

[42] Wangenheim F. V., Evanschitzky H., Wunderlich M., "Does the employee-customer satisfaction link hold for all employee groups?", *Journal of Business Research*, 2007, 60 (7).

[43] Gadrey J., Gallouj F., "The Provider-Customer Interface in Business and Professional Services", *The Service Industries Journal*, 1998, 18 (2).

[44] Rubenstein, Albert H., Ettlie, John E., "Innovation Among Suppliers to Automobile Manufacturers: An Exploratory Study of Barriers and Facilitators", *R&D Management*, 1979, (9).

[45] Watanabe C., Hur J. Y., "Firm strategy in shifting to service-oriented manufacturing: The case of Japan's electrical machinery industry", *Journal of Services Research*, 2004, 4 (1).

[46] Isabel Maria Bodas freitas, Nick Von tunzelmann., "Mapping public support for innovation: A comparison of policy alignment in the UK and france", *Research Policy*, 2008, 37 (9).

[47] Uwe Cantner, Andreas Pyka., "Classifying technology policy from an evolutionary perspective", *Research Policy*, 2001, 30 (5).

[48] Charles Edquist., "Systems of innovation perspectives and challenges", *African Journal of Science, Technology, Innovation and Development*, 2010, 2 (3).

[49] Homburg C., Stock R. M., "Exploring the conditions under which salesperson work satisfaction can lead to customer satisfaction", *Psychology&Marketing*, 2005, 22 (5).

[50] J. Nunes, "A cognitive model of people's usage estimations", *Journal of Marketing Research*, 2000, 37 (11).

[51] [美] 约瑟夫·熊彼特:《经济发展理论——对于利润、资本、信贷、利息和经济周期的考察》,商务印书馆 1990 年版。

［52］［美］彼得·德鲁克：《创新与企业家精神》，机械工业出版社2012 年版。

［53］［英］克利斯·弗里曼：《工业创新经济学》，华宏勋、华宏慈译，北京大学出版社 2005 年版。

［54］［挪］詹·法格博格等：《牛津创新手册》，柳卸林等译，知识产权出版社 2012 年版。

［55］经济合作与发展组织、欧盟统计署：《奥斯陆手册》，高昌林等译，科学技术文献出版社 2011 年版。

［56］薛澜、柳卸林、穆荣平等译：《OECD 中国创新政策研究报告》，科学出版社 2011 年版。

［57］［美］杰里米·里夫金：《第三次工业革命》，张体伟、孙豫宁译，中信出版社 2012 年版。

［58］［英］保罗·特罗特：《创新管理和新产品开发》，中国人民大学出版社 2005 年版。

［59］柏林科学技术研究院：《文化 VS 技术创新——德美日创新经济的文化比较与策略建议》，吴金希等译，知识产权出版社 2006年版。

［60］［瑞典］C. 埃德奎斯特、L. 赫曼主编：《全球化、创新变迁与创新政策》，胡志坚、王海燕主译，科学出版社 2012 年版。

［61］柳卸林：《技术创新经济学》，中国经济出版社 1993 年版。

［62］赵玉林：《创新经济学》，中国经济出版社 2006 年版。

［63］罗肇鸿、王金存、史清琪：《国外技术进步与产业结构的变化》，中国计划出版社 1988 年版。

［64］周振华：《产业结构优化论》，上海人民出版社 1992 年版。

［65］宋泓明：《中国产业结构高级化研究》，经济科学出版社 1996年版。

［66］隋广军：《产业演进及其微观基础研究》，经济科学出版社 2007年版。

［67］吴进红：《开放经济与产业结构升级》，社会科学文献出版社2007 年版。

［68］张平、王树华:《产业结构理论与政策》,武汉大学出版社2009年版。

［69］李军、孙彦彬:《产业结构优化模型及其评价机制研究》,华南理工大学出版社2009年版。

［70］苏东水:《产业经济学》,高等教育出版社2010年版。

［71］王辑慈:《创新的空间:企业集群与区域发展》,北京大学出版社2001年版。

［72］赵红岩:《全球价值链下长三角嵌入链式的升级模式》,科学出版社2010年版。

［73］李宗南、文峰:《中国大趋势2:创新改变中国》,中华工商联合出版社2011年版。

［74］郑明高:《产业融合——产业经济发展的新趋势》,中国经济出版社2011年版。

［75］科技部:《中国科学技术发展报告2010》,科学技术文献出版社2011年版。

［76］陈红玉:《中国文化产业创新政策研究》,北京理工大学出版社2012年版。

［77］傅家骥:《技术创新学》,清华大学出版社1998年版。

［78］刘志彪:《2012年率先基本实现现代化的长三角》,社会科学文献出版社2012年版。

［79］徐长乐、朱元秀:《长江三角洲城市群转型发展研究》,格致出版社、上海人民出版社2013年版。

［80］中国产业地图编委会、中国经济景气监测中心:《长江三角洲产业地图2006—2007》,社会科学文献出版社2006年版。

［81］刘志彪、吴福象等:《中国长三角区域发展报告》,中国人民大学出版社2013年版。

［82］陈劲:《协同创新》,浙江大学出版社2012年版。

［83］张玉臣:《长三角区域协同创新研究》,化学工业出版社2009年版。

［84］贾晓峰、王家新:《长三角产业结构研究》,经济科学出版社

2011 年版。

［85］王振：《长三角地区经济发展报告（2013）》，上海社会科学院出版社 2013 年版。

［86］陈少峰、张立波：《文化产业商业模式》，北京大学出版社 2012年版。

［87］胡惠林：《中国经济区文化产业发展报告》，上海人民出版社 2012 年版。

［88］叶朗：《中国文化产业年度发展报告（2012）》，北京大学出版社 2012 年版。

［89］张晓明、王家新、章建刚：《中国文化产业发展报告》，社会科学文献出版社 2013 年版。

［90］郎咸平：《产业链阴谋Ⅰ：一场没有硝烟的战争》，东方出版社 2008 年版。

［91］中国创新型企业发展报告编委会：《2011 中国创新型企业发展报告》，经济管理出版社 2011 年版。

［92］张意源：《乔布斯谈创新》，海天出版社 2011 年版。

［93］陈劲、张学文：《创新型国家建设——理论读本与实践发展》，科学出版社 2010 年版。

［94］蔡晓月：《熊彼特式创新的经济学分析——创新原域、连接和变迁》，复旦大学出版社 2009 年版。

［95］金碚：《全球竞争新格局与中国产业发展趋势》，《中国工业经济》2012 年第 5 期。

［96］金碚：《"十二五"开局之年的中国工业》，《中国工业经济》2012 年第 7 期。

［97］金碚：《中国工业结构转型升级：进展、问题与趋势》，《中国工业经济》2011 年第 2 期。

［98］金碚：《中国工业的转型升级》，《中国工业经济》2011 年第 7 期。

［99］秦雪征、周建波、尹志锋：《中小型制造企业创新特征分析：基于德阳企业调查数据》，《中国工业经济》2012 年第 4 期。

[100] 杨以文、郑江淮、黄永春:《国际代工制造业升级与技术创新——基于长三角微观调研数据的实证分析》,《中南财经政法大学学报》(双月刊) 2012 年第 1 期。

[101] 张仁开:《"十二五"时期推进长三角区域创新体系建设的思考》,《科学发展》2012 年第 9 期。

[102] 王耀中、陈洁、张阳:《国际技术溢出、自主创新与服务业发展——基于长三角面板 VAR 模型的研究》,《财经理论与实践》(双月刊) 2011 年第 9 期。

[103] 张艳辉:《全球价值链下长三角产业升级的实证分析——以电子及通讯设备制造业为例》,《上海经济研究》2010 年第 3 期。

[104] 沈玉芳:《长三角产业升级:"块状"向"网状"转型》,《硅谷》2010 年第 15 期。

[105] 姚先国、薛强军、黄先海:《效率增进、技术创新与 GDP 增长——基于长三角 5 城市的实证研究》,《中国工业经济》2007 年第 2 期。

[106] 周耀烈:《国际产业转移与长三角地区的产业升级》,《商业经济》2006 年第 13 期。

[107] 梁琦、詹亦军:《产业集聚、技术进步和产业升级——来自长三角的证据》,《产业经济评论》2005 年第 12 期。

[108] 刘志彪:《从代工到品牌创新战略——长三角地区制造业产业升级》,《中国质量与品牌》2006 年第 3 期。

[109] 刘志彪、于明超:《从 GVC 走向 NVC:长三角一体化与产业升级》,《学海》2009 年第 5 期。

[110] 杨继军、张如庆、张二震:《承接国际服务外包与长三角产业结构升级》,《南京社会科学》2008 年第 5 期。

[111] 魏守华、姜宁、吴贵生:《内生创新努力、本土技术溢出与长三角高技术产业创新绩效》,《中国工业经济》2009 年第 2 期。

[112] 伍华佳:《区域产业知识创新与核心竞争力提升——以长三角

区域产业默会知识共享为例》,《研究与发展管理》2008 年第
12 期。

[113] 黄阳华、吕铁:《市场需求与新兴产业演进——用户创新的微
观经济分析与展望》,《中国人民大学学报》2013 年第 3 期。

[114] 郭晓丹、何文韬:《战略性新兴产业规模、竞争力提升与"保
护性空间"设定》,《改革》2012 年第 2 期。

[115] 龚敏卿、肖岳峰:《开放式创新研究评述》,《科技管理研究》
2011 年第 8 期。

[116] 刘凤朝:《全球创新资源的分布特征与空间差异——基于
OECD 数据的分析》,《研究与发展管理》2011 年第 2 期。

[117] 李正风、张成岗:《我国创新体系特点与创新资源整合》,《科
学学研究》2005 年第 10 期。

[118] 张震宇、陈劲:《基于开放式创新模式的企业创新资源构成、
特征及其管理》,《科学学与科学技术管理》2008 年第 11 期。

[119] 范爱军、李菲菲:《产品内贸易和一般贸易的差异性研究——
基于对我国产业结构升级影响的视角》,《国际经贸探索》
2011 年第 4 期。

[120] 孙晓华、王昀:《对外贸易结构带动了产业结构升级吗？——
基于半对数模型和结构效应的实证检验》,《世界经济研究》
2013 年第 1 期。

[121] 崔玮、赵亚平、张铁刚:《加工贸易的产业结构升级效应分
析——理论模型与对策建议》,《甘肃社会科学》2010 年第
1 期。

[122] 伍华佳、张莹颖:《中国服务贸易对产业结构升级中介效应的
实证检验》,《上海经济研究》2009 年第 3 期。

[123] 范文祥:《国际产业转移对我国产业结构升级的阶段性影响分
析》,《经济地理》2010 年第 4 期。

[124] 綦良群、李兴杰:《区域装备制造业产业结构升级机理及影响
因素研究》,《中国软科学》2011 年第 5 期。

[125] 张若雪:《人力资本、技术采用与产业结构升级》,《财经科

学》2010 年第 2 期。

[126] 程文、张建华：《中国模块化技术发展与产业结构升级》，《中国科技论坛》2011 年第 3 期。

[127] 张国强、温军、汤向俊：《中国人力资本、人力资本结构与产业结构升级》，《中国人口·资源与环境》2011 年第 10 期。

[128] 曹玉平：《出口贸易、产业空间集聚与技术创新——基于 20 个细分制造行业面板数据的实证研究》，《经济与管理研究》2012 年第 9 期。

[129] 郭艳、张群、吴石磊：《国际贸易、环境规制与中国的技术创新》，《上海经济研究》2013 年第 1 期。

[130] 谢廷宇、刘德学：《进出口贸易、技术溢出与创新绩效——基于中国高科技产业面板数据的分析》，《科技进步与对策》2011 年第 6 期。

[131] 赵晶、王根蓓：《全球化经济中的产品开发、技术创新与贸易模式的演化》，《世界经济与对外贸易》2010 年第 4 期。

[132] 余官胜：《我国出口贸易和技术创新关系实证研究——基于联立方程组》，《科学学研究》2011 年第 2 期。

[133] 袁畅彦、聂华：《我国加工国际贸易的产业链创新与科学发展》，《科学管理研究》2010 年第 4 期。

[134] 贾娜、吴丹丹：《人力资本、研发支出与企业自主创新——基于中国制造业的实证研究》，《求是学刊》2013 年第 3 期。

[135] 孙晓华、周玲玲：《不同需求结构条件的企业技术创新与市场细分》，《改革》2011 年第 3 期。

[136] 罗小芳、李柏洲：《市场新产品需求对大型企业原始创新的拉动机制》，《科技进步与对策》2013 年第 2 期。

[137] 贝政新、王世文：《出口加工制造业面临的挑战与对策——以富士康国际控股有限公司为例》，《国际贸易问题》2011 年第 6 期。

[138] 李平、李淑云、许家云：《收入差距、有效需求与自主创新》，《财经研究》2012 年第 2 期。

[139] 赵秀丽：《需求社会化：网络经济中的一种理论与实践的创新》，《经济学家》2012 年第 9 期。

[140] 高越、李荣林：《国际生产分割、技术进步与产业结构升级》，《世界经济研究》2011 年第 12 期。

[141] 孙永平、叶初升：《自然资源丰裕与产业结构扭曲：影响机制与多维测度》，《南京社会科学》2012 年第 6 期。

[142] 蔡昉：《中国经济增长如何转向全要素生产率驱动型》，《中国社会科学》2013 年第 1 期。

[143] 张德荣、朱翔宇：《"中等收入陷阱"与中国经济增长的阶段性动力问题——基于 TFPG 视角的分析》，《江苏社会科学》2013 年第 2 期。

[144] 逯进、陈阳、贺晓丽：《创新、经济增长与转型动力——基于山东省的实证分析》，《经济经纬》2012 年第 2 期。

[145] 原磊：《工业经济增长动力机制转变及"十二五"展望》，《经济问题》2013 年第 4 期。

[146] 芮明杰、刘明宇：《模块化网络状产业链的知识分工与创新》，《当代财经》2006 年第 4 期。

[147] 姚凯、刘明宇、芮明杰：《网络状产业链的价值创新协同与平台领导》，《中国工业经济》2009 年第 12 期。

[148] 芮明杰、刘明宇：《网络状产业链的知识整合研究》，《中国工业经济》2006 年第 1 期。

[149] 朱瑞博：《"十二五"时期上海高技术产业发展：创新链与产业链融合战略研究》，《上海经济研究》2010 年第 7 期。

[150] 陈爱贞、刘志彪：《FDI 制约本土设备企业自主创新的分析——基于产业链与价值链双重视角》，《财贸经济》2008 年第 1 期。

[151] 张杰、刘志彪、郑江淮：《产业链定位、分工与集聚如何影响企业创新——基于江苏省制造业企业问卷调查的实证研究》，《中国工业经济》2007 年第 7 期。

[152] 刘志迎、李芹芹：《产业链上下游链合创新联盟的博弈分析》，

《科学学与科学技术管理》2012 年第 6 期。

[153] 于斌斌:《传统产业与战略性新兴产业的创新链接机理——基于产业链上下游企业进化博弈模型的分析》,《研究与发展管理》2012 年第 6 期。

[154] 张亚明、刘海鸥、朱秀秀:《电子信息制造业产业链演化与创新研究——基于耗散理论与协同学视角》,《中国科技论坛》2009 年第 12 期。

[155] 杨洵:《电信产业价值创新策略研究——基于产业链整合的视角》,《中央财经大学学报》2008 年第 6 期。

[156] 于斌斌:《基于进化博弈模型的产业集群产业链与创新链对接研究》,《科学学与科学技术管理》2011 年第 11 期。

[157] 林森、苏竣、张雅娴等:《技术链、产业链和技术创新链:理论分析与政策含义》,《科学学研究》2001 年第 12 期。

[158] 张琰:《模块化网络状产业链中知识创新理论模型研究》,《华东师范大学学报》(哲学社会科学版) 2012 年第 3 期。

[159] 乔为国、孔欣欣:《企业主导的产业链创新:新范式与政策着力点》,《中国科技论坛》2013 年第 2 期。

[160] 姜照华、李鑫:《生物制药全产业链创新国际化研究》,《科技进步与对策》2012 年第 10 期。

[161] 胡晨光、程惠芳、陈春根:《产业集聚的集聚动力:一个文献综述》,《经济学家》2011 年第 6 期。

[162] 李想、芮明杰:《模块化分工条件下的网络状产业链研究综述》,《外国经济与管理》2008 年第 8 期。

[163] 陈秋英:《国外企业开放式创新研究述评》,《科技进步与对策》2009 年第 12 期。

[164] 唐家龙、马虎兆:《美国 2011 年创新战略报告评析及其启示》,《中国科技论坛》2011 年第 12 期。

[165] 胡耀辉:《产业技术创新链:我国企业从模仿到自主创新的路径突破》,《科技进步与对策》2013 年第 3 期。

[166] 张军、金露:《企业动态能力形成路径研究——基于创新要素

及创新层次迁移视角的案例研究》,《科学学研究》2011 年第6 期。

[167] 周松兰、刘栋:《中日韩战略性新兴产业创新驱动力比较研究——以 LED 产业的实证分析为例》,《国际经济合作》2013年第 7 期。

[168] 齐旭高、吕波:《产品创新视角下制造企业自主创新路径研究——基于多案例的分析》,《科技进步与对策》2013 年第8 期。

[169] 夏维力、孙晓菲:《高新技术企业的产业创新路径研究》,《中国软科学》2006 年第 11 期。

[170] 肖德云、汪思齐、王恕立:《基于产品创新的产业创新路径依赖重塑》,《中国科技论坛》2012 年第 6 期。

[171] 张军、金露:《企业动态能力形成路径研究——基于创新要素及创新层次迁移视角的案例研究》,《科学学研究》2011 年第6 期。

[172] 葛秋萍、李梅:《我国创新驱动型产业升级政策研究》,《科技进步与对策》2013 年第 7 期。

[173] 涂文明:《我国战略性新兴产业区域集聚的发展路径与实践模式》,《现代经济探索》2012 年第 9 期。

[174] 孙鳌:《以研发联盟推动企业集群的产业升级》,《当代经济研究》2009 年第 2 期。

[175] 杨锐:《产业集群创新的 NRC 分析框架——三个案例的比较分析》,《科学学研究》2010 年第 4 期。

[176] 彭宇文:《产业集群创新动力机制研究评述》,《经济学动态》2012 年第 7 期。

[177] 黄平:《产业集群促进产业升级对地方经济管理的影响》,《广东社会科学》2010 年第 1 期。

[178] 李琳、杨田:《地理邻近和组织邻近对产业集群创新影响效应——基于对我国汽车产业集群的实证研究》,《中国软科学》2011 年第 9 期。

[179] 龚玉环、卜琳华、孟庆伟:《复杂网络结构视角下中关村产业集群创新能力分析》,《科学学与科学技术管理》2009 年第5 期。

[180] 孟韬:《空间变化、结构调整与三线企业的集群创新》,《改革》2013 年第1 期。

[181] 陈晔武:《模块化结构的复杂产品集群创新模式研究》,《中国科技论坛》2009 年第5 期。

[182] 林敏、吴贵生、熊鸿儒:《技术轨道理论对后发者追赶的启示研究》,《中国科技论坛》2013 年第9 期。

[183] 张杰、刘东:《产业技术轨道与集群创新动力的互动关系研究》,《科学学研究》2007 年第10 期。

[184] 和矛、李飞:《行业技术轨道的形成及其性质研究》,《科研管理》2006 年第1 期。

[185] 夏若江、徐承志、黄骋:《基于行业技术轨道差异性的创新机会分布特征研究》,《科技进步与对策》2010 年第12 期。

[186] 曾建新、王铁骊:《基于技术轨道结构理论的核电堆型技术演变与我国的选择》,《中国软科学》2012 年第3 期。

[187] 布超、林晓言:《基于技术轨道理论的高速铁路自主创新演进路径研究》,《科学学与科学技术管理》2007 年第10 期。

[188] 黄鲁成、石媛嫄、吴菲菲:《基于专利引用的技术轨道动态分析——以太阳能电池为例》,《科学学研究》2013 年第3 期。

[189] 严北战:《集群式产业链、技术轨道与自主创新能力提升研究》,《科技进步与对策》2013 年第9 期。

[190] 柳卸林:《技术轨道和自主创新》,《中国科技论坛》1997 年第2 期。

[191] 姜红、赵树宽、余海晴:《技术轨道理论研究综述及展望》,《科学学与科学技术管理》2011 年第7 期。

[192] 熊鸿儒、王毅、林敏等:《技术轨道研究:述评与展望》,《科学学与科学技术管理》2012 年第7 期。

[193] 龚轶、顾高翔、刘昌新等:《技术创新推动下的中国产业结构

进化》,《科学学研究》2013 年第 8 期。

[194] 盛济川、吉敏、朱晓东:《内向和外向开放式创新组织模式研究——基于技术路线图视角》,《科学学研究》2013 年第 8 期。

[195] 叶伟巍、王翠霞、王皓白:《设计驱动型创新机理的实证研究》,《科学学研究》2013 年第 8 期。

[196] 高顺东、肖洪钧、姜照华:《国际化的全产业链创新网络:以移动产业链为例》,《科学学与科学技术管理》2012 年第 9 期。

[197] 熊鸿儒、吴贵生、王毅:《基于市场轨道的创新路径研究——以苹果公司为例》,《科学学与科学技术管理》2013 年第 7 期。

[198] 伍春来、赵剑波、王以华:《产业技术创新生态体系研究评述》,《科学学与科学技术管理》2013 年第 7 期。

[199] 简兆权、肖霄:《从制造到创造:部门利益、专家网络与国际参与》,《科学学与科学技术管理》2013 年第 4 期。

[200] 王斌、张俊芳:《光伏企业商业模式分析:以赛维为例》,《科学学与科学技术管理》2012 年第 8 期。

[201] 刘凤朝、马荣康:《国家创新能力成长模式——基于技术发展路径的国际比较》,《科学学与科学技术管理》2013 年第 4 期。

[202] 王军、秦学志、武春友:《基于探索性多案例分析的新兴服务企业创新生成机理研究》,《科学学与科学技术管理》2012 年第 5 期。

[203] 谢言、高山行:《原始性技术创新的产生及结果——企业家导向、原始性技术创新与企业竞争力关系的研究》,《科学学与科学技术管理》2013 年第 5 期。

[204] 王程韡:《战略性新兴产业是可"选择"的吗?》,《科学学与科学技术管理》2013 年第 7 期。

[205] 霍沫霖、张希良、王仲颖:《光伏市场拉动研发创新的国际研究》,《中国人口·资源与环境》2011 年第 9 期。

［206］ 盛济川、吉敏、朱晓东：《基于市场拉力的内向开放式创新技术路线图研究》，《科学学研究》2013 年第 1 期。

［207］ 张振刚、张小娟：《企业市场创新概念框架及其基本过程》，《科技进步与对策》2013 年第 9 期。

［208］ 杨桂菊：《代工企业转型升级的运作理念与资源整合：本土案例》，《改革》2012 年第 10 期。

［209］ 陆立军、郑小碧：《全球价值链下地方化产业升级路径研究——以浙江纺织服装业为例》，《商业经济与管理》2010 年第 10 期。

［210］ 彭勃、雷家骕：《基于产业创新系统理论的我国大飞机产业发展分析》，《中国软科学》2011 年第 8 期。

［211］ 张吉昌、孙敏：《中国大飞机产业链拆分与技术策略》，《财经问题研究》2007 年第 12 期。

［212］ 王仰东等：《产业技术路线图与太阳能光伏产业发展研究》，《科学学与科学技术管理》2010 年第 1 期。

［213］ 包海波、余杨：《光伏产业发展模式研究：以浙江为例》，《科技进步与对策》2013 年第 6 期。

［214］ 于立宏、郁义鸿：《光伏产业政策体系评估：多层次抑或多元化》，《改革》2012 年第 8 期。

［215］ 罗思平、于永达：《技术转移、"海归"与企业技术创新——基于中国光伏产业的实证研究》，《管理世界》2012 年第 11 期。

［216］ 李天柱等：《"科学商业"与"接力创新"研究——基于生物制药》，《科学学研究》2012 年第 12 期。

［217］ 毛睿奕、曾刚：《基于集体学习机制的创新网络模式研究——以浦东新区生物医药产业创新网络为例》，《经济地理》2010 年第 9 期。

［218］ 王飞：《生物医药创新网络的合作驱动机制研究》，《南京社会科学》2012 年第 1 期。

［219］ 王飞：《生物医药创新网络演化机理研究——以上海张江为

例》,《科研管理》2012 年第 2 期。

[220] 杨忠泰:《地方培育发展战略性新兴产业与高新技术产业差异分析》,《科技管理研究》2013 年第 11 期。

[221] 王新新:《战略性新兴产业发展的三大创新推进策略研究》,《科技进步与对策》2012 年第 9 期。

[222] 熊勇清、余意:《传统企业与战略性新兴产业对接路径与模型》,《科学学与科学技术管理》2013 年第 9 期。

[223] 柳卸林、何郁冰:《基础研究是中国产业核心技术创新的源泉》,《中国软科学》2011 年第 4 期。

[224] 薛澜等:《世界战略性新兴产业的发展趋势对我国的启示》,《中国软科学》2013 年第 5 期。

[225] 董树功:《协同与融合:战略性新兴产业与传统产业互动发展的有效路径》,《现代经济探讨》2013 年第 2 期。

[226] 王宏起等:《战略性新兴产业空间布局方法及其应用研究》,《中国科技论坛》2013 年第 4 期。

[227] 程贵孙、芮明杰:《战略性新兴产业理论研究新进展》,《商业经济与管理》2013 年第 8 期。

[228] 曹利军等:《传统产业高技术改造的路径分析:集成创新的概念、模式和体系》,《科技进步与对策》2005 年第 5 期。

[229] 孟浩、何建坤、吕春燕:《创新集成与集成创新探析》,《科学学研究》2006 年第 8 期。

[230] 慕玲、路风:《集成创新的要素》,《中国软科学》2003 年第 11 期。

[231] 西宝、杨廷双:《企业集成创新:概念、方法与流程》,《中国软科学》2003 年第 6 期。

[232] 张方华:《企业集成创新的过程模式与运用研究》,《中国软科学》2008 年第 10 期。

[233] 余浩、陈劲:《基于知识创造的技术集成研究》,《科学学与科学技术管理》2004 年第 8 期。

[234] 周晓宏、郭文静:《技术集成:一种有效的研发创新模式》,

《科学管理研究》2009 年第 2 期。

[235] 彭志国：《技术集成的实证研究——以 Iansiti 对美国半导体行业的研究为例》，《中国软科学》2002 年第 12 期。

[236] 周晓宏：《技术集成概念、过程与实现形式》，《科研管理》2006 年第 11 期。

[237] 刘晓军、陈翠萍：《装备制造业技术集成的国际化配套模式研究》，《科技进步与对策》2009 年第 10 期。

[238] 周彩红：《产业价值链提升路径的理论与实证研究——以长三角制造业为例》，《中国软科学》2009 年第 7 期。

[239] 杨以文、郑江淮、黄永春：《国际代工制造业升级与技术创新——基于长三角微观调研数据的实证分析》，《中南财经政法大学学报》2012 年第 1 期。

[240] 钱方明：《基于 NVC 的长三角传统制造业升级机理研究》，《科研管理》2013 年第 4 期。

[241] 李政平、孔令池：《区域经济"二重开放"与制造业区域结构差异研究》，《现代财经》2013 年第 5 期。

[242] 张艳辉：《全球价值链下长三角产业升级的实证分析——以电子及通讯设备制造业为例》，《上海经济研究》2010 年第 3 期。

[243] 马珩、李东：《长三角制造业高级化测度及其影响因素分析》，《科学学研究》2012 年第 10 期。

[244] 刘继国、李江帆：《国外制造业服务化问题研究综述》，《经济学家》2007 年第 3 期。

[245] 夏杰长、刘奕、顾乃华：《制造业的服务化和服务业的知识化》，《国外社会科学》2007 年第 4 期。

[246] 牟绍波、任家华、田敏：《开放式创新视角下装备制造业创新升级研究》，《经济体制改革》2013 年第 1 期。

[247] 赵小芸、芮明杰：《上海以高新技术推动制造业升级的模式与路径研究》，《上海经济研究》2012 年第 2 期。

[248] 陶锋、李霆、陈和：《基于全球价值链知识溢出效应的代工制

造业升级模式——以电子信息制造业为例》,《科学学与科学技术管理》2011 年第 6 期。

[249] 周长富、杜宇玮:《代工企业转型升级的影响因素研究——基于昆山制造业企业的问卷调查》,《世界经济研究》2012 年第 7 期。

[250] 郑琼娥、林峰:《跨国公司在华价值链调整与我国制造业转型升级》,《改革》2012 年第 9 期。

[251] 高启明:《全球化条件下我国通用航空制造业转型升级的策略选择》,《改革》2013 年第 6 期。

[252] 冯梅:《上海制造业比较优势演化与转型升级的路径研究》,《上海经济研究》2013 年第 5 期。

[253] 孔伟杰:《制造业企业转型升级影响因素研究——基于浙江省制造业企业大样本问卷调查的实证研究》,《管理世界》2012 年第 9 期。

[254] 陈劲、宋建元、葛朝阳等:《试论基础研究及其原始性创新》,《科学学研究》2004 年第 6 期。

[255] 徐文燕:《基于文化产业特殊性视角的文化产业政策取向——以江苏文化产业政策文本为例》,《现代经济探讨》2013 年第 8 期。

[256] 宗明:《创新驱动融合发展——从上海的实践看现代文化产业体系的构建》,《中共中央党校学报》2013 年第 4 期。

[257] 林兰、屠启宇:《上海产业结构演变及其政策思考 (1978—2010)》,《上海经济研究》2013 年第 8 期。

[258] 牛盼强、陈德金、杨柳:《上海数字内容产业发展现状剖析》,《华东经济管理》2012 年第 10 期。

[259] 龙莉、蔡尚伟:《科技政策创新助推文化产业发展——我国文化科技政策的问题与对策研究》,《西南民族大学学报》(人文社会科学版)2013 年第 6 期。

[260] 徐俊、丁烈云:《依靠科技创新促进文化产业发展》,《中国科技论坛》2006 年第 5 期。

[261] 常莉：《基于技术创新视角的文化产业发展研究》，《科学管理研究》2010 年第 8 期。

[262] 吴忠泽：《科技创新：现代文化产业翱翔之翼》，《中国软科学》2006 年第 2 期。

[263] 顾江、郭新茹：《科技创新背景下我国文化产业升级路径选择》，《东岳论丛》2010 年第 7 期。

[264] 解学芳：《网络文化产业管理体制改革：技术创新驱动的缺位与突破》，《社会科学研究》2011 年第 5 期。

[265] 余佳、游达明：《文化产业创新性发展的驱动力研究》，《求索》2013 年第 5 期。

[266] 刘继兵、徐婷：《文化产业发展趋势及政策创新研究》，《湖北社会科学》2013 年第 7 期。

[267] 臧志彭、解学芳：《中国网络文化产业技术创新的动态演化》，《社会科学研究》2012 年第 5 期。

[268] 臧志彭、解学芳：《中国网络文化产业制度创新演化研究——基于 1994—2011 年的实证分析》，《科学学研究》2013 年第 4 期。

[269] 黄学、刘洋、彭雪蓉：《基于产业链视角的文化创意产业创新平台研究——以杭州市动漫产业为例》，《科学学与科学技术管理》2013 年第 4 期。

[270] 王克岭、陈微、李俊：《基于分工视角的文化产业链研究述评》，《经济问题探索》2013 年第 3 期。

[271] 张朝岩、高宏伟：《产业技术创新体系本地化：基本内涵、关键因素及政策取向》，《科技进步与对策》2013 年第 4 期。

[272] 郭雯、程郁：《工业设计服务业创新政策研究的新范式：政策网络》，《科学学与科学技术管理》2010 年第 8 期。

[273] 张新年、达庆利：《基于集群创新的政策创新与设计研究》，《科学学与科学技术管理》2008 年第 1 期。

[274] 财政部科研所调研组：《奇瑞汽车的自主创新之路——关于企业自主创新路径及政府扶持政策的调研与思考》，《财政研究》

2008 年第 8 期。

[275] 李柏洲、徐涵蕾：《区域创新系统中的创新政策差异化研究》，《科学学与科学技术管理》2007 年第 3 期。

[276] 仲为国、彭纪生、孙文祥：《政策测量、政策协同与技术绩效：基于中国创新政策的实证研究（1978—2006）》，《科学学与科学技术管理》2009 年第 3 期。

[277] 程华、钱芬芬：《政策力度、政策稳定性、政策工具与创新绩效——基于 2000—2009 年产业面板数据的实证分析》，《科研管理》2013 年第 10 期。

[278] 刘澄、顾强、董瑞青：《产业政策在战略性新兴产业发展中的作用》，《经济社会体制比较》2011 年第 1 期。

[279] 李奎、陈丽佳：《基于创新双螺旋模型的战略性新兴产业促进政策体系研究》，《中国软科学》2012 年第 12 期。

[280] 程郁、王胜光：《培育战略性新兴产业的政策选择——风能产业国际政策经验的比较与借鉴》，《中国科技论坛》2011 年第 3 期。

[281] 黄庆华：《战略性新兴产业的背景、政策演进与个案例证》，《改革》2011 年第 9 期。

[282] 刘洪昌、武博：《战略性新兴产业的选择原则及培育政策取向》，《现代经济探讨》2010 年第 10 期。

[283] 贺正楚、吴艳：《战略性新兴产业的政策路线与产业政策》，《求索》2011 年第 10 期。

[284] 刘洪昌、闫帅：《战略性新兴产业发展的金融支持及其政策取向》，《现代经济探讨》2013 年第 1 期。

[285] 胡赛全、詹正茂、钱悦等：《战略性新兴产业发展的政策工具体系研究——基于政策文本的内容分析》，《科学管理研究》2013 年第 6 期。

[286] 曾繁华、彭中、陈曦：《战略性新兴产业发展政策研究最新进展文献综述及评价》，《科技进步与对策》2013 年第 7 期。

[287] 陶锋：《吸收能力、价值链类型与创新绩效——基于国际代工

联盟知识溢出的视角》，《中国工业经济》2011 年第 1 期。

[288] 张素平、吴志岩：《吸收能力的研究评述——基于知识创新的动态理论视角》，《中国科技论坛》2012 年第 11 期。

[289] 马运来：《基于国际比较分析的我国科技中介服务创新战略研究》，《科技进步与对策》2007 年第 9 期。

[290] 赫连志巍：《高端装备制造业技术服务创新路径》，《河北学刊》2013 年第 1 期。

[291] 沈坤荣、徐礼伯：《美国"再工业化"与江苏产业结构转型升级》，《江海学刊》2013 年第 1 期。

[292] 张杰、刘志彪、郑江淮：《中国制造业企业创新活动的关键影响因素研究——基于江苏省制造业企业问卷的分析》，《管理世界》2007 年第 6 期。

[293] 奏美鸣：《日本的可再生能源的扶持政策——对太阳能发电扶持制度的分析》，《科学学研究》2012 年第 7 期。

[294] 罗如意、林晔、施勇峰：《奥巴马政府太阳能光伏政策初探》，《科技管理研究》2012 年第 15 期。

[295] 范柏乃、段忠贤、江蕾：《创新政策研究述评与展望》，《软科学》2012 年第 11 期。

[296] 王朝阳：《服务创新的理论演进、方法及前瞻》，《经济管理》2012 年第 10 期。

[297] 赵勇等：《装备制造业服务化过程及其保障因素》，《科学学与科学技术管理》2012 年第 12 期。

[298] 张文强：《集群视角下产业技术创新模式研究》，《南阳师范学院学报》2013 年第 1 期。

[299] 王子先：《华为：开放式创新打造世界一流高科技型跨国公司》，《全球化》2013 年第 3 期。

[300] 李凡：《技术创新政策研究框架》，《中央财经大学学报》2013 年第 7 期。

[301] 杜建刚、郭清兰：《构建服务价值的共创模式》，《清华管理评论》2013 年第 4 期。

[302] 韩顺平、吴宜真、曾润坤：《产品创新与服务创新的互动策略》，《清华管理评论》2013 年第 4 期。

[303] 段小华：《战略性新兴产业的投入方式、组织形式与政策手段》，《改革》2011 年第 2 期。

[304] 梅亮、陈劲、刘洋：《创新生态系统：缘起、知识演进和理论框架》，《科学学研究》2014 年第 12 期。

[305] 项杨雪、梅亮、陈劲： 《基于价值创造的协同创新本质研究——以浙江大学协同创新中心为例》，《科技进步与对策》2015 年第 12 期。

[306] 陈劲：《开展迎接创新强国的技术创新研究》，《技术经济》2015 年第 1 期。

[307] 毛维青、陈劲、郑文山：《企业产品——工艺组合技术创新模式探析》，《科技管理研究》2012 年第 12 期。

[308] 陈劲、黄淑芳：《企业技术创新体系演化研究》，《管理工程学报》2014 年第 4 期。

[309] 冉龙、陈劲、董富全：《企业网络能力、创新结构与复杂产品系统创新关系研究》，《科研管理》2013 年第 8 期。

[310] 余浩、陈劲：《原始性产品创新的技术轨迹——基于浙江省生物技术企业的实证研究》，《自然辩证法通讯》2012 年第 4 期。

[311] 梅亮、陈劲、盛伟忠：《责任式创新——研究与创新的新兴范式》，《自然辩证法研究》2014 年第 10 期。

[312] 霍春辉、刘力钢、张兴瑞：《供应链服务集成商业模式解析》，《经济问题》2009 年第 7 期。

[313] 刘宇熹、谢家平：《可持续发展下的制造企业商业模式创新：闭环产品服务系统》，《科学学与科学技术管理》2015 年第 1 期。

[314] 陈金亮：《产品供应能力、服务集成能力与合作绩效的关系研究：服务供应链的视角》，《经济管理》2012 年第 4 期。

[315] 王伍祺、王喜成：《基于多重价值流的企业核心竞争力》，《科

研管理》2004 年第 9 期。

[316] 宋华、于亢亢、陈金亮：《不同情境下的服务供应链运作模式》，《管理世界》2013 年第 2 期。

[317] 宋华、于亢亢：《服务供应链的结构创新模式》，《商业经济与管理》2008 年第 7 期。

[318] 程建刚、李从东：《服务供应链研究综述》，《现代管理科学》2008 年第 9 期。

[319] 简兆权、李雷、柳仪：《服务供应链整合及其对服务创新影响研究述评与展望》，《外国经济与管理》2013 年第 1 期。

[320] 王琳、魏江、郑长娟：《服务主导逻辑下顾企交互创新内涵与运行机制研究》，《科技进步与对策》2015 年第 7 期。

[321] 张若勇、刘新梅、张永胜：《顾客参与和服务创新关系研究：基于服务过程中知识转移的视角》，《科学学与科学技术管理》2007 年第 10 期。

[322] 胡伟、刘宇：《基于服务供应链的制造业产业集群知识服务研究》，《科技进步与对策》2013 年第 4 期。

[323] 贾薇、李海强、吴成亮：《基于顾客导向的新服务概念开发研究》，《软科学》2015 年第 11 期。

[324] 但斌、罗骁、刘墨林：《基于制造与服务过程集成的产品服务供应链模式》，《重庆大学学报》（社会科学版）2016 年第 1 期。

[325] 马钦海、相辉：《知识服务过程中知识密集型服务业作用机制的系统动力学研究》，《科技进步与对策》2012 年第 9 期。

[326] 范群林、邵云飞、唐小我：《知识密集型服务业机构与集群制造企业交互创新的自发演进研究》，《科学学与科学技术管理》2012 年第 4 期。

[327] 严炜炜：《产业集群跨系统创新服务融合系统动力学分析》，《科技进步与对策》2015 年第 4 期。

[328] 田丹、赵杨：《从服务创新到基础软件创新：中国软件企业技术能力成长范式研究》，《中国软科学》2014 年第 5 期。

［329］张文红、邓宏:《服务导向对制造企业从产品创新中获利的影响》,《科技进步与对策》2015 年第 11 期。

［330］李辉、吴晓云:《顾客获取、顾客保留与服务创新绩效》,《广东财经大学学报》2015 年第 5 期。

［331］白鸥、魏江、斯碧霞:《关系还是契约:服务创新网络治理和知识获取困境》,《科学学研究》2015 年第 9 期。

［332］束军意:《基于服务创新四维度模型的外资日化企业品牌建设策略分析——以宝洁、联合利华和欧莱雅为例》,《工业技术经济》2015 年第 7 期。

［333］罗建强、彭永涛、张银萍:《面向服务型制造的制造企业服务创新模式研究》,《当代财经》2014 年第 12 期。

［334］张亚明、刘海鸥:《协同创新驱动下的云计算行业服务框架》,《科技进步与对策》2014 年第 3 期。

［335］杨丰强、芮明杰:《知识创新服务的模块化分工研究》,《科技进步与对策》2014 年第 10 期。

［336］李辉:《知识密集型服务企业技术创新与非技术创新的驱动因素比较研究》,《中国财经大学学报》2015 年第 9 期。

［337］周丹、魏江:《知识型服务获取影响制造企业创新的机理与路径研究》,《科学学与科学技术管理》2014 年第 4 期。

［338］王琳、赵立龙、刘洋:《制造企业知识密集服务嵌入的内涵、动因及对服务创新能力作用机制》,《外国经济与管理》2015 年第 6 期。

［339］张文红、赵亚普:《组织冗余与制造企业的服务创新》,《研究与发展管理》2015 年第 10 期。

［340］刘小峰、程书萍、盛昭瀚:《不同驱动力下的服务创新及其竞争优势分析》,《科技与经济》2015 年第 6 期。

［341］蔡平、蔡刚:《服务系统创新的理论探讨》,《齐鲁学刊》2015 年第 6 期。

［342］孙耀吾、翟翌、顾荃:《服务主导逻辑下移动互联网创新网络主体耦合共轭与价值创造研究》,《中国工业经济》第 10 期。

［343］王军、秦学志、武春友：《基于探索性多案例分析的新兴服务企业创新生成机理研究》，《科学学与科学技术管理》2012年第5期。

［344］张文红、陈斯蕾、赵亚普：《如何解决制造企业的服务创新困境：跨界搜索的作用》，《经济管理》2013年第3期。

［345］马勇、罗守贵、周天瑜等：《上海生物医药产业集群研发——服务联动创新研究》，《科技进步与对策》2013年第7期。

［346］赵立龙、魏江、郑小勇：《制造企业服务创新战略的内涵界定、类型划分与研究框架构建》，《外国经济与管理》2012年第9期。

［347］鲁琨、高强：《创新、服务质量于：B2C电子商务业实证研究》，《科学学研究》2009年第7期。

［348］侯亮、周寄中、尤安军：《电信产业"研发—服务"联动创新模式研究》，《科学学与科学技术管理》2009年第5期。

［349］魏江、陶颜、陈俊青：《服务创新的实施框架及其实证》，《科研管理》2008年第11期。

［350］原小能：《服务创新视角下的零售企业盈利模式转变研究》，《中国流通经济》2011年第12期。

［351］汪涛、蔺雷：《服务创新研究：二十年回顾与展望》，《软科学》2010年第5期。

［352］卢俊义、王永贵：《顾客参与服务创新、顾客人力资本与知识转移的关系研究》，《商业经济与管理》2010年第3期。

［353］卢向华、彭志伟、巴素琳：《互联网营销服务创新及其价值——基于赞助搜索广告的分析》，《研究与发展管理》2011年第12期。

［354］王容、唐小我、王俭：《我国电信服务创新资费产品设计及定价研究》，《科研管理》2011年第12期。

［355］原毅军、刘浩：《隐性知识转移的创新扩散效应——基于服务创新的分析》，《科技管理研究》2010年第8期。

［356］李靖华、庞学卿、丁生娟：《中英商业银行服务创新的比较分

析：基于创新障碍数据》，《科技管理研究》2011 年第 4 期。

[357] 赵馨智、刘亮、蔡鑫：《工业产品服务系统的创新策略——基于能力需求/供给匹配视角》，《科学学研究》2014 年第 7 期。

[358] 张红琪、鲁若愚：《供应商参与服务创新的过程及影响研究》，《科学学研究》2010 年第 9 期。

[359] 白鸥、魏江、斯碧霞：《关系还是契约：服务创新网络治理和知识获取困境》，《科学学研究》2015 年第 9 期。

[360] 刘旭、柳卸林、韩燕妮：《海尔的组织创新：无边界契约行动》，《科学学与科学技术管理》2015 年第 6 期。

[361] 陈劲、董富全：《开放式服务创新协同机制研究——以 D 公司阅读基地为例》，《科学学研究》第 9 期。

[362] 周文辉：《知识服务、价值共创与创新绩效——基于扎根理论的多案例研究》，《科学学研究》第 4 期。

[363] 周丹、张慧、王核成：《便利者还是传递者？知识型服务机构对制造企业创新的桥梁作用剖析》，《科学学与科学技术管理》2015 年第 9 期。

[364] 方齐：《科技服务业服务创新过程与绩效关系实证研究》，《科学学与科学技术管理》2015 年第 9 期。

[365] 张箐、谭力文：《网络服务创新的驱动力及其作用模式》，《科学学与科学技术管理》2011 年第 12 期。

[366] 张红琪、鲁若愚：《多主体参与的服务创新影响机制实证研究》，《科研管理》2014 年第 4 期。

[367] 赵立龙、魏江、郑小勇：《制造企业服务创新战略的内涵界定、类型划分与研究框架构建》，《外国经济与管理》2012 年第 9 期。

[368] 赵立龙、魏江：《制造企业服务创新战略与技术能力的匹配——华为案例研究》，《科研管理》2015 年第 5 期。

[369] 李飞、陈浩、曹鸿星等：《中国百货商店如何进行服务创新——基于北京当代商城的案例研究》，《管理世界》2010 年第 2 期。

［370］周峰：《基于市场的科技服务业创新能力评价模式探讨》，《广西社会科学》2014 年第 4 期

［371］王吉发、敖海燕、陈航：《基于创新链的科技服务业链式结构及价值实现机理研究》，《科技进步与对策》2015 年第 8 期。

［372］王晶、谭清美、黄西川：《科技服务业系统功能分析》，《科学学与科学技术管理》2006 年第 6 期。

［373］张清正：《"新"新经济地理学视角下科技服务业发展研究——基于中国 22 个城市经验证据》，《科学学研究》2015 年第 10 期。

［374］何涛：《促进科技服务业发展的财税政策研究》，《科技管理研究》2015 年第 22 期。

［375］韩鲁南、关峻、邢李志等：《国内外科技服务业行业统计分类对比研究》，《科技进步与对策》2013 年第 5 期。

［376］方齐、宋永高：《过程模型嵌入的科技服务业服务创新路径》，《经营与管理》2014 年第 12 期。

［377］郑陶、苏朝晖：《科技服务业对先进制造业效率影响的实证研究——以福建省为例》，《哈尔滨商业大学学报》（社会科学版）2015 年第 2 期。

［378］陈春明、薛富宏：《科技服务业发展现状及对策研究》，《学习与探索》2014 年第 4 期。

［379］蒋伏心、华冬芳、刘利平：《论我国科技服务业的体制改革与机制创新》，《现代经济探讨》2015 年第 9 期。

［380］石忆邵、刘玉钢：《上海市科技服务业发展的特点、问题与对策》，《南通大学学报》（社会科学版）2009 年第 6 期。

［381］范钧、邱瑜、邓丰田：《顾客参与对知识密集型服务业新服务开发绩效的影响研究》，《科技进步与对策》2013 年第 8 期。

［382］刘顺忠：《对创新系统中知识密集型服务业的研究》，《科学学与科学技术管理》2005 年第 3 期。

［383］魏江：《宏观创新系统中知识密集型服务业的功能研究》，《科学学研究》2004 年第 12 期。

[384] 陆小城：《生产性服务业与制造业融合的知识链模型研究》，《情报杂志》2009 年第 2 期。

[385] 范志刚、刘洋、赵江琦：《知识密集型服务业服务模块化界定与测度》，《科学学与科学技术管理》2014 年第 1 期。

[386] 熊励、孙友霞、刘文：《知识密集型服务业协同创新系统模型及运行机制研究》，《科技进步与对策》2011 年第 9 期。

[387] 魏江、陶颜、翁羽飞：《中国知识密集型服务业的创新障碍——来自长三角地区 KIBS 企业的数据实证》，《科研管理》2009 年第 1 期。

[388] 李万、常静、王敏杰等：《创新 3.0 与创新生态系统》，《科学学研究》2014 年第 12 期。

[389] 梅亮、陈劲、刘洋：《创新生态系统：源起、知识演进和理论框架》，《科学学研究》2014 年第 12 期。

[390] 曾国屏、苟尤钊、刘磊：《从"创新系统"到"创新生态系统"》，《科学学研究》2013 年第 1 期。

[391] 赵放、曾国屏：《多重视角下的创新生态系统》，《科学学研究》2014 年第 12 期。

[392] 罗文：《互联网产业创新系统及其运行机制》，《北京理工大学学报》（社会科学版）2015 年第 1 期。

[393] 李恒毅、宋娟：《新技术创新生态系统资源整合及其演化关系的案例研究》，《中国软科学》2014 年第 6 期。

[394] 刘旭、柳卸林、韩燕妮：《海尔的组织创新：无边界企业行动》，《科学学与科学技术管理》2015 年第 6 期。

[395] 许晖、张海军：《产品—服务离散性与动态匹配视角下的制造业企业服务创新能力构建机制研究》，《管理学报》2015 年第 3 期。

[396] 谢泗薪、侯蒙：《"一带一路"战略架构下基于国际竞争力的物流发展模式创新》，《中国流通经济》2015 年第 8 期。

[397] 魏俊飞：《电子商务背景下我国流通企业物流模式创新思考——以某食品公司打造第四方物流模式为例》，《物流技术》

2015 年第 34 卷 2 月刊（下半月）。

［398］崔昇、施路：《供应链网络中物流创新扩散路径研究》，《商业经济研究》2015 年第 30 期。

［399］王坤、骆温平：《国外物流创新研究述评与展望——基于文献内容分析》，《中国流通经济》2016 年 2 月，第 30 卷第 2 期。

［400］肖怀云：《基于 3G 的物流服务创新演化路径分析》，《物流技术》2012 年第 31 卷第 10 期。

［401］徐琪：《基于服务科学的物流服务创新模式研究》，《科技进步与对策》2008 年第 4 期。

［402］曹永芬、曾宪凤：《基于供应链的企业物流管理流程创新研究》，《物流技术》2014 年第 33 卷第 1 期。

［403］彭晓东、申光龙、葛法权：《基于顾客参与的第三方物流企业服务创新》，《物流技术》2015 年第 34 卷 8 月刊（下半月）。

［404］黄山、范洁文、邝伟鹏：《基于信息整合的低碳物流商业模式创新研究》，《科技管理研究》2015 年第 5 期。

［405］王琦峰：《基于云物流的物流产业集群服务创新模式研究》，《物流技术》2013 年第 2 期。

［406］王健聪：《我国电子商务物流模式创新路径研究》，《理论探讨》2015 年第 4 期。

［407］刘凤娟、瞿立新、郭胜大：《物联网环境下江苏省物流金融创新研究》，《金融实务》2012 年第 2 期。

［408］文振华、黄友森、邓子云：《物联网技术在物流领域的应用与创新》，《开放导报》2012 年第 2 期。

［409］张智勇、何景师、桂寿平等：《物流产业集群服务创新研究——基于复杂系统涌现性机理》，《科技进步与对策》2009 年第 2 期。

［410］张光明：《物流服务创新模式研究》，《经济管理》2006 年 9 月第 18 期。

［411］谭狄溪：《物流服务创新研究现状评介与研究框架构建》，《科技管理研究》2014 年第 6 期。

［412］罗永泰、刘刚：《物流服务创新与物流需求关系研究》，《当代财经》2011 年第 2 期。

［413］魏际刚：《物流技术的创新！选择和演进》，《中国流通经济》2006 年第 3 期。

［414］刘丹：《物流企业服务创新模式与路径》，《中国流通经济》2014 年第 4 期。

［415］丰佳栋：《云计算视角下的第三方物流服务质量创新模型》，《中国流通经济》2015 年第 2 期。

［416］李向阳：《促进跨境电子商务物流发展的路径》，《中国流通经济》2014 年第 10 期。

［417］曹旭光、王金光、刘希全：《跨境电子商务的物流商业模式及其创新途径》，《对外经贸实务》2015 年第 10 期。

［418］李海莲、陈荣红：《跨境电子商务通关制度的国际比较及其完善路径研究》，《国际商务——对外经济贸易大学学报》2015 年第 3 期。

［419］冀芳、张夏恒：《跨境电子商务物流模式创新与发展趋势》，《中国流通经济》2015 年第 6 期。

［420］王冠凤：《贸易便利化机制下的上海自由贸易试验区跨境电子商务研究——基于平台经济视角》，《经济体制改革》2014 年第 3 期。

［421］陶涛、李广乾：《平台演进、模式甄别与跨境电子商务拓展取向》，《改革》2015 年第 9 期。

［422］柯颖：《我国 B2C 跨境电子商务物流模式选择》，《中国流通经济》2015 年第 8 期。

［423］来有为、王开前：《中国跨境电子商务发展形态、障碍性因素及其下一步》，《改革》2014 年第 5 期。

［424］罗明、张天勇：《"一带一路"背景下我国物流业发展面临的机遇与挑战》，《物流技术》2015 年第 34 卷 10 月刊（下月刊）。

［425］袁新涛：《"一带一路"建设的国家战略分析》，《理论月刊》

2014 年第 11 期。

[426] 陈耀:《"一带一路"战略的核心内涵与推进思路》,《中国发展观察》2015 年第 1 期。

[427] 刘卫东:《"一带一路"战略的科学内涵与科学问题》,《地理科学进展》2015 年第 5 期。

[428] 盛毅、余海燕、岳朝敏:《关于"一带一路"战略内涵、特性及战略重点综述》,《经济体制改革》2015 年第 1 期。

[429] 王娟娟、秦炜:《"一带一路"战略区电子商务新常态模式探索》,《中国流通经济》2015 年第 5 期。

[430] 成蕴琳:《B2B 电子商务模式的演进及创新发展》,《商业经济研究》2015 年第 26 期。

[431] 王惠敏:《大数据背景下电子商务的价值创造与模式创新》,《商业经济研究》2015 年第 7 期。

[432] 林小兰:《电子商务商业模式创新及其发展》,《现代经济探讨》2015 年第 6 期。

[433] 曹旭光、王金光、刘希全:《跨境电子商务的物流商业模式及其创新途径》,《对外经贸实务》2015 年第 10 期。

[434] 曹东坡、于诚、徐保昌:《高端服务业与先进制造业的协同机制与实证分析——基于长三角地区的研究》,《经济与管理研究》2014 年第 3 期。

[435] 原毅军、耿殿贺、张乙明:《技术关联下生产性服务业与制造业的研发博弈》,《中国工业经济》2007 年第 11 期。

[436] 郑陶、苏朝晖:《科技服务业对先进制造业效率影响的实证研究——以福建省为例》,《哈尔滨商业大学学报》(社会科学版) 2015 年第 2 期。

[437] 白清:《生产性服务业促进制造业升级的机制分析——基于全球价值链视角》,《财经问题研究》2015 年第 4 期。

[438] 胡晓鹏:《生产性服务业的分类统计及其结构优化——基于生产性服务业与制造业互动的视角》,《财经科学》2008 年第 9 期。

［439］江茜、王耀中：《生产性服务业集聚与制造业竞争力》，《首都经济贸易大学学报（双月刊）》2016 年第 1 期。

［440］高觉民、李晓慧：《生产性服务业与制造业的互动机理：理论与实证》，《中国工业经济》2011 年第 6 期。

［441］周静：《生产性服务业与制造业互动的阶段性特征及其效应》，《改革》2014 年第 11 期。

［442］顾乃华、毕斗斗、任旺兵：《生产性服务业与制造业互动发展：文献综述》，《经济学家》2006 年第 6 期。

［443］孔德洋、徐希燕：《生产性服务业与制造业互动关系研究》，《经济管理》2008 年第 12 期。

［444］杨仁发、刘纯彬：《生产性服务业与制造业融合背景的产业升级》，《改革》2011 年第 1 期。

［445］尹洪涛：《生产性服务业与制造业融合的主要价值增值点》，《管理学报》2015 年第 8 期。

［446］梁永福、张展生、林雄：《台湾研发服务业与制造业联动发展及其对广东的启示》，《科技管理研究》2015 年第 22 期。

［447］綦良群、蔡渊渊、王成东：《我国装备制造业与生产性服务业互动作用及效率评价研究》，《中国科技论坛》2015 年第 1 期。

［448］刘佳、代明、易顺：《先进制造业与现代服务业融合：实现机理及路径选择》，《学习与实践》2014 年第 6 期。

［449］朱海燕、魏江、周泯非：《知识密集型服务业与制造业交互创新机理研究》，《西安电子科技大学学报》（社会科学版）2008 年第 3 期。

［450］夏杰长、刘奕、顾乃华：《制造业的服务化和服务业的知识化》，《国外社会科学》2007 年第 4 期。

［451］白嘉：《模块化产业组织、技术创新与产业升级》，博士学位论文，西北大学，2012 年。

［452］刘宇：《全球价值链下我国汽车产业升级机理研究》，博士学位论文，南昌大学，2012 年。

［453］陈栋：《自主创新与中国工业结构升级研究》，博士学位论文，华中科技大学，2011 年。

［454］姚志毅：《全球生产网络与产业结构升级：中国的检验》，博士学位论文，湖南大学，2011 年。

［455］刘广生：《基于价值链的区域产业结构升级研究——以山东省为例》，博士学位论文，北京交通大学，2011 年。

［456］孙佳：《中国制造业产业升级研究——基于分工的视角》，博士学位论文，吉林大学，2011 年。

［457］江洪：《自主创新与我国产业结构的优化升级》，博士学位论文，华中科技大学，2008 年。

［458］常晓鸣：《生产绩效、技术创新与我国工业的产业升级》，博士学位论文，西南财经大学，2007 年。

［459］黄寰：《论自主创新与区域产业结构优化升级》，博士学位论文，四川大学，2006 年。

［460］孔令丞：《论中国产业结构优化升级》，博士学位论文，中国人民大学，2003 年。

［461］沈永言：《商业模式理论与创新研究》，博士学位论文，北京邮电大学，2011 年。

［462］王鑫鑫：《软件企业商业模式创新研究》，博士学位论文，华中科技大学，2011 年。

［463］李婉红：《信息化条件下制造业企业工艺创新机制系统研究》，博士学位论文，哈尔滨工程大学，2011 年。

［464］陈一博：《中国从世界制造中心向技术创新中心转变的路径研究》，博士学位论文，中国社会科学院研究生院，2011 年。

［465］薛春志：《日本技术创新研究》，博士学位论文，吉林大学，2011 年。

［466］曾晓丽：《加拿大 ICT 创新网络研究》，博士学位论文，华中科技大学，2011 年。

［467］王世明：《装备产品集成创新的模式及选择研究》，博士学位论文，大连理工大学，2010 年。

[468] 孙长青:《长江三角洲制药产业集群协同创新研究》,博士学位论文,华东师范大学,2009 年。

[469] 梁光雁:《现代制造业企业的服务创新研究》,博士学位论文,华东大学,2010 年。

[470] 姚佐平:《汽车制造管理创新研究》,博士学位论文,武汉理工大学,2006 年。

[471] 胡锦涛:《坚定不移沿着中国特色社会主义道路前进 为全面建成小康社会而奋斗——中国共产党第十八次全国代表大会报告》,2012 年 11 月 8 日。

[472] 国家发展和改革委员会:《长江三角洲地区区域规划》,2010 年 5 月。

[473] 上海市人民政府:《上海市国民经济和社会发展第十二个五年规划纲要》,2011 年 3 月。

[474] 浙江省人民政府:《浙江省国民经济和社会发展第十二个五年规划纲要》,2011 年 1 月。

[475] 江苏省人民政府:《江苏省国民经济和社会发展第十二个五年规划纲要》,2011 年 3 月。

[476] 国家统计局科学技术部:《中国科技统计年鉴》,中国统计出版社,1999—2014 年。

[477] 上海统计局:《上海统计年鉴》,中国统计出版社,1999—2014 年。

[478] 浙江统计局:《浙江统计年鉴》,中国统计出版社,1999—2014 年。

[479] 江苏统计局:《江苏统计年鉴》,中国统计出版社,1999—2014 年。

后　记

　　本书的思路形成、初稿完成和顺利出版，经历了作者艰辛的蜕变，同时，也享受到成功和进步所带来的欣慰和喜悦。在此感谢给我太多关心、支持和帮助的老师、同事和同门们。首先，由衷地感谢我的母校四川大学，2011年我怀着一颗感恩之心踏入四川大学校门，在那里品尝着求学治学的艰辛和快乐，四川大学"海纳百川有容乃大"的校园氛围深深感染着在此求学的学子，在那里遇见改变我一生的恩师邓玲教授，遇见杜肯堂、蔡尚伟、张红伟、张衔、蒋永穆等博学宽广的教授，为本书的选题、框架确定、创新方向等给出许多建设性的意见。

　　衷心感谢我的导师，知遇之恩终生难忘。邓玲教授言传身教，教我做学问，教我学做人。不仅是我的治学导师，也是我的精神偶像。恩师学业上的谆谆教诲，让我真正踏入经济学研究的殿堂；恩师"淡泊明志、宁静致远"的治学态度，成为我寂寞求学路上的精神动力；恩师"知足常乐、助人为乐、自寻欢乐"、"立大志、做大事、讲大气"的人生态度，让我更加明确自己的人生目标，并以更博大的心胸面对生活中的每一件事；恩师还教会我如何管理自己的时间和情绪，如何更有效率地学习和生活……恩师的言传身教潜移默化地影响着我的人生，让我懂得如何更好地延展生命的宽度和长度。只言片语无法表达我对恩师的感谢！没有导师的指引，就没有本书漫长写作的精神动力和智力支持。

　　衷心地感谢杜肯堂教授，先生朴实淡定、博雅睿智的大师风范让我仰之弥高，是我人生的楷模。衷心地感谢蔡尚伟教授，先生文理融合、为我所用的广阔学术眼光，以问题为导向、去伪存真的学术思维，以出世之心做入世之事的人生境界，让我深深受益。衷心地感谢四川大学经济学院周春、李天德、朱方明、邓翔、张红伟、张衔、蒋永穆、黄勤、龚勤林、曾武佳等诸位老师的教诲；衷心感谢袁文平教授、赵国良教授、侯水平教授、杜肯堂教授的指导；衷心地感谢袁昌菊、李悦、车丽等经济学院领导老师的关怀和帮助；衷心感谢王倩、邱高会、柴剑锋、邱鹏、吴振明、邹洋、刘登娟、胡双梅、郭丽娟、王涵、刘波、斯劲、程联涛、边燕燕、王林梅、张鸥、王帅、韩诗琴、田清、杨邦箴等师兄师姐师弟师妹的关心和指导，感谢曾经有你们的陪伴，这个严谨治学、积极向上的团队让我不断获得成长的营养，你们的帮助我将铭记在心，我们的情谊将让我倍加珍藏。

衷心感谢我的工作单位丽水学院师生对我的培养和资助。感谢省"十二五"重点学科区域经济学学科带头人赵峰教授的亲历指导，对专著后期完善和质量提升给予了许多宝贵意见。感谢中国社会科学出版社的编辑和校对老师们为本书的出版付出的辛勤汗水。

本书在写作过程中参阅了大量的相关文献，为本书的写作带来了灵感和启发，在此对本书所直接引用或参阅文献的作者表示诚挚的谢意。尽管作者严格遵守学术规范，由于本书写作经历时间长，学界研究不断推陈出新，难免百密一疏，如果我引用了您的观点而疏忽了注释或引用，深表歉意，恳请您的谅解并请批评指正。

张银银

2016 年 2 月于丽水学院